珍藏本·增订本

纪念版

汉译世界学术名著丛书

宗教与资本主义的兴起

〔英〕理查德·H. 托尼 著

沈汉 等译

R. H. Tawney

RELIGION AND THE RISE OF CAPITALISM

A Historical Study

Published in Great Britain by

Penguin books Ltd, Harmondsworth, Middlesex, England, 1980.

根据英国企鹅图书出版有限公司 1980 年版译出

汉译世界学术名著丛书
（120 年纪念版·珍藏本）
增订本出版说明

2017 年 10 月，为纪念商务印书馆创立 120 周年，本馆推出“汉译世界学术名著丛书”（120 年纪念版·珍藏本），计七百种。近五六年来，仰赖学界同人倾力支持，订正旧译，增补新译，拓展新著，积累日多。为满足读者需要，本馆在七百种的基础上，继续推出“汉译世界学术名著丛书”（120 年纪念版·珍藏本·增订本）三百种。至此，“汉译世界学术名著丛书”累计出版已达千种。

今后，本馆将继续推进丛书的翻译出版工作，在积累单本名著的基础上陆续分辑刊行，汇印出版。为促进中外文明互鉴、推动我国学术发展，使“汉译世界学术名著丛书”这项对我国学术文化有基本建设意义的重大工程发挥更大作用，诚望海内外学术界、翻译界继续给予支持，帮助我们把这套丛书出得更好。

商务印书馆编辑部

2024 年 2 月

汉译世界学术名著丛书
（120年纪念版·珍藏本）
出版说明

2017年2月11日，商务印书馆迎来120岁的生日。120年前，商务印书馆前贤怀揣文化救国的理想，抱持“昌明教育，开启民智”的使命，立足本土，放眼寰宇，以出版为津梁，沟通中西，为中国、为世界提供最富智慧的思想文化成果。无论世事白云苍狗，潮流左右激荡，甚至战火硝烟弥漫，始终践行学术报国之志，无改初心。

迻译世界各国学术名著，即其一端。早在20世纪初年便出版《原富》《天演论》等影响至今的代表性著作，1950年代后更致力于外国哲学和社会科学经典的译介，及至1980年代，辑为“汉译世界学术名著丛书”，汇涓为流，蔚为大观。丛书自1981年开始出版，历时三十余年，迄今已推出七百种，是我国现代出版史上规模最大、最为重要的学术翻译工程。

丛书所选之书，立场观点不囿于一派，学科领域不限于一门，皆为文明开启以来，各时代、各国家、各民族的思想与文化精粹，代表着人类已经到达过的精神境界。丛书系统译介世界学术经典，引领时代思想，为本土原创学术的发展提供丰富的文化滋养，为推动中国现代学术和现代化进程做出了突出的贡献。

为纪念商务印书馆成立120周年，我们整体推出“汉译世界学术名著丛书”120年纪念版的珍藏本，寄望既利于文化积累，又便于研读查考，同时向长期支持丛书出版的译者、编者和读者致以敬意。

两甲子后的今天，商务印书馆又站在了一个新的历史时间节点上。我们不仅要铭记先辈的身影和足迹，更须让我们的步伐充满新的时代精神。这是商务人代代相传的事业，更是与国家和民族的命运始终紧密相连的事业。我们责无旁贷，必须做好我们这代人的传承与创造，让我们的努力和成果不仅凝聚成民族文化的记忆，还能成为后来人可以接续的事业。唯此，才能不负前贤，无愧来者。

商务印书馆编辑部

2017年10月

译　序

理查德·亨利·托尼（R. H. Tawney，1880—1962 年）是英国著名的经济史学家，他的社会思想属于基督教社会主义。他于 1880 年生于印度加尔各答，其父是东方学者，曾在印度教育处任职。托尼先是在拉格比学校就学，后入牛津大学贝利奥学院。第一次世界大战爆发后他曾参军。托尼在其社会活动初期，在兰开夏郡和北斯塔福德郡担任工人教育协会的指导教师，以后担任了 16 年之久的工人教育协会主席。这个协会积极推动成年工人教育运动。托尼这段在工人群众中活动的经历对他日后的思想和事业产生很大的影响。此后，他参加过教育部评议委员会、伦敦郡教育委员会及大学基金委员会的工作。他自 1921 年起在伦敦经济学院任教，这里成为他终生学术活动的根据地。在 1931 年至 1949 年他任伦敦大学经济史教授，1949 年以后为荣誉教授。托尼是一位经济学家又是一位社会哲学家。他在学术研究中注意社会问题，认为通过讲授经济史可以使人们对资本主义思想和生活方式加以抵制。他积极参加英国工党的工作，是工党左翼活动家，曾任工党教育政策顾问达 50 年。托尼的著作除这本《宗教和资本主义的兴起》外，还有《16 世纪农业问题》、《贪婪的社会》、《教育：社会主义政策》、《平等》、《中国的土地和劳动》、《詹姆斯一世时期的商业和

政治》、论文“1558至1640年乡绅的兴起”(载《经济史评论》第11卷,1941年)等,另与布兰德和布朗合编《英国经济史文件选集》,与伊林·鲍尔合编3卷本《都铎朝的经济文献》等。

《宗教与资本主义的兴起》一书是研究欧洲资本主义兴起历史的一部有影响的著作。它最初是托尼在伦敦国王学院作讲座的讲稿,1926年结集成书出版。有关情况原书的几种序言中已提到。对资本主义起源的研究曾在20世纪初形成一个学术焦点。德国学者桑巴特在1902年出版了《现代资本主义》。马克斯·韦伯在1904和1905年发表了《新教伦理与资本主义精神》,该书在学术界引起争论。以后,德国经济学家布伦塔诺写了《现代资本主义的起源》(1916)一书,对韦伯的观点提出批评。托尼的《宗教与资本主义的兴起》正是为了阐述与韦伯不同的看法而写作的。托尼认为,韦伯在其著作中强调加尔文宗、特别是英国的清教在建立一个有利于资本主义企业成长的道德和政治环境中起了占压倒地位的积极作用的观点是片面的,或者说强调得太过分了。托尼赞成布伦塔诺的某些批评意见,他指出,第一,在15世纪,资本主义精神在欧洲各地均有所表现,如在威尼斯、佛罗伦萨、德意志南部和佛兰德。至于16世纪英国和荷兰资本主义发展的原因,不只是因为它们是新教国家,还因为由新大陆发现引发的大规模经济运动;第二,马克斯·韦伯在研究与资本主义兴起有关的思想运动时只注意到宗教思想,其实,诸如文艺复兴时期以马基雅维里为代表的政治思想,实业界人士和经济学家关于货币、价格和外汇的思想,都对资本主义发展起了重要作用;第三,包括英国清教在内的加尔文宗的教义内容纷杂,有些内容甚至是相互矛盾的。无论是“新教伦

理”还是“资本主义精神”都比韦伯书中所说的要复杂得多，韦伯把加尔文主义过于简单化了。托尼在本书中阐述的见解对于中国学界了解当时西方讨论资本主义思想起源的情况会有帮助。

本书内容涉及宗教史和中世纪社会思想史诸多方面，我们相关知识有限，加上原书旁征博引，我们的译文定有不当或错误之处，望读者教正。

本书中译稿由沈汉（1937 年版序、卷首语、前言、第一章、第三章、第四章第一节、索引）、徐祥生、（第二章第一节、第四章第二、三节）、许洁明（第二章第三节）、孙庆（第二章第二节、第五章）、李海东（第四章第四节）译出，注释由沈汉、梁远、袁梨梨译出，沈汉对译文作了校订。

沈汉

献给查尔斯·戈尔博士

以示爱戴和感激之情

无论世人怎么认为，那些在上帝、人类精神和至善面前不做反省的人，或许可以成为成功的小人，但毋容置疑只会成为一个拙劣的爱国者和拙劣的政治家。

贝克莱主教

《锡里斯》，第350节

目　　录

1937 年版序

自从本书十年前问世以来，关于这一主题的著作与日俱增。特勒尔奇那部有极好导论的从社会结果对宗教思想作历史研究的学术著作，现在已有英文译本可供阅读了，韦伯的论著《新教伦理与资本主义精神》也是这样。我的著作忽略了对宗教改革后天主教观念的论述是一个严重的缺点，随后的作者已做了一些工作来弥补它。这些著作论及中世纪意大利经济思想的发展；路德时代德国社会力量的作用及路德对它的态度；加尔文的经济原则；耶稣会士关于高利贷和相关主题的教旨；王位中断时期英国的社会政策；同一时期法国资产阶级的宗教和社会见地；贵格会、卫斯理派和英国其他非国教派团体对他们在 18 世纪遇到的变化中的经济世界的态度。在关于这些和类似主题的多少有些冗长的论著目录中，已故的塞教授、M. 哈尔布瓦克斯和帕森斯先生撰写的论著，以及戈登·沃克先生刚刚在《经济史评论》上发表的文章，特别值得注意。[1]

1

如果说下面将要论述的问题仍然很复杂，那么，你会看到，它们不会使你不感兴趣。如果说可以得出一些结论的话，那么从讨论中可以得出什么呢？

最重要的是自明之理。当本书刚问世时，一位为严肃杂志撰稿的善意的评论家可能会极为严肃地反对在史学著作中使用“资本主义”这样的政治流行语，对这一误入歧途的作者表现出一种有害的倾向。这种无知荒谬的现象在今天恐怕不大容易发生。“资本主义”一词像“封建主义”和“重商主义”一样，显然很容易被滥用。显而易见，现在到了更重要的、限定资本主义不同形式的前后相继的成长阶段，而不是继续详细论述其存在种类的时候。然而，
viii 经过半个多世纪对这个问题的研究，半打来自不同国家持不同政治见解的学者意欲否认这一特定事实的存在；或者认为，如果它确实存在，则是对人类不适合的制度，像麦基洗德（Melchisedek）一样，它是无始无终的；或者说是在暗示，如果它经过历史发展的话，则要适当地阻止把它揭露出来，故意把眼睛蒙上。文字争论是无益的；如果一个作者发现了一个更合适的词汇，他务必要使用它。他在理解过去三个世纪的欧洲历史时，无论如何不像是要在避开术语之余无视事实。

资本主义历史作用的普遍实现已由第二次变革完成了，如果说它很平常的话，恐怕也很有意义。当“贸易是一种事业，宗教是另一种事业”的观点作为一种大胆的新奇之物被倡导，认为宗教和经济利益形成两个分离但相互协调的领域，它们中不会有哪一方侵犯另一方的信条便为19世纪的英国以一种它早期的拥护者可能感到为难的无条件的自信普遍地接受。历史学家不那么关心对一种观点正确性的评价，而比较注意弄清楚它的发展。这里无须对这种合宜的界限产生的作用，以及在我们当时造成界限的变动孰好孰坏展开讨论。无论它有多少优点，它取得胜利和它现在得以成为现实，都是经过很长时间才实现的。经院哲学家深奥的经

济理论，左翼宗教改革派对高利贷、霸占土地和敲诈性价格的严厉谴责；精明的都铎政治家求助于传统的宗教惩罚，加尔文及其追随者为建立一种比他们所推翻的更加严厉的经济戒律的努力，这些在实践中收效甚微，却是思想史极好的证据。所有认为财产制度、市场交易、整个社会结构和它活动的全部范围不是根据绝对的财产所有权而存在，而必须在受公开宗教审判时为它们自己辩护的看法，只是依赖于假定。所有人都坚决认为，基督教信仰并不比不加约束的放纵的贪得无厌，即对财富无止境的欲望（*appetitus divitiarum infinitus*）有更多致命的敌人。因此，宗教不应当再控制实业的要求一经系统地表述出来，就遇到不仅表现在文学和教育之中，而且表现在习惯和法律中的众多原则的反对。它只是逐渐通过不限于理论的冲突，才促使从一种令人讨厌的自相矛盾状态向毫无异议的真理的转变。

对于这种转变的倾向已不再争论。但它的原因和发展的阶段 ix
仍然是争论的问题。特别在英国，决定性的阶段是宗教改革以后的两个世纪。因此，晚近绝大多数有关本书论及主题的著作自然也就集中于那个使人心烦意乱的时期。随后发生了提出一种有关社会问题的宗教思想运动的理论的极引人注目的尝试，它以本世纪的德国学者马克斯·韦伯在 1904 年和 1905 年发表的两篇论文为肇端。从此以后，许多同类的著作无论是有意识还是无意识，很自然地一直都以马克斯·韦伯为出发点。

严格说来，他所关心的问题是什么呢？首先应当提出这个问题，尽管不是所有谈论他的评论家都提到它。他准备对不同宗教的社会观和影响作比较研究，未完成的成果是 1920 年问世的 3 卷本的《宗教社会学论文全集》。论文《新教伦理与资本主义精神》是完成更宏伟著作的第一步，随后对它加以调整和扩充，构成了《宗教社会学论文全集》第一卷的一部分。韦伯认为，西方基督教作为一个整体，以及作为宗教改革结果而获得其独立生命力的某些特殊的变种，始终比其它的某些伟大教义更有利于资本主义的发展。他的文章是检验这种概括的一种尝试。

在后来为《宗教社会学》撰写的导言中，韦伯阐明了它们的范围。他的目的是研究使英国人沮丧的抽象观念的衰退，研究“某种宗教观念对一种经济制度的风尚（*ethos*）或经济精神发展的影响”。他希望通过神圣的质朴（*O sancta simplicitas*）即通过某种严格限制来避免对其论题的曲解。他没有系统地陈述任何“教义”；相反，他强调应当把他的文章看作一种纯粹的准备工作（*Vorarbeit*）[3]，即属于一种做准备工作的随笔。他并没有试图说明“精神对经济事件的决定作用”，[4] 相反，他坚持“经济事实最为重要”的观点[5]。他甚至在讨论宗教看法的文章中，都没有表示要做一种全面的解释；相反，他竭力主张有必要考察这种看法本身是怎样“反过来被它自己的发展和整个社会的特点，特别是经济事实所影响”。[6] 用他自己的话来说，他决不想“在解释文明史时用片面
x 的精神和解释代替同样片面的‘物质主义的’解释”，[7] 他明确地否定了任何这一类的意向。

鉴于这些否认，恐怕已经没有必要再指出，韦伯在这些论文中并没有试图提炼一种关于资本主义起源和发展的全面理论。在马克思展开这场辩论以后，在德国对这个题目已有很多的讨论，晚近关于这个主题分量最重的著作即桑巴特的《现代资本主义》，在两

年前出版了。韦伯所感兴趣的并为他理智的眼光掠过的领域，毫无疑问异乎寻常的广泛。但是，他早期的著作一直是关于经济史方面的，并且直至 1920 年去世，他一直在就这个题目开讲座。如果说他没有在他的论文中谈及美洲发现的经济结果、货币大贬值、安特卫普天主教城市金融业引人注目的兴起，那么并不是说这些羞怯的事件终于碰到了一个它们可以不为之注意的历史学家。显而易见，它们是划时代的事件；显而易见，它们不仅对经济组织而且对经济思想产生了深刻的作用。无论如何，韦伯当时的问题是不同的问题。孟德斯鸠恐怕是以过度的乐观评论说，英国人“已经在爱国、商业和自由这三件重要事情上走在所有民族之先”。在这些赞许中，第三点对第一点的有益作用常常被人们强调。韦伯诘问道，难道第二点也可以从中部分得益吗？他对这个问题作了肯定的回答。他认为，从始终以加尔文为杰出人物的宗教运动的影响中可以找到这种起连接作用的环节。

由于韦伯的论文现在有了英文版，这就无需扼要叙述他论述的步骤。如果我能提及它们而又不过分地以自我为中心，我把自己对它的看法粗略地写在眼下这部著作第一版的一个注释中，它太长了，因此无法在这里复述一遍。以后，他在 1930 年发表的论文的英译本序言中再次充分地对它加以陈述。[8] 韦伯的概括在本书问世 20 多年前的时间里为欧洲大陆学者广泛地讨论。因此，包含在它之中的批评决不能说是具有独创性的——除非真的不是那么急切地去驳倒作者，而是更多地从它本来的意思去理解他。

其中的第一点——“16 世纪和 17 世纪荷兰和英国资本主义的发展，不是由于它们是新教徒掌权这一事实，而是大规模的经济

运动，特别是美洲的发现和由此产生的结果”——在那以后已经由
xi 罗伯逊先生相当详尽地发展了，但是它恐怕还不十分精确。当然，韦伯恐怕会回答说，这种论点虽然正确，就其论文对问题的讨论来看，却是用隔靴搔痒的手法来驳斥对方（*ignoratio elenchi*）。他恐怕会说，为了公正地认识他，人们应当根据他自己的见地去认识他，而现在不要从一般经济史来认识他，而要根据他关于社会问题的宗教观去认识他。我的第二点评论已由布伦塔诺提出过了，即应当给予文艺复兴的政治思想以更多的重视，韦伯已预先讨论过这个问题，[9] 我则忽略了他这方面的意见，对此我表示抱歉。仅就与过去的批评有关的他在自己擅长的领域中最严重的缺点而论，并不是人们一向极为强调的那些东西。加尔文派运用的“天职”学说无疑是有其意义；但是，它们产生影响的程度，以及它们与同一观念的其它说法之间的相似或差异，则属于个人判断的问题，并没有经过精确的验证。韦伯和批评他的人在这方面做了许多工作，这正像我自己做的那样。不管怎样，他对于加尔文派社会理论的解释如果说完全勾勒出了某些需要强调的要点的话，那么也留下大量未说明之处。这里无法就他论证中的缺陷（*lacunae*）加以讨论，但是它们之中有两点值得注意。尽管晚近有些人在当时天主教作家那里找出相似理论的尝试一直未能如愿，韦伯则倾向于视之为比它好得多的东西。[10] 更重要的是，他夸大了它的稳定性和一致性。在这个运动某些较晚的阶段，他可以找到大量证据，但他并没有充分强调加尔文主义在加尔文死后的一个世纪中经历的深刻变化。

最后一点具有某种重要性。它暗示，韦伯所讨论的问题需要

重新陈述。毫无疑问，关于这个主题的许多较晚的著作很自然应当把他作为它的靶子，这从辩论的本性来说是不可避免的，他只身提出的用以解释一系列现象的理论假说恐怕已经表现出对于冷酷的教义决意作不妥协的批判的意向。他这个矿藏已付出了可观的红利；但是，不管它如何吸引人，可以想到，这种倾向现在正在产生效果，说到底，重要的问题不是韦伯对那些事实是怎么写的，更不必说用他来镀金的那些追随者曾暗示他写了些什么，而是这些事实是什么。有一种错觉，认为唯有他指出了 16 和 17 世纪的宗教运动与重建荷兰、英国社会的经济活力的迸发之间存在着联系，而其他学者则没有独立于他提出过深刻的结论。[11] 这其中又包含了 xii
几分真理呢？

要想回答这个问题，恐怕要把一篇序言扩展成一本书。然而，可以找到回答这个问题的丰富的资料。如果说当代人对这个问题的观点不那么容易列举，那么困难之处不是缺少揭示它的资料，而是可供引用的证据太丰富带来的麻烦（*embarrs de richesses*）。它的趋向毋容置疑。真实的情况是，把独特的经济态度归因于不同的教派，在 17 世纪并不是异常的现象；在讨论这类问题的作者那里，它几乎是常见的举动。它一再出现在宗教论战的著作中。它还出现在那些主要兴趣不是宗教而是经济事务的人士如坦普尔、配第、笛福的著作和许多小册子中。事实上，并不像那些天真地试图使人消除敌意的人们所设想的那样[12]，那些阴险地策划现代密谋，企图混淆加尔文主义与资本主义、信神的日内瓦和勤勉的曼彻斯特的人，是要使之共同毁灭，经济激进主义与宗教激进主义之间存在的联系对于那些对二者作直接观察的人来说与陈词滥调没有两样。在找出一些理由来否定他们的证据之前，最好还是假定他们了解他们所说的是什么。

当然，如何清晰地表述这种联系是另一个问题。很明显，它具有两个方面。今天很难估计宗教对人的社会观的影响。经济和社会变革强有力地影响着宗教。韦伯由于特殊的兴趣，很自然强调前一点。他人凭借丰富的知识和悟性这样做，是值得敬佩的，而且对像我一样冒险表示与他的某些结论意见不同的人也有不少赞扬。他只是顺便涉及第二点。戈登·沃克先生批评韦伯并没有调查宗教改革本身在多大程度上适应了社会需要，也没有调查他如此深入地分析的宗教心态的原因及后果，这是事实。

今天正需要对该课题的这个方面写出著作。在英国从无敌舰队到革命经历的政治、宗教和经济三个方面的重建过程中，每一种投入大锅的成分都促使其它每种成分发生微妙的变化。这里既存
xiii 在作用，也存在反作用。如果从理论上说“加尔文教精神”和“导致工商业发生经济革命的人类新的革命精神”[13]是有区别的话，那么它们在实践中则互相缠绕着。清教有助于形成社会制度，但它自身也日渐被这种制度陶冶。关于这个时期的经济扩张对英国宗教思想的影响将在随后的章节中作些叙述。我希望它们的不完善会推动一些更加称职的作者来论述这个极其重要因而值得论述的课题。

R. H. 托尼

卷 首 语 xiv

已故的亨利·斯科斯·霍兰德的朋友们创立了一个持续三年的称作霍兰德纪念讲座的纪念性讲座。基金证书把它规定为一个围绕着“宗教对人类社会经济生活产生的影响”这一主题的讲座。托尼先生于 1922 年 3 月和 4 月在伦敦国王学院作了第一场讲座，但是，将它们集结成书供出版的工作直至三年多以后的今天才完成，要我作为霍兰德基金托管会主席对为公众作的第一个系列讲演作序。它们是对宗教改革时期宗教对社会经济思想的影响的一种历史研究。许多年来，我们一直感到我们需要这种充分利用文献资料并根据对那个时代的著作的足够知识进行研究。因为我们已经注意到热诚地责难宗教改革对近代工业主义的罪恶负有深刻责任的中世纪史研究者，与同样热情地反驳这种责难并以此回敬对方的新教徒之间在近代展开的论战。我相信，我们最终已达到了所要求的目的，此外，除我以外许多人将在这本书中找出许多持久启迪人的源泉和公允的有充分根据的看法。我非常欣慰地感到，霍兰德讲座的第一个系列是献给一位把他的卓越才能全部用于重新唤醒英国人对宗教体现的社会意义的良知的人士，以及那些和所有人一样感到

需要准确研究使它如此不幸地被隐蔽的原因的人士的有价值的贡品。

查尔斯·戈尔

1925年10月

前　　言 xv

这部书是以 1922 年 3 月和 4 月应霍兰德基金会邀请在伦敦国王学院所作的题为“16 和 17 世纪社会问题的宗教观”的系列讲座为基础写成的。它所论述的问题没有逾过 17 世纪后半叶，而且它没有论述有关经济理论和经济组织史的意图，除非这些理论和组织的变革与宗教观念的变革有关。由于局势使我无法立即出版讲稿，我利用这一拖延的机会，部分重写了讲稿，补充了在最初的结构中无法轻易收入的内容。我应当感谢基金会的成员允许我推迟发表这份讲稿。

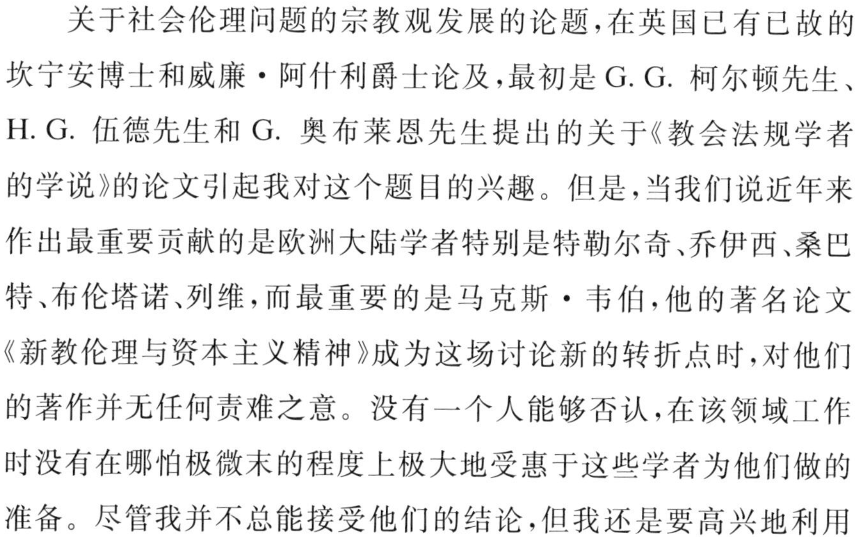

关于社会伦理问题的宗教观发展的论题，在英国已有已故的坎宁安博士和威廉·阿什利爵士论及，最初是 G. G. 柯尔顿先生、H. G. 伍德先生和 G. 奥布莱恩先生提出的关于《教会法规学者的学说》的论文引起我对这个题目的兴趣。但是，当我们说近年来作出最重要贡献的是欧洲大陆学者特别是特勒尔奇、乔伊西、桑巴特、布伦塔诺、列维，而最重要的是马克斯·韦伯，他的著名论文《新教伦理与资本主义精神》成为这场讨论新的转折点时，对他们的著作并无任何责难之意。没有一个人能够否认，在该领域工作时没有在哪怕极微末的程度上极大地受惠于这些学者为他们做的准备。尽管我并不总能接受他们的结论，但我还是要高兴地利用这个机会表达我对他们的感谢之情。非常遗憾，柯尔顿先生的《中世纪的农村》问世过晚，使我无法利用它蕴藏的丰富学识和洞察力。

我还要感谢那些帮助我，使这本书减少一些否则会存在的缺点的朋友。J. L. 哈蒙德先生、E. 鲍尔博士和 A. P. 沃兹沃思先生始终非常友好地审读并修改过手稿。J. E. 尼尔教授除了审读校样外，还通过提出建议和批评，自始至终极其无私地帮助我，我
xvi 深深地感谢巴尔克利小姐所做的订正校样和编制附录的费力不讨好的工作，并感谢伦敦经济学院和劳拉·斯佩尔曼·洛克菲勒基金会纪念基金使我能够雇她来为我服务。我妻子为本书付出了莫大心血，远非答谢所能表达。

R. H. 托尼

第一章　中世纪背景 17

上帝的仁慈是无尽的，它同样拯救富人。

阿纳托尔·法朗士：《圣克莱尔的智慧》

我在开始这些讲演时必须表示歉意，讲演的主题是历史方面的。它就是英国宗教改革前夜和以后两个世纪中宗教思想对社会组织和经济问题的态度。斯科特·霍兰德教士同时成为预言家和神学家。在开始为他而创立的基金讲座时，最好是去考察隐藏在我们社会的经济机制后面的精神问题，或者说在哲学上讨论一下哪种宗教有助于解决它们的问题。一个既无法胜任激励人们去行动也无法为一种制度辩护的人，只能谨慎地避免胡乱应付这些崇高的义务。因此，我选择了一项微末的工作，即试图对于一个重要时期的观念史作些叙述。然而，我有意作出这种选择不是因为这个课题的某些部分特别适合于我，而是因为我没有能力试着就任何其它课题作讲演。

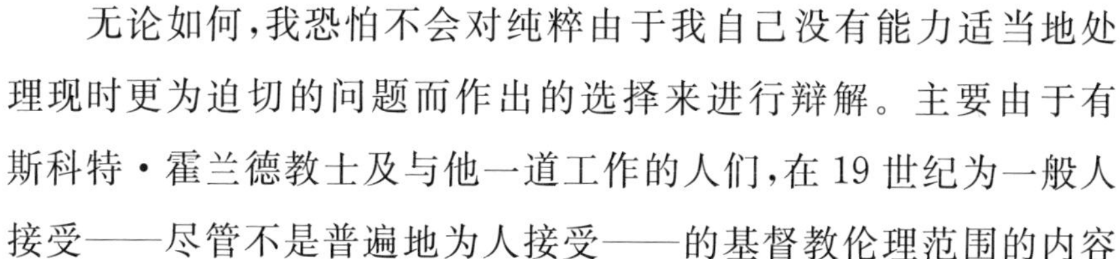

无论如何，我恐怕不会对纯粹由于我自己没有能力适当地处理现时更为迫切的问题而作出的选择来进行辩解。主要由于有斯科特·霍兰德教士及与他一道工作的人们，在19世纪为一般人 18
接受——尽管不是普遍地为人接受——的基督教伦理范围的内容

才正在发生一种修正，而在这种修正中，诉诸人类历史的经验已经起了某种作用并且将起更大的作用。这个时期在实践中而不是在理论上一直存在着一项心照不宣的协定，即把经济活动和社会制度排除在根据宗教来进行的考察和评论之外。有一位 19 世纪早期的政治家，他关于教会和国家关系的概念看来是根据柯林斯先生和凯瑟琳·德布尔夫人的看法确立的，据说他用一项声明击败了一位教会改革派。他说，“如果宗教打算干预私人生活的话，事情就成为一个极妙的笑柄”；而晚近占据他的官职的人士则解释说，如果教会断然要把题外的精神世界同公共事务的世俗源泉分离开来的话，一场大灾变势必会到来。[1]

不管这些警句有什么价值，很明显，在今天他们认为是不言而喻的区别宗教领域和世俗事务的界限正在移动。共同赞成的进行划分的协定已经失效，界限再一次发生移动。对于基督教会的要求毫不浪漫地加以称赞的弗劳德，恐怕会用过分严肃的态度写道，宗教界的发言人“把现存世界留给了实业家和恶棍”的时代，[2] 表明有某种结束的迹象。无论是正确还是错误，无论是富于智慧还是与它相反，不仅在英格兰而且在欧洲大陆和美洲，不仅是一个教派而且在罗马天主教、安立甘教和非国教徒中，正在被迫进行一种尝试，以重新阐述在实际中运用基督教信仰的社会伦理，既在国际政治领域又在社会组织领域内，以一种非常广泛的形式提供一种
19 判断集体行动和人类制度的标准。今天它已经完成了。它是在过去长时期内形成的。无论它会不会导致什么新的结合，无论将来在某些方面会不会把实际事务更远地推进到棘手的境地，人们都会说：

在这里造物主第一次
从她最远的境界和无底的深渊开始退却；
像一个被打败的敌人，
从她最后的防御工事退却一样。

这一代人可能不会懂得。可以确定之处在于，在教会和国家的关系的类似问题上，那些认为已经为几个世纪的自行裁决所埋葬的问题，在我们这个时代看来，并没有死去，而只是在沉睡。甚至对一个国家一个时期有限的方面，他们采取的多种形式以及他们所通过的各个阶段所进行的考察，都不纯粹是一种好古癖。它不是在乞灵于一具行尸走肉，而是在召唤活着的人，通过拓宽他们考虑问题的经验，以一个新的角度来审视我们自己时代的问题。

根据这样的考察，16 和 17 世纪很明显是一个重要时期。菲吉斯博士[3] 曾把政治理论的世俗化描述为预报近代世界的极其重要的知识变革。它至今仍然具有革命性，因为它只是逐渐地才把它的全部影响显示出来。所以，在宗教改革以前播下的种子只是在英国内战以后才结出它们的果实。这种转变的政治方面人们是很熟悉的。从中世纪到 17 世纪，塑造政治理论的神学土壤被摧毁；政治学成为一种科学，并最终成为一套科学，而神学至多不过是其它科学中的一种。理性取代了启示的地位，政治制度的标准则是合乎时宜，而不是宗教的权威。宗教不再作为人类利益的主宰而退化为生活的一个部门，人们可以放肆地跨越它设置的界限。 20

它空出来的阵地被一个用新的原则武装的新制度所占领。如果中世纪的教会是一种国家的话，都铎国家则具有某种教会的特征;除了少数分裂教派信徒外,严格说不可能理解一个把宗教看作与公众无关而与私人生活生死攸关的事物的社会,在英国导致了清教和君主制之间不可调和的争执。当群众在内战的熔炉中极为激昂之时,它的组成部分已准备相互间脱离接触。到17世纪末,与教会分离并且教会处于从属地位的世俗国家已经出现,其理论根据是把双方看作一个社会的两个方面。前者表现出对宗教朦胧的敬意,后者则没有参与前者关心的政治和社会制度的外部结构。宗教斗争的时代实际上随着1648年《威斯特伐利亚和约》的签订便结束了。事实上,伴随着共和国和查理二世时期的英荷战争开始了经济民族主义战争的时代。首先是在英国,然后在法国和美国,国家发现它的法令的建立不是出于宗教,而是出于自然,出于一种假定的契约,出于互相保护和便于互相支持的必要性。它不去要求非自然的使命,其存在不过是为了保护个人享有根据永远不变的自然法所授予他们的那些绝对权利。“人们联合成共和国并使自己置于政府管理下的真正的和主要的目的是保护他们的财产”。[4]

当这种发展的政治意义经常被人评述时,社会和经济思想领域发生的类似变化却一直很少得到注意。无论如何这些是重要的
21 和值得注意的。客观的和冷静的经济科学出现的过程比相应的国家理论的发展来得缓慢得多。因为这些问题不那么吸引人,而且,当一个成为公开的舞台上的主角时,另一个则隐藏在舞台背后的阶梯上和舞台的边厢中。直到马基雅维里以后一个世纪,国家才从宗教的束缚下解放出来,关于各部门由它自己的法律自我约束的原则才开始普遍地运用于实业关系领域,甚至在17世纪初期的

英国，纯粹按照金钱利益得失对经济组织问题的讨论，仍然显得是属于不那么好听的犬儒主义的样子。当16世纪开始时，不仅政治理论而且社会理论都浸透了来自伦理学和宗教领域的教条，而经济现象则是作为一种个人行为的表现，如同在19世纪自然地并且必然地用机械论的术语来表述它们一样。

社会理论划分的原则完全不是在这样两者之间，即一方面认为人类事务的领域是自我克制的，另一方面则是要求助于一种超自然的标准。现代社会理论像现代政治理论一样，只是当社会被作出自然主义的而不是宗教的解释时才能发展，而二者的兴起在很大程度上应归因于关于自然和教会职能观念的转变。16世纪和17世纪是决定性的时期。除了荷兰以外最重要的活动场所是英国，因为英国具有作为欧洲和美国之间货物集散地这种新的地理地位，它在法国之前两个世纪和在德国之前两个半世纪就已取得内部经济上的统一，它进行了宪政革命，它有强有力的银行家、船主和商人构成的资产者，它最早、最迅速并且最彻底地完成了社会结构的转变。这种转变的本质是社会和经济哲学的世俗化。这
种合成物可以分解为它的诸因素——政治、实业和精神方面的做 22
法，每一方面都表现出分离的和独立的生命力，并遵循其自身具有的法则。在教会内部发展成熟并长期以来与教会相一致的社会功能现在移交给国家，而国家又反过来作为繁荣的施予者和文明的卫士被当作偶像来崇拜。一种把所有人类利益和活动包括进一个以宗教为顶点的体系中的价值等级制的理论，由一种观念所代替，即认为它们是分离的平行的领域，照例应当保持均衡，但相互之间并没有不可缺少的联系。

当然，思想运动完全是逐渐进行的，而且它与似乎会否认它的一般特点的后退和早熟并不发生矛盾。在中世纪晚期，很容易发现正在崛起的哲学的征兆，而到了 17 世纪完全结束时则看到向早期方式的复归。在 14 世纪，奥雷斯默能够预测与格雷欣*的名字联系在一起的货币理论。15 世纪，劳伦提乌斯·德·鲁道菲斯能够区别商业法案和财政法案，而圣安东尼诺评述了资本的意义；1673 年巴克斯特能够以中世纪知识大全的风格写下《基督徒指南》时，1680 年班扬能够仔细剖析恶人以中世纪修士的方式用高价和高利贷来对付贫民这种经济上的不义行为。[5] 横跨 1500 年到 1700 年两个世纪的距离无疑是巨大的。在较早的年代，尽管经济理性主义在意大利已经有长足的发展，但典型的经济制度仍然是经院哲学家所设计的；典型的民众教育是通过布道或是通过像《富人和穷人》这样的教本来进行的；在审理关于良心的案件发生困难时，典型的方法是求助于《圣经》、圣父、教会法及其解释者；典型的辩论是按照道德和宗教进行的，正如两个世纪以后要正式地必然地按照经济权宜之策来进行一样。

23 没有必要指出，亨利八世和托马斯·克伦威尔时代在机敏地进行政治阴谋和狡猾地进行商业实践方面从 20 世纪学不到任何东西。但是，身居高位者的玩世不恭和穷凶极恶同与它相抵触的普遍承认道德标准的有效性并非无法相容。没有一个人能弄懂在 1550 年间发生关于三个紧迫问题（英国物价高涨、资本和利润，以

---

* 托马斯·格雷欣（Thomas Gresham，1519－1679 年），英国商人，英国王室驻尼德兰的金融代理人。——译者

及土地问题)的讨论而不有所震动,因为,当时新的扰攘的经济行业总是不断地求助于传统的基督教道德,而基督教道德在社会组织方面像在个人关系方面一样,仍被视为具有决定性的权威。这是因为教会官员宣称他们关于社会政策问题的要求应当被遵从。这被认为是最终的权威性。并且,无论天主教、安立甘教、路德派和加尔文派可能在教旨和教会管理方面有怎样的差别,路德和加尔文、拉提默和劳德、约翰·诺克斯和流浪到美国普利茅斯创立殖民地的新教徒,都同意社会道德是教会的职责,并且准备在必要时通过适当的戒规去加以传授和推行。

到 17 世纪中叶,所有这一切都发生了变化。复辟以后,我们处在一个新的政治环境、思想环境中,同时也处在一个新的经济环境中。宗教一心要求在经济事务中坚持良心原则,充其量不过是一种虚幻的要求,它随着在一个信仰宗教的国家里劳德的实验的失败和威斯敏斯特会议作用的消失而最终烟消云散。内战以后,不仅因为俗人的反对,而且因为教会分裂使得可以由教会机构实施的共同标准显然无法存在,这样,试图维持用基督教标准衡量经济行为的理论已不可能。为荷兰经验所证明的复辟时期经济学家的理论,[6] 即商业和宗教宽容同时实施,具有实际意义,因为事实 24
表明,不向个人主义作出大的让步,两者都不可能顺利地发展。

基督教道德家空出的领地很快就被另一等级的理论家占领了。以后两百年的前途,随着变化了的环境之所限,不是重申用道德规范在经济活动中制约基督徒的观念,而是有了政治算术新科学,这种科学断言(最初还有些犹豫,而后便信心十足),超越法律的道德准则是不存在的。它的方法受到当代数学和物理学进步的影响，在处理经济现象时，它不是作为一个只关心区别正确还是错误的诡辩家，而是作为一个科学家，对非个人的经济力量运用一种新的计算方法。它的方法、倾向和假设被包括教士在内的所有受过教育的人士所接受，尽管它特殊的结论在长时间内还引起持续的争论。在亚当·斯密之前，它在英国最伟大的代表是格罗斯特副主教塔克博士。

这种转变的某些特殊阶段将在以后讨论。但是，毕竟出现了一种转变，它所带来的智力和道德变化，其重要性并不比人们更为熟悉的某些思想革命所产生的重要性小些，这已无可否认了。现在既不要通过坚持经济动因和经济需要同历史一样久远来驳倒它，也不需要坚持诉诸宗教对于取得胜利的唯物主义常常是一种有礼貌的掩饰物的观点。一位中世纪犬儒学派的门徒在用教会法解释高利贷时评论说，“那些放高利贷的人将下地狱，那些不放高利贷的人则去贫民习艺所”。[7] 库尔顿先生确实很好地提醒过我们，哪怕在信仰的时代，夸张的原则与极其卑鄙的实践并不发生矛盾。在把社会思想而不是实业组织的历史作为讨论主题时，没有必要去详尽阐述这个自明之理。只有轻信者或大失所望者才会把
25 前后相继的时期作比较，就像把光明与黑暗作比较或者把黑暗与光明作比较一样，或者屈服于在除了自己那个时代以外的每个时代都找得到的虚构美德的倾向。评价不同的关于社会组织的理论的优点的工作，应当交给那些他们自己有信心掌握适当标准的人去做。在本书中能试着做的是努力理解他们中的一小部分人。

因为原则和做法毕竟是趋异的。这并不就是说，对前者的考察便是探寻抽象概念。人们应当想到，他们某些时候的行为像他

们在行动中本该做到的那样具有重大意义，当思想与实践发生矛盾时则毫无意义。“理论是对生活的批评，意思就像是一个好人对一个坏人的批评”，可以说是正确的。但是，理论家对某些方面和某些价值的强调并不是随心所欲的，而其本身是有意义的，而如果他的回答不可全信，他提出的问题就它们所涉及的时期仍然是有根据的。如果只是以人类始终等待着理想的王公、辉格党、个人主义者或功利主义者为理由，认为马基雅维里、洛克、斯密和边沁与他们时代的政治实践毫无关系，这恐怕是荒谬的。仅仅因为在教会法、《神学大全》和布道后面，在选区和行会好的条规后面，在法规、宣言和特权法庭后面，潜藏着经济人不可改变的爱好，而忘掉了那些在中世纪或在16世纪系统表述经济和社会理论的人士，这也是荒谬的。

在思想进化的同时，组织结构也发生着进化，而且，正如沃拉斯教授作出的极其令人信服的说明，文明化的质量所依赖的主要不是物质质量的传递，而是一种由习惯、知识和信仰构成的复杂结构，倘若它被破坏了，在随之而来的一年中会有半数种族灭亡。在
有文字记载的历史上，人出生于其中的那种承继下来的安排好的 26
基础发生的变化很少，而构成他那个世界的利益和价值则经历了接连发生的革命。传统的说法是，只要注意力集中在没有什么特色的人类的人性诸方面，那么人性不会改变就似乎是有道理的。狼在今天就像当年被英勇的猎手宁录追猎时一样。但是，当人出生在许多具有狼的天性的人当中，人便接受狼的驯化，他既遗传了部分被驯得柔和的技艺，同时也对它们进行了改良。他接受了一种社会继承物，在它遗传给它的后代之前，每一代人都对它作出了

或好或坏的贡献。

在存在着道德、宗教环境的同时还存在着物质环境。甚至在人们还没有察觉到的时候，它们已给每个人打上了印记。这种环境的变革作用不能说不深刻。像财产、契约自由和竞争这些近代社会的经济范畴，是作为它的理性内容的一部分，而政治观念连同宗教一起也是如此，它们在赋予它以特征时可能构成最强有力的力量。在把社会看作是一个由不平等的具有不同功能的阶级所构成，其组织起来是为了争取一个共同的目的，在认为它是通过发挥经济作用来满足经济需要以调整自身的结构，在这两者之间；在认为一个人不应当在取得必需品时欺骗他的邻居的观念上，在“一个人的自我怜爱是上帝的神意”的信条上，在这两者之间；在诉诸宗教标准以压抑经济欲望的态度上，在把权宜手段看作最终准则的看法上，在这两者之间，一概存在着一种裂隙，这种裂隙没有任何不变的理论和无所不在的经济利益可以沟通，并且它至少应当可以加以探索。要想考察后者如何从前者产生出来；要想从把经济
27 行为看作是所有道德行为中的一种的观点来追溯这种变化，把它看作对非个人的完全自主的力量的依靠；要想观察个人主义的斗争，即面对着教会以宗教的名义和以国家社会政策的名义所实施的限制，首先是谴责，然后是掩饰，再以后是以经济自由的名义得意洋洋地为它辩护；要想观察教会当局如何努力保持它对已提出要求而最终放弃对它们的权利的领域的控制，要想做到这一切，不能沉溺于无意义的好奇心之中，而是要找到现在已形成洪水的溪流源泉。

过去的宗教观念不就是把有关社会组织和经济行为的问题看

作与精神生活毫不相干，或者使它不仅仅致力于个人基督教化而且致力于形成一种基督教文明吗？难道宗教允许在个人道德与得到许可的商业活动之间存在着尖锐的对立吗？教会的观点是否涉及接受某种特殊的社会伦理标准，而且，如果真是这样的话，教会是否应当把它作为强加于其成员的责任之一而努力加以执行？这些便是今天人们会提出的一些问题，而对历史作一种比我希望的更为充分的考察，总而言之可能会提出暧昧的犹豫不决的看法。

一、社会组织

今天我们提出了这些问题。而人们在整个 16 世纪使用不同的语言早已提出了同样的问题。近代经济史是以一系列在商业的组织和方向上，在金融、物价和农业上所进行的革命性变革作为开端的，这已经成为一句口头禅。在前 3 个世纪的进程中，人们对于新的经济条件不断提出一整套原则、法律和传统。由于新的力量
的冲击使得保守的观念常常无所措手足，伦理学家和宗教教士最 28
初通过重新肯定传统的教旨来对付它们，看起来通过这种方法可以限制他们的过分行为并纠正他们的弊端。由于变化的环境不是一种新事物而是既定的事实，这些教旨不得不加以修正。由于宗教改革发展的作用，不同的教会产生了具有不同特征的社会观。

但是这些是在后来发展起来的，只是逐渐才变得明显起来。不经过一场斗争，新的经济世界是不会被承认的。除了少数极端分子以外，第一代宗教改革派很少涉及社会理论方面的问题，他们引用教父、宗教会议、教令集和教会法学家的著作，完全没有意识

到，对教义和教会管理的变革会涉及把他们谙熟的被认作是基督教徒道德传统的东西破坏掉。此后，16 世纪出现了冲突，不仅发生在不同宗教思想流派之间，而且发生在变化的经济环境与所接受的社会理论之间。为了理解它，人们必须把他自己置于它开始的起点上。无论怎样概括，人们必须考察其历史基础。

构成社会理论本体（说明的和含蓄的）的背景是中世纪的传统。正式讲授的内容来自《圣经》、教父和经院哲学家的作品、教会法及其诠释者，并且通过布道和宗教祈祷书使之普及。口传的臆说则隐含在法律、习惯和社会制度之中。二者都很复杂，要说它们构成一个整体，则是在牺牲真理迎合权宜。政治史学家只用一个词组来概括五个世纪或更长的时期是很有道理的。那个时期，按照传统被称为中世纪。而设想经济状况是同质构成的学者不得不抛弃最初的错觉。

29 中世纪经济世界很明显具有确定的共同特征，这是正确的。它们起源于在西方是一种封闭的体系这个事实。在北方，它有着波罗的海给它造成的如此多的海湾以及完全注入它的一些河流。而在东方，它是畅开的，隙缝集中在从亚历山大到黑海的相对来说较短的海岸线，这样，它们就很容易被任何统治着东地中海的海上强国所控制，并且很容易在他们到达海边之前，被可以占据商路的任何军事强国切断出路。总之，这些明白的事实所决定的，是两条主要商路的走向应该从东向西和从北向南。那个时代的经济生活可能在这些商路出发和交会的地区最为发达。在这个总的经济框架中，情况与发展条件存在着极大的差别。经济文明化的轮廓线在以后几个世纪走过了不同的路线，但是山和山谷的差异却很难清晰地标出。如果一种复杂的经济结构发生的位置远离它在以后的世代所处的位置,它仍然会在有利它成长的地方繁荣起来。尽管庄园和行会无所不在,但是在生活上很不相同,如像15世纪的佛兰德那样的资本主义工业中心或者像15世纪的佛罗伦萨那样的资本主义金融中心的生活,和中世纪英国相比较,当时英国是一种输出原材料和少量粮食的田园诗般的社会生活方式。这也像近代兰开夏或伦敦与近代丹麦之间的差别一样。根据英国的状况对停滞于经济贫困中和沉溺于经济无知中的整个世界画一幅图画,会像在20世纪根据对设德兰群岛或乌克兰的研究来重建欧洲经济生活同样荒诞。中世纪社会理论的成分同样是五花八门的,并且同样也在变化着。甚至当研究者把他自己限制在完全与宗教联系的教义之中,并把经院哲学家的大全看作是它的代表作之时,他 30
也会从中发现持续的发展过程。例如,15世纪圣安东尼诺的经济学说就比13世纪圣托马斯的学说显得较为复杂并且更具有现实主义。而且,直到中世纪末期,这个体系中最精巧和最富于特征的部分,例如,关于价格和高利贷的理论,也远未固定下来,还处于不断的变更和推敲之中。

宗教观念对社会制度和经济关系领域采取的态度恐怕主要有四种。可以采取禁欲主义的超然态度,认为它们具有人们可以躲避的罪恶的性质——如果他们从中考虑到他们的灵魂,他们就该躲避——但是他们只有腾飞起来才可能实现这种逃避。它可以把它们视为是当然的并且予以忽视,作为属于与宗教无关的领域中不重要的事件;从古到今,谨慎地看问题而大胆地前进,看来是过于自信以致无法要求做到没有过失。它可以使它自己投身争取某种特别改革的请愿，要求改变某种突出的舞弊案件；为了推动某种决定性的革命，从而在地球上创立一种公正的统治。它可以同时接受和批评、容忍和修正，欢迎人类爱好的全部世事，像精神生活必然从中产生的可怜的舞台，并且坚持这同样也是构成天国的材料。就这样一种倾向来说，任何脱离宗教的活动都是令人讨厌和没有生气的，由于所有这一切在不同程度上都触及了那种渗透到整体的精神，这样就没有什么是过于卑鄙而有失身份，或是过于高尚而不可企及了。可以在皮卡达的话中找到最庄严的表达："尽管最高美德的恩惠并没有以同样程度散布到所有地方，但任何地方都有乐园。"

31 今天我们会碰到这些态度中的任何一种。每一种在中世纪思想中同我们相遇，当不同的时期和地点、不同的经济环境和个人气质唤起它时。在中世纪早期，禁欲主义倾向占据统治地位。例如，在经济生活中一无所见，只看到狼群围绕腐臭之物展开追逐的《阐释书》(*Elucidarium*)的作者，他认为实业界人士很难拯救，因为他们靠欺骗和牟取暴利为生。[8] 唯有以其对世俗世界的赠与和诱惑加以否定的禁欲主义者才算得上宗教生活中**最卓越**的人士。一方面是屈服于安逸与富足，另一方面是起而恢复最初的简朴，并且回到福音派的贫穷上去，这种由圣方济各所鼓吹而为他的许多追随者所放弃的说法，正是宗教改革运动中多数派所注目的。至于信仰无差别论，还有威克利夫学说中使用的什么别的共产主义的用语，如"只有人才是所有人的上帝"，"在这个世界上上帝必须侍候恶魔"，不过是一种预测天国幸福系作为地球上苦难之补偿的教义，霍布斯以一种玩世不恭的不朽态度对待它，当时他写道，宗教迫害而非叛乱“必须期望他们在天国得到报答”，而哈蒙德夫妇已经揭露它是一种麻醉剂，无论对工业革命的痛苦或激动皆如此，难道不是吗？如果像“里昂的贫民”（Poor Men of Lyon）那种微贱的派别也因为其非正统而不被提及，那么行乞修士则不是这样，不仅是朗格兰，有绅士派头的报刊撰稿人傅华萨也使用一种历史久远的措辞指责他们在唤起阶段仇恨。

要从如此浩瀚的社会和宗教观念的海洋中选择唯一的例子使之适合于个人自己编织的很小的网眼，并且加之以“中世纪思想”的标签，这势必会回避所有的问题。观念有其起源，如果如实地追溯它的话，恐怕常常会使它的倡导者感到为难。当能够提出现代基督教只有一半植根于中世纪的宗教时，那个时代早已过去了。
既存在着中世纪的清教、唯理论，也存在中世纪的天主教信条。32
正如曼宁先生在他的杰作[9]中指出的，在基督教会理论的领域中，格列高利七世和卜尼法斯八世的真正继承者是加尔文和诺克斯。对宗教和政治理论来说是正确的东西，对于经济和社会理论来说也是正确的。像路德和拉蒂默，像布策和布林格尔，像 16 世纪的再浸礼派和 17 世纪的平等派，像巴克斯特那样的清教徒，像劳德那样的英国国教徒，像班扬那样的浸礼教徒，以及像贝勒斯那样的教友会教徒，他们的社会理论，全都是中世纪理论的产物。像今天在那些尚未从野蛮状态中脱胎出来的地区的教会一样，中世纪早期的教会始终在致力于无穷无尽的传教活动，正像它与包围它的未开化的状况作斗争那样，改造和社会建设的工作几乎始终难以区别。由于它的任务的真正性质就像它的统治者的意图一样，它已经成为最伟大的政治制度。无论它的意向是优是劣，它都不是

一种宗派，而是一种文明。并且，当它的整体在宗教改革中被打得落花流水时，从它之中产生的不同教会，根据它们不同的机会，努力使同一种传统永世长存。禁欲主义或出家，无为主义或冷淡主义，足以使人愤怒的热忱，寻求把外部秩序和宗教精神结合起来的倾向——所有以这种或那种形式出现的这一切都在中世纪的宗教思想和实践中得到表现。

一切在那里都有代表，但是并非所有的都同样得到代表。在上面提到的四种态度中，它是最后一个富于个性的。为16世纪所采纳的第一个基本假设是，人类制度和活动的基本标准是宗教。制度的结构设计是按照经院哲学家的《大全》作出的。与近代气质形成鲜明对照的是，近代气质把实现目标视为当然，听到蒸汽机轰鸣就兴奋，中世纪的宗教思想则用无论怎样专横的压抑办法来迫
33 使每一种利益和活动为唯一的观念服务。这种设计的路线上下波动，而且，由于它的意义具有普遍性并包罗万象，至少在理论上对按照它们自己的轨道来运行的不同目的的主体没有留下余地。这种意图是通过神对宇宙万物的计划来树立的。“人完美的幸福只能是对神的本质的洞察，而不可能是别的。”

因此，所有活动落入一个唯一的系统中，因为尽管它们现在有很大程度的差别，但它们都为了一个共同的目标，并且从那里获得其意义。教会从广义上说是一个通过它以实现其目的的基督教共和国；从狭义上说，它是神委托的对它作解释的一种等级制度；对二者来说，它包括了全部生活，并且具有决定性的权能。尽管从长远来看实际同理论存在着矛盾，但是在作为“宗教领域”的精神生活和私生活之间没有绝对的区别，如果可以相信某些近代教师的

话，那么宗教与它的实际利益、外部等级和非个人的机制毫不相干。

尽管不存在一种绝对的界限，但仍存在着一种品质界限。用现代术语来说，存在着现实的度。中世纪思想的明显特征是存在着以后作为不可调和的对立面的差异，它们看上去是在一个较大的整体中的差异，并且最初作为自然需要的社会组织的世界通过缓慢的渐变而转变成为精神。人和其它动物一样，都必须保存其物种而使其永久存在下去；此外，作为自然的创造物，对他来说特殊的是他具有智力生活和社会生活的倾向——“想要知道有关上帝的真实情况并希望生活在共同体之中。”[11]这些根据自然法构成他们生活的活动，可以被看作并且确实时常被看作是对精神生活漠不关心并且怀有敌意。但是，这些富于特征的思想存在差异，即它是一种综合物。

在自然和神恩之间，在人的欲望、利益和宗教之间的差异并不 34
是绝对的，而是相对的。它是一种物质和赋予它以活力的精神、一个过程的阶段之间以及准备工作和结果之间的差别。对于罪孽深重的人的本性，神的恩宠不是要摧毁它，而是要改造它。而对于个人是正确的东西，对于社会也是正确的。通过把它与因启示而称为人类生活的目的联系在一起的尝试，赋予它以新的意义。用著名的（或者说臭名昭著的）教皇通谕的话来说，“宗教的方法是通过起媒介作用的事物来引导比较为高级的事物略低级的事物。根据宇宙的法则，一切事物不会降低到完全平等的地位；而是在中等类别中有最低等的，在较高类别中有中等的。”[12]社会制度采取了一种可以被称作象征性的特点，因为它们是一种至高无上的精神实

在的外在的不完整的表现。根据理想的想象，社会是一种不同等级的有机体，而人类的活动构成了一个在种类和意义上都不同的功能的分类等级，但是每一种在自己那个阶段上都有其价值，只要它为无论怎样遥远但对所有人都适用的目标所支配。像它反映得很朦胧的天国的等级一样，社会是稳定的，因为它尽力向上：

> 不但如此，我们这种幸福生活
> 要求我们完全顺从神圣的意志
> 我们自己的意志就与它合而为一。*

不用说，形而上学无论怎样卓越，与今天相比还不是中世纪日常的精神食粮。在15世纪，商业活动和投机激增，而到了15世纪中叶，所有这些学说都过时了。此外，无须说明，一般的观念是无法隔绝的，而中世纪思想家所坚信的关于生活带有神圣目的色彩的对共同事务解释，正像它在18世纪带有物理学色彩，在19世纪
35 带有进化论色彩一样。如果说中世纪留给16世纪的主要遗产是渗透人生所有方面的宗教观念的话，那么随之而来的第二种和第三种遗产自然便是产生于那个时代经济环境中的那种观念的作用。它们各自可以被称作关于阶级组织的功能观念和经济伦理的原则。

从12世纪到16世纪，从贝克特的秘书1159年的著作到亨利八世的随军教士1537年的著作，对社会都作出了类似的描述，这

---

* 但丁《神曲·天堂篇》第三歌79—81行，用朱维基译文。——译者

种类似既是基本的又是平常的。在每一次经济危机时，人们都用社会团结的高尚理论去谴责敲诈和倾轧，这直到 17 世纪英国个人主义理论兴起时，才最终被抛弃。[13]这便是人类的本体。人们承认，社会秩序中的重大事实在于，它们是苛刻和残忍的。它们以令人吃惊的温顺被人们接受，并且，除了偶尔的例外，对于重建不存在任何疑问。它们包含些什么，是无足轻重的小事。它恰恰是整个封建社会的结构——阶级特权、阶级压迫、剥削和农奴制。但是它认为不能把这些事情看作是对宗教的异化，因为宗教是包罗万象的。它们必须被赋予某些伦理的意义，必须被看作是某种更大的计划的表述。赋予它们的含义是单纯的。阶级身份和不平等的事实在中世纪被社会功能理论理性化了，就像在 18 世纪竞争被经济谐调的理论理性化一样；而前者以同样的愉悦来注视着在社会组织中显示的道德意图，这正像后者在证明，一种道德意图对于人类社会古怪的机制是多余的和起妨碍作用的。社会像人这个主体一样，是一种由不同成员组成的结构。每个人有其自身的功能，或祈祷，或防卫，或经商，或耕种土地。每个人必须得到适合他的地位的财产，并且不应当要求更多。在各阶级内部，必须是平等的； 36
如果一个人占有了两个人的生活资料，他的邻居便无法生存下去。在各阶级之间，必然存在着不平等；否则，一个阶级就无法履行它的功能，或者——根据一种令我们奇怪的看法——享受它的权利。农民必须不侵犯位于他们之上的人。领主必须不去掠夺农民。技工和商人必须得到维护他们完成其天职的东西，而不应当更多。

作为一种社会政策的标准，这个原则同时具有抑制性和保护性。“根据道理，在等级之上又有等级，而其巧妙之处在于，人们履

行其义务是应当之事。诚然,你的下属的敲诈和怨恨令人讨厌。”[14]作为一种社会哲学,它试图通过把它合并进一个可以吸收它和改造它的神的领域而把物质精神化。纯粹以金钱为目的的人常常会对那个嬗变过程表示顽抗,并且真的会因此把附属于它视为耻辱。因为,除非具有独创性的理论家,看来不那么容易按照社会功能的概念来解释本质上不是服务而是满足对财富无止境的欲望(*appetitus divitiarum infinitus*)的金融和贸易。相比较而论,晚近闯入被那些在前商业时代苦心推敲出来的概念所统治的世界的人们,他们决然无法与中世纪的综合体融洽相处,而当他们发展成熟时,将最终设法把它除掉。但是,封建领主的财产、农民和工匠的劳动,甚至军人的暴行,无论与精神生活相对立还是毫无关系,都不能不予以考虑。在被负责搜寻魔鬼的天使伊苏里尔的叉子戳到后,就不得不把他们提升为仆役,赋予其使命,并让其成为骑士,而围绕他们进行的仪式则意在强调他们已经经过了一种对宗教的再奉献。经过基督教会的洗礼,特权和权力便成为任务和职责。

这种和解是表面的,在对此作尝试时,基督教会时常通过给它
37 们打上一般的印记,使它自己降级且不提升世界而不提高其地位,这像它倾向于美化物质利益那样是无可争辩的。绅士征收难以承受的地租并且欺压穷人;但是,恐怕他们会被告知,他们真正的功能是“通过人世间的权力来捍卫上帝的法律”。[15]工匠——没完没了的训诫的主旨——的劳作是不诚实的;但恐怕并非全无价值,他们甚至会空口承诺按指导他们行业的理想去做,而普通百姓不会为那些利用这种技巧的人的可厌的巧计所欺骗。如果相互间残酷

压迫的领主和农民、商人和工匠、市民和乡村居民，为维护普遍的共同责任而斗争，对此，经济机会和经济力量似乎都必须让步，那么这真的毫无意义吗？“如果地位较高的人考虑到地位较低的人，并且地位较低的人用类似的态度回应地位较高的人，那么，每个人相应地都是所有其他人中的一员，整个共和国的昌盛将会得到保证和具有活力。”[16]

如果中世纪的道德学家时常过于天真地希望，唯有崇高的原则才能导致健全的实践，他至少可以不受流行的轻信的方式的影响了。这种轻信认为，没有那些原则或是有相反的原则，才产生健全的实践。要说经过其教导的那些人外出抢劫或诈骗，那么就是说他们连人都不是了。如果说他们像他们的某些前辈那样被告知，上帝留给他们的竞争会提供一种对于诚实的无意识的替代品，那么，他们会更像是诚实的，这也不是不言自明的。简单地说，社会不是被解释为经济自身利益的一种表达，而是被解释为被一种相互的尽管是变化的义务体系联系在一起。它认为，社会幸福的存在，有赖于每一个阶级履行它的功能并享受由此而来的相应范围的权利。“基督教会被划分为这样三个部分，祈祷者、保卫者和……劳动者……。因为她是我们的母亲，所以她是一个身体，而这个身体的健康分担着它，她的一部分应管着另一部分，仿照同样 38
的方式，耶稣基督命令着它……。厚道的人用手托住他的头，而用他的眼睛帮助他的脚，而他的脚帮助支撑他的身体……而基督教会的各个部分也应该是这样的……。如果一个人接受了别人的服务而把自己应当做的工作留下来，那么作为人的不同部分也就不能和善地为人效劳，而教会的各个部分也有为上帝服务的特殊工

作;而如果一部分人放下教会规定给他的工作而去承担另一部分工作,对教会来说就是罪孽深重的行为……。毫无疑问,教会在通过天国的医生和人间的医药使其各部分重新产生之前,绝不是完整的。”[17]

思考并不是在真空中展开。无论它怎样激进,都是现存秩序的反映。很清楚,这种宗法制的原则是封建土地制度一种减弱的反映。基督教会有关经济伦理的原则在中世纪的工业状况中很清楚地表现出来。一种宗教哲学,除非它率直地放弃十分之九的行为,让给黑暗的力量,是无法接受商业世界和经济关系自给自足的原则的,并且与宗教和伦理背道而驰。但是,这些事实可能难以从道德意义上来解释,或者它们相对来说可能是容易的。在中世纪后期欧洲相当大的地区,经济环境,与它在帝国时期或它在今天相比,都不那么难以对付。在重要的商业中心,资本主义又完全像人们在世界上一直看到的那样,是很野蛮的,在工匠和商人之间经常进行着激烈的阶级斗争。[18]但是在他们之外,我们可称为经济制度的所有商业、工业和货币市场并没有构成一种体系,只不过是大量单个的商业和单个的工业交易。财政事务处于自然经济世界的边缘。流动和竞争都很少。只有很少的大型组织。除了 14 世纪佛
39 兰德和意大利的纺织工人一再发动起义这些重要的例外情况,中世纪的工匠,特别是在英国这样落后的国家,通常是小雇主。像“议会”和工资劳动者这样的当代组织形式,13 世纪末以前就在伦敦存在,[19]而中世纪后期雇工协会的成长证明了近代工联主义形成的基础并非不为人所知。但是即便在巴黎这样的大城市中,在 13 世纪末存在的 128 个行会看来包括了 5000 名雇主,他们雇佣

了不超过 6000 至 7000 名雇工。1387 年在美茵河畔法兰克福，为 1554 名雇主服务的雇工不超过 750 至 800 人。[20]

在这类有其自由、相对和平以及具有强烈合作意识的城市中，大到富于创造力的合伙人，小至知晓其邻居的每个人，存在一种相互帮助的伦理并不是完全不可能的，而正可以用这种条件来解释最富于中世纪特征的工业制度。倘若推断多数中世纪工人那样的人员曾经参加过技工行会，则有些过头了。总而言之，在英国，十分之九以上的居民是农民，在他们中，尽管被称作行会的互助会非常普遍，同业组织的存在自然是不用怀疑的。甚至在城市中也存在着问题，考虑到在还没有机械起重机的时代，工匠在建设一座大教堂时，必须要有众多的非熟练工人作为粗工，不管是否存在相当数量的临时工人，他们很难说已经建立了持久的组织。给工匠行会戴上经济骑士的光环并非不适当。他们首先是独占者，而且，他们投资的行业与消费者发生冲突的例子并不少见。威克利夫根据他关于一个整体社会为了共同的幸福而压倒特殊行业这个可为近代利用的概念，自然对合作持有偏见，其理由是，他们因受宗派的 40
贪婪和阴险的野心干扰而对社会统一心不在焉；但是，他们大概总是认为他们的抱怨是相当正确的，即“人们组成的所有兄弟会和行会看来都遇到这种公开的诅咒（反对不正当的阴谋家）”，因为“他们同心协力相互支持肯定错了，他们还凭借其权利通过他们的智慧和权势压迫其他人”。[21]在宗教改革前一个世纪产生于德国的这一极其引人注目的政治和社会重建计划，提出完全取消难以忍受的腐败的和暴虐的行会是很有意义的。[22]

可是仍然存在着独占者和拥有专利者。这样一个合作组织不

会冒险向宗教作空口承诺的时代会牢牢记住，如果说中世纪行会的特征毕竟产生于经济需求，它至少要求经济需求服从社会利益，就像人们以为的社会的和精神的利益相互缠绕无法解开那样。法国研究行会的历史学家写道，“整个这一小群古代的人深深浸透了关于合理的工资和公正价钱的基督教思想，那时肯定像今天一样，有着贪财和垂涎；但一道严厉的法规制约着所有人，为每个人要求福音书所允诺的每日的面包。”[23]试图在“行会的善良人”中维持大体的平等，通过坚持每个同胞应当与其他人分享其好运并在他的邻居需要时进行帮助而阻止经济利己主义，抵制无意识的金钱力量的侵入，保持训练和技艺的职业标准，以及靠严格的团体纪律去抑制一个人为自己抢夺特殊的利益而伤害所有的人那种固有的欲望——这些事情是否比保守主义的方法和团体的排他性弊病更
41 多，是每个研究者可以根据他自己的偏好来回答的问题。至少有一点非常清楚，这便是兄弟会社的规章和基督教会的经济学说都受到共同环境下各种问题的推动。许多现在已是自然而然的东西，在那时候则是私人的、个人的和直接的，而且对于大规模地根据个人的标准建立的组织，或者对于那些使顾虑不再产生并且结束所有最终为经济便利而辩护的学说，只留下很小的余地。

这样一种环境加上它的个人的经济联系，对于一种社会伦理体系并非不利因素。而承担了要在哪怕最下贱的活动和神的意图之间进行调解这一任务的教会，则试图为它提供这种环境。从真正传播它的基督教世界的大本营发出的教诲，在实践中起着妨碍作用，并且是非常严重的妨碍。当代人对于宗教信仰时代经济动机的现实性不存在任何幻想。他们只得去考察罗马。从 13 世纪

中叶起，一种反对基督教会罪孽的悲叹便持续地产生了，而其要旨可以用“贪婪”一言以蔽之。在罗马，一切都是为了出售。随之而来的不是来自圣马可的福音，而是银“马克”带来的福音。[24]

当你来到教皇面前，你得记住
这里不是穷人的所在，他喜欢的只是供养人。
……
如果我们触及问题的核心，教皇来自这样的现实，
无论别人有什么，他只想要做教皇；
或者，如果你用高卢语来说
即如果您想达到目的，请付款。*[25]

教皇制度可以谴责放高利贷者，但是，它处在当时高度组织起
来的行政制度的中心，接收着从欧洲各地汇来的款项，并且，当其
它政府的岁入仍然包括用实物支付的赋税和个人服役时，它得到
的是货币形式的收入，它缺了它们绝对不行。但丁把卡奥尔的一 42
些放债人投入地狱，但一位教皇授予他们“罗马教会特选之子”的
称号。[26]格罗斯泰特谴责伦巴第的银行家们，伦敦的一位主教驱逐
他们，但教皇给予保护，使他们得以返回。[27]几年以后，大主教佩卡
姆不得不恳求教皇尼古拉三世撤消革除其教籍的威胁，意在迫使
他支付意大利放债者要求的高利贷利息。正如这位大主教公正地
评述的，“根据宗座的特别训令，我的职责是采取有力措施以反对

* 诗歌原文为拉丁文。——译者

这样的放债者”。[28]从某种意义上说，教皇制是中世纪最主要的财政制度，而且由于它的财政体制是精心设计的，事情便变得更糟而不是更好。如果说在13世纪弊端只是涓涓细流，那么到了15世纪则已成为一股湍流。而罗马的过失除了它们特别臭名昭著外，很难被认为有什么新东西。人们常常抱怨神父做生意和放高利贷。[29]大教堂的教士以很高的利率放债。从放高利贷获利就像圣职买卖一样，这本应被看作与上帝为敌而为教士所拒绝；但是，当一个放高利贷的人与巴黎一位主教商议拯救其灵魂时，主教没有劝其赔偿，却建议他把不义之财献出来，去建造圣母院。[29]圣贝尔纳一边注视着哥特式建筑的光轮一边大声说，“这样，财富就用财富的绳索拉住，钱财就带来钱财……。噢，虚荣的浮华，没有什么比疯狂更徒劳了！教堂只是在她的围墙内是辉煌的，在她穷人面前是乞丐似的。她为她的石墙镀金，却留下她赤裸的子嗣”。[30]

这幅图画使人毛骨悚然，而人们应当感谢像吕谢尔先生和库尔顿先生那样的人，他们摧毁了浪漫的故事。但是，对罪恶的控诉包含着承认它们是不道德的；无视它们有罪比隐匿它们的存在更不公道：并且，当灵光圈从实践中消失时，它依然会问，人们重视什
43 么样的原则，他们设立什么样的标准。最系统地回答这些问题的经院哲学家的《大全》详尽阐述的经济信条，经常被作为作者们富于想象力的放纵言行而搁置一边，这些作者出于对下一个时期病态的偏见，不能很好地把目光投向这个世界的事务。在现实中，不管对他们的结论怎么看，他们对于经济问题学究式的思索无论在时机和意图上都极具实际意义。刺激他们的运动是在一个就其社会范畴而论仍然属于那种自给自足的乡村和封建等级制度的世界

中发生的手工业、城市生活和商业经济的成长。它们的作者的目标，是要解决这些发展提出的问题。要用教会陈述的传统道德调解在经济扩张中出现的新的契约关系。被后代看作是反动者的那些人，攻击经济进取精神的潮流，并且不恰当地诉诸《圣经》和教父，在这些人自己的那个时代，他们却是自由主义思想运动的先驱。他们通过过高估计过时的公式，在宗教权力僵硬的结构中为新的流行的经济利益清理出一块场地。这样，为早几代人曾经加以谴责的发展提供一种正当的辩护。

更晚几个世纪的重商主义思想极大地受惠于经院哲学家对于货币、价格和利润的讨论。但是，中世纪作家对于经济理论技术的特别贡献则不像他们的前提那样具有重要意义。他们的两个基本假设给 16 世纪和 17 世纪的社会思想打上深深印记：即经济利益服从于作为劫余之物的真实的商业生活，以及经济行为作为个人行为的一个方面，像其它方面一样，受道德原则的束缚。物质富裕 44
是必要的，因为缺少了它们人们便不能维持他们自己的生存并相互帮助，它们具有第二位的重要性；如圣托马斯所说的，[32]明智的统治者在缔造他的国家时，会考虑到国家的自然资源。但是，经济动机是靠不住的，因为他们的经济欲望非常强烈，人们害怕他们，但他们尚未卑劣到为这些欲望欢呼喝彩。人们认为，如同其它强烈的欲望一样，他们所需要的不是无遮挡的场地，而是抑制。在中世纪的经济活动理论中并没有取得这样的地位，它不是与道德目标相联系，而要根据经济所得的欲望是持续和适当的力量这种假设来建立一种社会科学，像其它自然力量一样，当作必然和不言而喻的论据接受下来，这对中世纪思想家来说，同把好斗或性本能这

样不可避免的人类属性的不加限制的运作作为社会哲学的前提相比较，几乎是更不合理和更不道德了。物质注定要为精神目的服务；经济利益是工具——事实上这就是我们用来争取幸福的东西。“要求世人赐福而又不把它放到第一位是合法的，好像我们依靠他们，但认为他们可以赐福和帮助我们，因为他们支持我们个人的生活并且是行善的手段。”[33]正如圣安东尼诺所说，富有为人而存在，而不是人为了富有而活着。

因此，到处存在着反对经济利益干涉宗教事务的限制、束缚和警戒。对一个人来说，谋求必要的财富以维护其本身的生计是正当的。谋取更多的财富并不是事业心，是贪婪，而贪婪是一种极其有害的罪恶。贸易是合法的：不同的国家获得的不同财源，表明那是神的意图。但它是一种危险的事业。一个人必须明白。他从事这个事业是为了公众的利益，而他获取的利润不应当比他劳动应
45 得的工资更多。至少在一个堕落的世界中，私有财产制是一种必要的制度；当动产属于私人时，人们会比动产公有时做更多的工作而较少争吵。但是，宽容应当作为一种对人的过失的让步，而不是作为一种令人满意的东西加以称赞；理想境界是共产主义，而只有靠人的本性才能实现它。格拉西安在他的《教令集》中写道：“确实，这个世界上的一切应为所有的人共同使用。”[34]真的，最好的办法是财产多少受到限制。它应当合法地获取。它应当被最大限度的人们所掌握。它必须用于穷人。应尽可能使它在实际中为公众所用。它的所有者必须乐意与那些需要它的人共同享用，哪怕他们实际上并不是很贫困时。这些便是使它们可以为15世纪的欧洲拥有商业资本的大主教接受的条件。[35]曾经存在过这样的时代，

它们被描述为不是为财产权辩护，而是对财产进行革命的抨击。因为要捍卫农民和小店主的财产，必然要抨击靠吞食这种财产而发展起来的垄断者和高利贷者。

所有这些原则体系所依据的假设是简单的。它就是，经济利益在同和它有关的金钱动机的突出成正比例时，经济利益的危险增加。对所有人类来说，劳动命中注定是必须的和高尚的，商业是必要的，但对灵魂是危险的；金融活动如果没有什么不道德行为，充其量只是不干净，最坏则导致声名狼藉。这种对于较开明时代社会价值的奇妙倒置，在中世纪关于商业伦理的讨论中得到最好的显现。对商人严格地适度宽容无疑部分是从古典模式推导出的文明惯例；阿奎那对不太需要商人的国家大加称赞是很自然的，因为国家可以从它自己土地的产品中满足需求；不是从未有过哲学家自己称赞自足吗？但它与中世纪社会理论中一个重要因素相吻合，却是符合常规的，并且在中世纪的广大部门中作出反映迅速的 46
表示。当然，毋容置疑，商业不可缺少；商人用他国的富裕来补充一个国家的短缺。邓斯·司各特斯议论说，如果没有个体商人（他们的嗜好很少受到细心的保护）统治者恐怕会去聘请他们。因此，他们获得的利润是合法的，而他们不仅可以保持与商人身份相符合的生活，而且可以支付劳动、技能和保险所需的费用。[36]

如果说这种辩护是适当的，也有些问题。因为为什么要做这种辩护呢？坚持商业并非绝对的不道德传达了一个提示，即商人的实践活动是否合乎规矩至少可以说是令人怀疑的。而这样，在绝大多数中世纪思想家眼中，最大的危险是售卖和购买的贸易。[37]对于这种态度的解释部分要根据当代经济组织的事实。如果只考虑提供食物和对物价的处理，那么在中世纪自治城市的经济中，消费在公众的思想上就多少具有同样重要的地位，就像作为经济工作毋庸置疑的仲裁者那样，就像19世纪对于利润的态度那样。商人清白而且单纯，虽然对国王很便利，商人可以向国王纳税并提供贷款，同时对于大机构如修道院，商人大批买进它们的羊毛，但商人既不受侨民也不受食客的欢迎。理论家对商人某种放纵行为提出的最实际的批评，就是种种限制之网，利用这种种限制，中世纪政策对商人的活动加以约束，公众周期性地发作对商人的愤怒情绪，以及自治城市残忍地镇压那些插足消费者与生产者之间的掮客。

不管怎样，除了环境所决定的特点外，中世纪的社会理论有自己的理由拥有区别于劳动并要求某种特别辩护的事业。对于经济
47 动机的怀疑是基督教会的社会教育中最早出现的要素之一，并且一直存在至加尔文主义赋予经济事业的生命以新的认可的时候。在中世纪哲学中，把所有商业活动都谴责为属于不义行为范畴的禁欲主义传统，被一种对实际必要性的承认所削弱，但是并没有被消除；并且，如果不情愿加以谴责，它会坚持预先通知的。因为商业的本质是使获得欲具有独立的突出地位，而对于被大多数近代思想家无疑视为社会动力的这种欲望，中世纪理论家则认为是骑虎难下。工匠是为其生计而劳动的，他寻求的是如何维持生活而不是更多的东西。商人的目标不仅仅是维持生计，还要获利。可以用格拉西安的话来表述这种有差别的传统：“无论谁买回一样东西，他不可能照原样不变地卖掉它，而可能这是造某件东西的材料，他不是一个商人。但是，如果有人买到一件东西，为的是他可

以原样再卖出去而获利，那在他买到东西时，这个人一定是从上帝的圣殿中赶出来的买卖人。”[38]根据“一个人之所以买是因为他要卖得更加昂贵”这个实在的定义，商人的动力是不合人情地尽全力谋求他自己的金钱利益，而任何公益精神或个人慈悲色彩的东西都无法削弱它。他把本应作为手段的东西颠倒成为目的，因此，他的职业“由于只关心其本身，满足于热烈地追求所得。有充分理由受到谴责”。[39]

一种既对灵魂构成危险又对社会实属必要的事业表现出的困境，显现在对它极为流行的解答中。它把利润看作工资的一个特例，其条件是，超出商人劳动合理报酬的所得尽管并非不合法，却被谴责为卑劣的利润。商人免罪的条件是，“他谋取利润，但不是
作为一种目的，而是作为他劳动的工资”。[40]这个原则从理论上说 48
很得当，但运用起来却很困难，因为它明显地包含了承认被亚当·斯密后来以平静的讽刺所描述的“在商人中不那么常见的矫揉造作”。但是，推动它的动机是有特色的。中世纪理论家恰恰把近代社会称赞为很有价值的导致物质财富持续地、无限制地增长的努力判定为罪恶，而他对之暂不作出最无情的指责的罪恶是更加微妙和难以捉摸的经济效能。14 世纪一位经院哲学家写道：“他已能完全满足自己的欲求，但还是不停地劳动以致富，既是为了获得更高的社会地位，也是为了以后能够完全不靠劳动而生活，或是为了他的儿子能够成为富有显赫之士——所有这些都被一种讨厌的贪婪、纵欲或傲慢所刺激。”[41]两个半世纪以后，在经济和精神领域发生了一场革命，路德以一种甚至更加没有边际的语言表达了同样的意思。[42]争论的本质是那些制造产品的工匠和转运产品的商

人可以要求适当的报酬，他们各在其职业上从事劳动并且满足公众的需要。那些在大众困难时进行剥削以攫取私人利益的投机商和掮客则犯了不可宽恕的罪行。阿奎那学说的真正后继者是劳动价值理论。最后一位经院哲学家则是卡尔·马克思。

二、贪婪之罪

如果说这些观点并非通则，那么就要把它们变成为特定交易
49 的条件，从而可以进行贸易和获得财产。它们实际表达的是在整体上用经济伦理判断是非，其中最为人熟悉的因素是教导人们考虑到价格公正和禁止高利贷。从对于经济状况明显事实的普通意识中所得出的原则，和从详细阐述它们的理论家那里得出的原则同样多。关于放高利贷者被过早地送进地狱，或者他们的钱在他们的钱箱中变为枯叶，或者（如细心的记录者所说）他"在 1240 年前后"进入教堂结婚，被一个从门廊上落下来的石人压扁，经过上帝恩惠的证实，那是另一个高利贷者的雕像，并且他的钱袋被恶魔抢走，所有这些数不清的荒唐故事比律师严密的推论更有说服力。[43]

自治城市、庄园以及全国政府的实践，在这些事情上都表明，基督教会谆谆劝导人们弃恶从善，而忘掉了对作为具有虔诚辩才的职业道德家的经济伦理进行教导。这忽略了一个事实，即还是同样的思想被一些人接受，他们对于人们借以致富的技巧不会被怀疑为是什么非自然的谨慎小心。在高利贷和价格问题上，对基督教会学说的最好评述，是在类似问题上进行世俗立法，因为直至

16 世纪中叶，它们占主导地位的观念都表现在这种立法之中。普通人可以咒骂教会法学家的狡诈，而行会和自治城镇可以禁止其成员在法庭上抗辩；但是，他们自己制定的商业行为规则却不只是给教会法增添了一点情趣。佛罗伦萨是中世纪欧洲的金融首都；但是即便在佛罗伦萨，世俗当局在 14 世纪中叶对银行家的高利贷行为处处加以惩罚，而在 50 年之后，开始完全禁止信贷业务，然后引进犹太人从事不许基督徒干的一种业务。[44]科隆是最大的商业
货物的集散地之一；但是，它的成功的实业家在最后立遗嘱时，记 50
起了商业对于灵魂是危险的，而贪婪是一种大罪恶，于是提出，通过指导他的儿子作出一些赔偿并从事某些比商业危险性要小些的职业来赎罪。[45]考文垂的市民，在一个世纪的大部分时间里，就一系列公众权利问题同修道院院长展开了斗争；但是那个繁华的商业城市的民事法庭却认为，高利贷与通奸或私通属于同等的罪行，并且判决放高利贷者不得当市长、市参议员或行会首领。[46]这不是因为这些平信徒不应当有这些正当权利；也不是因为教会拥有全权，尽管教会的教诲通过种种渠道影响人们的见解，并且在作为一种命令被拒绝以后很久仍然作为一种观念残存着。正是经济状况的事实不可抗拒地影响着它们双方。在现实中，基督教会的教条与政府对于商业世界的政策之间并不存在尖锐的冲突——当然，它的个人实践则是另一回事——因为二者都是在同样的环境中形成，并且对于社会权宜之策都承认同样概括的臆说。

它的全部经济背景极为简单。中世纪的消费者——我们在今天可以比在 1914 年时更容易同情他——就像一个判定要在车站旅馆度过其一生的流浪者。他拥有一所很小的房屋，并且受地方

上的面包师傅和啤酒酿造师支配。垄断是不可避免的。事实上，中世纪工业很大一部分是一种具有社会地位的有组织的垄断体系，必须用一种嫉妒的眼睛盯住它们。防止它们滥用其权力。这是一个由小师傅和农场主组成的社会。工资不是一个急迫的问题，因为除了意大利和佛兰德的大工业中心，固定靠工资收入为生的阶级人数很少。像今天一样，高利贷有着类似的境遇。因为贷款主要是提供给消费而不是提供给生产。那些收成不好或家畜死
51 亡的农场主和亏本的工匠，必须取得贷款、谷种、家畜和原材料，而他们的灾殃便为放债提供了机会。不用说，在民众中存在着一种激昂的情绪，反对向一个城市勒索赎金的大量收购者、在一个人手中控制了无数人生计的垄断者、乘邻人之急取得其土地的留置权和取消赎取权的放债者。“放高利贷者不愿意借给人们这些商品，但是如果他希望取胜，他的钟爱便超过了仁爱。许多其他的罪恶可能比高利贷这种罪恶更深，但对此来说，人们对它的咒骂和仇恨甚于对其他罪恶。”[47]

一个人在考察了中世纪后期法庭对于案件实际的受理情况后，不会感到愤愤不平，因为它们把可能发生的商业上的不道德行为说得很可怕。[48]在中世纪英国构成人口多数的农民和小师傅中，借钱与出借是常见之事，而这只与他们不大的交易有关，而与数目巨大的财政领域无关，所以传统的对于金钱出借者的态度一直是明确的。很自然“朱塔，她是一个放高利贷者，放债的要价很高”，而最大的放高利贷者随军教士约翰，应当被看作是一个十分可耻的人物以至于他的邻居无法宽容他，[49]同时太善于钻空子以至于不能完全压制他。教会接受了这种民众情绪，赋予其宗教意义，并

把它融进一个体系中。在讲道坛上根据这个体系，布讲经济伦理，在忏悔室中加以强调，最后的办法是通过法庭来强制推行。

它的哲学基础是自然法概念。“人拟定的每种法律，严格说来，都带有某种程度上是从自然法推导出来的那种法律特点。但是，如果它在任何一点上与自然法发生冲突，它就不再成为法律；它不过是对法的曲解。”[50]具有长远的、自我校正机制的、似乎很有道理的报酬原则始终还未发明出来。而自然法观念——应当以成 52
文法加以表达的而又不为成文法所穷尽的自然公正——提供了一种理想的标准，借此特殊的平等关系能够加以量度。事实上，中世纪和近代的经济思想最根本的差别在于这样的事实，即无论怎样对它作解释，后者通常涉及为任何特定的行动、政策和组织体系辩护的经济权宜之计，而前者的出发点是，有一种道德权威，而经济权宜之计的考虑必须服从于它。这种概念的实际运用是要通过正当的准则去试行每一种交易，这种准则尽管不是完全却在很大程度上是与经济环境的偶然组合相脱离的。人们无不对政府当局规定的，或者在政府当局未能规定时由公众估定的价格更为关心了。一点不假，即使如此，价格也随匮乏而变化。因为神学家凭其十分严格的态度也不能不切实际地把供求变化的影响排除在外。但是，它们不会随个人的需求或个人的机会而变化。令人头痛的事在于那些利用或造成暂时短缺的人、那些利用市场变化而赚钱的人，以及那些被威克利夫视为**必定**是恶棍的人，或是那些不会是昨天穷而今天富的人。[51]

确实，关于公正价格的规范化的理论经过了一个相当长的发展过程。阿奎那主要的概念是，价格作为共同判断（*communis es-*

timatio)的正当基础(与其相适应的是防止敲诈)尽管随着不同市场条件的变化而变化,却是与劳动力及生产者的成本相一致的。这种概念被以后的作者证明是适当的。若干14世纪的经院哲学家强调公众估价具有主观成分,坚持认为价值的本质是功利性,并且得出结论说,事情很简单,既然成交使双方都感到满意,那么公
53 正的价格就很可能是在契约自由条件下取得的。[52]在15世纪,圣安东尼诺在描述他目睹的高度发达的商业文明时,努力达到一种综合,在其中传统信条的原则应当遵守,同时应当给经济动机留有必不可少的活动范围。在对影响价值的条件作了精巧的分析之后,他得出结论说,因为公正的价格要随时间、地点和个人而变化,恐怕至多不过是一种“或然性和推测”。他的实际贡献是通过区别三种层次的价格——接近合理、有区别的和无情的(*gradus pius, discretus and rididus*)在整个概念中加进一种新的灵活性。他论述说,卖方的价格超过规定价格百分之五十以上就一定要补偿,而且,如果审慎地考虑,甚至对它有较小的偏差也要以捐赠的形式作出补偿。但是,偶然的过失可以原谅,并且在一种可以争辩的基础之上,价格可以运动而不牵涉罪恶。[53]

这个结论以及它对市场这种非人格力量的承认,是中世纪后期紧张的经济活动的自然结果,而且明显地包含了思想革命的种子。这个恐怕早在14世纪中叶就应该开始详细说明的事实使人们想到,经院哲学家的经济思想包含的成分,比某些时候人们的判断更加变化多端和更加现代化。但是,具有独特性的信条则不然。它坚持认为,公正的价格可以防止敲诈。“听凭销售者自己去考虑货物价格,便是把控制权给了贪欲,它刺激他们中几乎所有的人去

寻求额外的利益。”价格必须如此，不能比这再高，使每个人“都有适合于他身份的必需品”。最为理想的方法是对可能有的供给进行调查，并估算出不同阶级的需求，然后由政府官员来规定价格。54
如果这一点办不到，那么个人就必须考虑到“他必须索价多少才能保持他的地位，并使得他自己适应这种地位，同时对于他的开支和劳动要有合理的估计”，以此指导他自己确定价格。[54]如果后一种劝告是出于成熟的深思熟虑，前者就几乎是陈词滥调。这决不比一位精力饱满的市长在早餐前要做的事情更多一些。

还有，没有人会集中资金去放债。当然，他可以在承担伙伴风险的前提下通过伙伴关系获利。他可以付出代价以获取地租；因为土地提供的收益是自然产生的，而不是从人身上榨取的。如果他在规定的时间里没有得到本金，他可以要求当事人作出补偿。他可以要求赔偿他承受的相应的损失或放弃的收入。他可以买得一份年金，因为补偿是视情况而定和有风险的，不是确定的。当约翰·德文尼斯借款 19 镑 16 先令时，规定他有义务在无法归还本金时支付 40 镑的罚款，因为这是对损失的赔偿；或者为杰弗里·德·埃斯顿给威廉·德·伯伍德 3 马克银币作为每年 6 先令地租的报偿，因为这是花钱获取地租，不算放债，或者伦敦的詹姆斯·勒·里夫预付给都柏林的商人罗伯特·德·布里 100 镑，以此在爱尔兰进行两年的贸易，而这属于一种伙伴关系；或者如伍斯特的小修道院为了即时支付的一笔最大的保险余额而出售了年金。[55]其最终仍然不合法的原因在于，它在现代经济学教科书上是作为“纯利息”出现的——利息作为一种不变支出，事先订明取得一笔贷款，或者是不会给出借者带来风险的货物：“利息来自借贷，根据

约定应给的或被勒索的利润……某种给资本的赠益，根据约定或勒索增加资本，利息就是这样，不论叫作什么名称。”[56]重点在于根据合同。高利贷的本质无疑是那样的，也就是无论借钱的人是赚
55 了还是亏了，放债人都要割他们一磅肉。中世纪舆论并不反对地租和红利，而只要它们合理。这是因为从小范围来说，人人不都是要赢利吗？放高利贷者一点也不宽恕债券持有人。他的罪恶在于，他通过一笔规定的和确定的付款来赢得收益，而这种付款便是高利贷。

当然，原则比起不加掩饰的当场的建议更为复杂和微妙。伴随着投资习惯、资本市场和新形式的经济企业如保险公司和交易所的发展，理论日渐变得更加精巧，各种学派也明显地分裂了。有关地租收取的准确含义和延期付款的能力是引起争论的第一个问题，外汇是第二个问题，官营当铺的发展是第三个问题。甚至在14世纪结束之前，已经有一些作家提出辩解说，利息是对贷款者提供帮助的报酬，他们还指出（尽管他们明显地没有汲取近代的推论），动产在目前比在将来更有价值。[57]但是，在调查单纯借贷的报酬时，无论自由主义的还是保守主义的神学观点都是一致的，近代的解释者在其当事人的放纵中看出对获利予以宽恕，[58]这样他会在加尔文以前任何时代的神学界内制造一个丑闻。获取高利是与《圣经》对立的；是与亚里士多德的学说格格不入的，是与自然相对立的，因为它不劳而获。那是为了恶人的利益而出售属于上帝的时间：是要抢夺那些借钱来用的人，既然他们使它有利可图，利益应当属于他们；那是不公正的，因为对于借款人来说，放债的获利不可能超过借给他的本金总数的价值；那是无视健全的司法原则，

因为当取得一笔借款时，财产在这时转到借款人手中，那么为什么债权人要求一个现在只是使用他的钱的人对他付酬呢？

权力在所有这些问题上起的作用是很明显的。《出埃及记》和 56
《利未记》有多种版本。《路加福音》(6:35)很明显是误译；《政治学》中有一段现在有人说也是错译了。[59]但是现实的考虑比某些时候的推测为教条提供了更多的东西。在大多数贷款不是通过信贷制度进行而是一种例外支出的时期，它具有这样的性质，在这个时期，可以说"借钱的人总是强调他必需这笔款项"。有人论述道，如果高利贷普遍存在的话，"人们恐怕无需重视耕种他们的土地，除非他们什么其它的事都干不了，而这样，恐怕就会发生一场巨大的饥荒，所有的穷人恐怕都要死于饥饿：因为即使他们能得到可耕种的土地，他们恐怕也无法得到耕种土地所需的家畜和农具，既然穷人自己恐怕不会拥有它们，而富人出于利益和安全的考虑恐怕早把他们的钱拿去放高利贷，而不是用在更小的、风险更大的投资上"。[60]找出这些论据的人并非做梦的学究。他便是英诺森四世，一个至上的实业家，甚至他不只是一个相信现实政治(*Realpolitik*)的人，而是那个时代最能干的政治家之一。

的确，基督教会身居高位不会不去做不道德的商业行为。它太方便了。在声誉不佳的典当业和十分光荣的上层金融业之间存在的差别，在信仰的时代就像在20世纪那样为人们所熟悉；我们对中世纪对高利贷的谴责是不可能作出合理判断的，除非是记住整个金融事务范畴几乎完全脱离了这种谴责。这种谴责很少适用于与国王、封建寡头、主教和男修道院长的大规模交易。他们被迫向国外金钱贷款人付款的国民有可能发牢骚或举行叛乱，但是，如

果一个爱德华三世或一个香槟伯爵落到金融家手中，他能够把债
57 务人或债权人记录在案吗？这种谴责甚至更少运用于教皇制本身，教皇以一种对其实业经营方法的道德性表示异常冷淡的态度，如时常所抱怨的，定期地雇佣当时外国的银行家，把他们置于特别保护之下，并且有时以革除教籍相威胁逼迫还债。尽管受到某种良心责备，国际金融市场照例规避了对于高利贷的禁令；14 世纪，意大利有很多银行在从君士坦丁堡到伦敦的各个商业中心从事外汇业务，并且在像香槟集市那样大的集市上，确定一个规定的日期，来谈判借款和解决债务。[61]

这种类型的交易并非没有遭到明确的反对；相反，它们当中的每一种交易经常遭到道德家的抗议。传统的信条被那些充分了解在没有信贷的情况下商业和政府都无法运行的作者所重复，这并非纯粹是伪善。事情是，作为禁止高利贷基础的整个理性前提和整体的实际利益与一种完全不同的经济活动秩序有关，由此所表示的是，商人和君主从作为他们门客的大银行家那里借钱。其目标单纯而且直接——防止殷实的放债人利用农民或工匠的困难；十分适合于那种类型交易的范围便是个人道德。正是在这些穷人平常的交易中最容易进行剥削。其结果极其可怜。正是针对他们，基督教会才制订了经济伦理系统，至于他们，尽管在一些场合被无视，那意味还是要执行的，因为那是基督教教友友爱的一部分。

世俗当局部分地加以执行，就世俗当局的竞争者所准许的范
58 围而言，部分也由基督教会的纪律机构加以执行。基督教会关于高利贷问题的立法始终频繁地为人们加以分析，这里只须提及，无

须更多的说明。早期宗教会议禁止教士进行高利贷活动。[62] 12 和 13 世纪的宗教会议禁止教士和平信徒从事这种活动，并且制定了处理触犯规定者的教规。如果教士借钱给需要的人，拿他们的东西做典当品，并且收取超过所借本金总额的利润，将免去他们的圣职。[63]明显的高利贷者不得被教会团体接纳并埋葬在基督教徒的墓地；也不接受他们对教会的捐款；而未对他们加以惩罚的牧师也将被暂时停止职务，直至他们使他们的主教满意为止。[64]恐怕 1274 年里昂宗教会议和 1312 年维埃纳宗教会议的立法是基督教会攻击高利贷的高潮的标志。前者重新颁布了 1175 年第 3 次拉特兰宗教会议规定的措施，并且用实际上判放债者为非法的规定加以补充。在开除教籍和停止教权的惩罚下，没有哪个团体和个人会把房屋租给放高利贷者，只会（在已允许他们租住的情况下）于 3 个月内把他们驱逐出去。不准他们作忏悔、受赦免和埋葬在基督教徒的墓地，直到他们归还钱财为止，同时他们的遗嘱也属无效。[65]维埃纳宗教会议的立法甚至更加厉害。会议宣称，它吃惊地得悉，存在着与人类和神的法相违背的共同体，它们承认高利贷并强迫负债者遵守高利贷契约，又宣称，所有故意维持这种法律的统治者和治安法官都要被革除教籍，并且要求在 3 个月内取消上述法规。由于高利贷活动真正的性质常常隐藏在各种特别的手法之下，基督教会当局总是迫使他们提供账单以供检察。任何顽固地宣称放高利贷不算罪恶的人都将作为异教徒被惩罚，而审问者将 59
指控他无异于反对传播或怀疑异端。[66]

无论是在关于教会的统治权或者关于道德法对于经济权宜之策具有至上地位的主张中，恐怕都不是很容易就找到比以革除教

籍相威胁，要求取消所有承认高利贷的世俗立法更为激烈的例子。但是，就了解这个制度要想在其中运行的那种方式来说，宗教会议制定的法规同罗马天主教和它属下的宗教当局就特殊事件与问题的解释之间所进行的通信相比较，恐怕没那么多启发意义。难道就是这些靠高利贷谋利的人的后继者一定要赔偿损失吗？是的，同样的惩罚正像适用于最初的冒犯者一样也适用于他们。以宗教为口实向罪犯勒索赎金的目的并不是要证明对一笔贷款索取报酬是正当的。把一个人视为放高利贷者，不只是因为他索取利息，而是因为他在交易时考虑到时间的因素，在赊账买卖时索取高价。甚至当债务人已经发誓不去控诉高利贷者之时，教会当局还要强迫后者归还他们的所得，并且，如果证人因为给予放高利贷者保护而受到当局的威胁，考虑到犯罪是一种臭名昭著的事情，也可以没有他们的证实而强制性地加以惩罚。一位坎特伯雷大主教被提醒说，高利贷不仅对于教士，而且对于无论什么人都是危险的，并且被警告说，在不扣除利息的情况下，要采取宗教谴责去恢复一直被抵押的财产。教皇给萨莱诺大主教的信中说，高利贷者反对归还得益，或者说他们并没有这种收入；他要迫使所有有能力的人对那些从他们那里榨取利润的人或者他们的继承人进行赔偿。如果任何一种方法都不可能进行，他们就打算把补偿给穷人；因为如奥古斯丁所说的，除非罪恶得到纠正，罪过不被开释。在热那亚，教皇被告之，在规定的期限内要保证支付货物的价钱高于买卖发生的
60 货物的价值。不清楚这样的契约是否就一定是高利贷；不过，有一种可能，即除非在付款时商品的价值确实发生了变化，否则出售者便犯下了罪；“因此，如果他们不再订立这样的契约，你的公民伙伴

会对他们的解救办法作出一种明智的考虑，因为人的思想是无法向全能的上帝隐瞒的。”[67]

关于罗马的决策，有许多值得怀疑的例子，它们表明涉及高利贷的法令不那么容易实施。还有证据表明，对于处理技术问题和困难的问题，它努力进行指导。在13世纪起草的用以指导天主教感化院关于处理疑难案件所使用的通常形式的书中，插进了一些表明应当如何处置高利贷者的先例。[68]在此同时，还出版了圣雷蒙德关于副主教职责的指导书，其中包含一系列视察时应作的调查，如每种可以联想到的敲诈，并且计划要揭露各种各样迷惑人的契约——如虚构的伙伴关系、以出售为幌子的贷款、针对借贷过多的储蓄——通过它们把罪过隐匿起来。[69]随后便是向忏悔者详细地作出限制这些行为的指示。按照宗教会议法规的一系列规定，忏悔者要对“买卖和其它有关贪心和贪婪的行为进行审查”。要对男爵和骑士作调查，要他们陈述他们是否发布了有违反教会自由的命令，或是不给要求公正的人以公正，或是过高的地租、通行税或役务压迫他们的臣民。“对于市民、商人和官员，教士要就以下诸方面进行审查，即掠夺，高利贷，以高利贷欺诈作出的担保，法官受贿罪，不正当的和虚伪的销售，违法的衡器和量具，说谎，作伪证和搞阴谋诡计。对于耕作者即农民，他要就偷窃和非法占有他人的 61
财产，特别是与什一税有关的（行为）……也要就移动界标和占有他人土地进行调查……。关于贪婪，它要这样被问及：你是否一直对圣职买卖感到有罪……以及对不公正的审判……一个小偷、强盗、作伪证者、窃取圣物者、赌徒、在田地中移动界标者……非法的商人、为了不义的贪婪利益而压迫任何人，特别是寡妇、被监护者

和处境悲惨的人?”根据“以其人之道还治其人之身”的原则,犯有那些贪婪之罪就要罚他大量捐赠。但是有些罪行除了赔偿不可能真正悔罪。高利贷便是这些罪行中的一种;而且,需要指出,高利贷不仅包括现在可以称为利润的东西,而且也包括那些因为时间推移贱买贵卖犯下的罪过。如果因为实际原因无法偿还,须命令犯罪人要求他的继承人给予赔偿,并且,当无法发现受损害的当事人时,便把钱“用于敬神事业以及特别用于贫民”,这样做时,如钱数目巨大则按照主教的意见,如数目较小,便只需听教士的意见就行了。[70]

关于这个问题较通俗的教义,在用于忏悔的祈祷书和用于指导虔诚者的书籍中都有说明。书中有关商业伦理的篇幅是相当大的。在15世纪,皮科克主教能够回答罗拉德关于《圣经》被湮没在大量解释之中的抱怨,即由于把那些谈论“借给人不指望偿还”这句经文的书作为他的例证,他还说,所有这些关于高利贷的教诲都完全不足以“回答……所有那些难以对付的正确的疑虑和问题,……这些终日会有的疑虑和问题必须在人们的讨价还价和交易中予以释然”。[71]一个世纪以后,有些地区仍然以旧日的严酷态度再三宣讲这些原则。1552年,只是议会在苏格兰进行宗教改革
62 前的8年。但是,圣安德鲁大主教在那年起草的教义问答集表明,对他同胞的经济过失无意作出任何妥协。教义问答谴责放高利贷者、扣压工资的雇工、出售假货的贪婪的商人、虐待他们的租户的贪婪的地主,总之(一项全面的复杂的诉状),“所有无节制致富的卑鄙之徒”,以及所有“能使其邻人免于贫穷和灾难而不去这样做的人”。[72]

宗教法庭在实践中如何处理这些事情，这个关键问题，我们知之甚少。它们至今仍然是几乎未经涉猎的领域。在欧洲大陆，我们瞥见了偶尔发生的查抄。主教们对声名狼藉的高利贷者宣战，只是会引起世俗当局的报复行为，对他们来说，贷款者是太方便了，因此除他们以外，不能被任何人加以迫害。[73]在 13 世纪末，布尔日的大主教在开庭时迫使大约 35 名放高利贷者吐出他们的所得，[74]而在 70 年以后，佛罗伦萨的一位宗教法庭的法官在两年中从放高利贷的人和亵渎神灵的人那里罚得 7000 佛罗林。[75]在英格兰，商业道德是一个值得怀疑的领域，教会和世俗当局时常为实施裁判权进行斗争。宗教法庭要求处理违反契约的一般案件，依据的理由是它们涉及损害了忠诚，高利贷是一种为教会法特别禁止的道德罪行。两种要求都遭到了国王和城市团体的驳斥。根据克拉伦登法规，[76]前者专门把债务案件留给国王的法庭去审理，同样的法规在下一个世纪中一再作出了规定。后者一再禁止市民在教会法庭进行诉讼程序，并且对那些无视禁令的人处以罚款。[77]尽管教士一再抗议，[78]双方都在世俗法庭上实现了他们处理重利盘剥契约的主张；但是，无论哪一方都没有有效地剥夺教会的司法权。63
有待解决的问题并不是放高利贷的人是否应当受到惩罚——对这个问题只有一种意见——而是由谁承担惩罚他们的任务更为有利，而在实际中他受到所有各方的夹攻。从伦敦城到最微末的庄园法庭，各地方当局都制订了地方法来对付“非法的契约”，并提告违犯它们的罪犯。[79]下院议员恳求放逐伦巴第的经纪人，并要求有关他们的伦敦条令能普遍适用。[80]巡回法庭的法官听取对高利贷者的诉状，[81]大法官法庭受理了受骗者的请愿书，而根据普通法他

们是无法得到任何补偿的。[82]圣教会继续按照自己的方式来处理放高利贷者，[83]尽管这似乎是英国教会会议对该问题立法的唯一例证。

因为，尽管存在司法权的冲突，对教会律师审判方式与日俱增的愤怒，以及中世纪后期资本主义的扩张，很明显，商业案件继续（至少是有时候）提交基督教会法庭。14 世纪中期以后，教会法庭无权审判已归世俗当局处理的高利贷案件。1341 年的一项法规规定（正如很早便提出过的），国王应当有权审理已死去的高利贷者的案件，而教会有权审理活着的高利贷者的案件。一个世纪以后的亨利七世时期提出这个问题时，重申教会保留这一权利，并作为一种过时的常见形式一直延续到伊丽莎白和詹姆斯一世统治下的那个资本主义强盛的时代。[84]

教会当局不大可能有很多机会去强制推行与借贷有关的教会法。在商业城市中这类案件很自然地频繁发生，而城市并不乐意
64 看到教士干预商业事务。在 13 世纪初期的伦敦，宗教法庭的法官、市长和国王之间频繁地发生冲突。当人们很希望迅速作出判决，或者他们的案件在世俗法庭可能得不到支持时，看来他们就会在宗教法庭进行诉讼程序。可以从许多案例中举出一个稀奇的例子，工匠很显然把教会法庭作为实行工会规定的一种手段，它们更可能受到处罚，而由市长和副市长来惩罚则不然，他们只是通过简单的宣誓的方法和指控那些破坏信仰而违背誓言的人。例如，铁匠通过宣誓结成“联盟”，并如他们宣布的，其目的是要停止夜班工作。但是，正像在法庭上提出的证据，他们阻止任何他们组织以外的人在该行业工作，并且把破坏罢工的工贼传唤到宗教法庭来。

制造踢马刺的人禁止任何人在日落到日出这段时间工作，并且强行把一个违反规定的工匠拖到副主教面前，其结果是“上述理查德在经过宗教法庭法官的三次警告之后，被赶出教会，并被剥夺教友的特权，直到他愿意发誓遵守法规为止”。[85]

甚至在更晚的时期，我们从宗教法庭的审判活动中瞥见的情况足以表明它并非一纸空文。因高利贷受控的教士受到由他们的主教作出的改正。[86]请愿者向大法官法庭要求赔偿，其理由是在主教和副主教法庭，对于高利贷债务案件的诉讼是当着“神职人员”的面进行的，他们无法得到公正的裁决。[87]宗教法庭的记录表明，尽管有些时候商业问题作为一个属于世俗法庭的问题，它拒绝加以审理，但无论如何违背契约案和高利贷案继续由它们来审理。[88]声名狼藉的马克罗夫特家族（父亲威廉是一个普通的高利贷者，他的女儿艾丽斯在圣灵降灵节烘面包，他的儿子爱德华为万圣节做 65
衬衫），罪有应得地受到惠利宗教法庭惩罚。[89]在里彭，劝导一名放高利贷的人和他的受害者在庭外解决争端。[90]伦敦城的代理主教列举托马斯·霍尔因私自放高利贷犯下重罪，根据是他以托马斯·福斯特的绶带为担保借出 4 先令，而他索取的比本金高出 12 便士，在他没有出庭的情况下法庭暂缓判决。[91]这类事情并没有随着宗教改革而中止。在伊丽莎白统治时期的宗教法庭，仍然处理关于高利贷的案件，甚至在像伦敦城这样巨大的商业中心，在詹姆斯一世统治时期仍可能有这样的事情，由代理主教对商人“出借典当品以获得额外收入”进行审讯。[92]

可是，要试图设立防御的屏障以对付放债者的勒索，这不能只靠法律的惩罚。从很早的时候开始便存在一种学派，他们认为，鉴

于高利贷契约可以用各种诡计“伪装”起来，直接禁止几乎必然收效甚微，并且他们赞成实行为在更合理的条件下借款提供便利的政策。也就是比从高利贷者那里借款更为合理的条件。事实上，牧师们试图通过建立贫民花钱不多便能筹集到资本的制度，从而由侧面来打击高利贷者。由教区、宗教共济会、行会、慈善收容院、甚至修道院来出借谷物、家畜和资金。[93]在英格兰，13世纪经教皇批准，主教组织了这种借贷。[94]而两个世纪以后，大约在1462年，方济各会教士领导了创立官营当铺的运动。这一运动始于意大利，在16世纪上半叶传播到法国、德国和低地国家。尽管由于宗教改革于其间发生官营当铺从未在英格兰发生，却为论述经济伦
66 理的英国作家提供了一个经常评论和称颂的话题。[95]至少到1515年拉特兰宗公会议为止，因为商业组织的复杂性与日俱增而必须实行借贷，这样，关于借贷问题的教会法经历了一个持续的发展过程。以专业眼光精心拟定的法典本身便证明了它带来了相当多的交易额和税收，因为律师并不是徒然地为上帝服务。那些在平信徒看来有着坏名声的教会法学者，适当地说来，在文雅的从业技巧上，并不比其他律师头脑更简单。尤其是处在欧洲金融中心的意大利人起了带头作用，而意大利的教会法学家在法律的独创性方面展现出奇才。另一方面，在英格兰，既因为英国人非同寻常地讲道德，还因为如一个不友好的外国人所说的，因为他们不害怕订立高利贷契约，[96]或许，很可能因为英国的商业是一种保守的发展很缓慢的事业，英格兰教会法规学者林德伍德便满足于从一位13世纪英格兰主教那里引用只言片语并浅尝辄止。[97]

但是，不管法律学家怎样识别和美化，反映本质的事实还是很

简单。基督教会把买卖和借贷看作是一种简单的关于邻里之间或非邻里之间行为的问题。尽管像主教皮科克那样的理性主义者可能坚持说,[98]照这样下去穷人不会仇视上帝,传统的偏见仍反对人们(至少是平信徒)使用奸计致富,并且倾向于将其合并在一起冠以难听的贪婪之名。组织成集团的商人或虐待穷人的放债者,不是被看作从事实业的战略家,而是被看作不义的怪物。至于说杂货商和餐馆老板,“他们不道德地结党密谋,没有一个人愿意比别人卖得更便宜”,而投机商“他们买下谷物、肉和葡萄酒……通过损害他人的利益来积聚金钱”,他们“根据教会法,不比恶劣的罪犯更好些”。[99]所以,当面包的价格上涨,或者伦敦的水果商为一种大胆的精神所说服,即他们“因为他们自己无知的缘故而都成为穷人和 67
卑鄙的人,而如果他们真正按照他的劝告行事,他们恐怕会变得富有和有影响”,[100]从而形成一种联合,给人民带来巨大的损失和艰难时,市民和农民并不会从供求规律会使价格再次下降的更大希望中得到安慰。他们在高度评价所有好的基督徒的同时,使磨坊主遭人嘲笑,并且在市长的法庭上同水果商讲道理。而教区牧师在根据六条戒规布道时,引用《箴言》中的话作为经句,即“使我也不富裕也不贫穷,赐给我需用的饮食”。

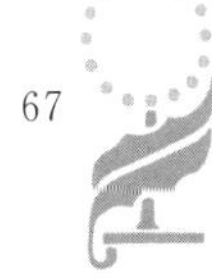

三、理想和现实

简单地作一个概括,这就是16世纪所继承的经济思想的背景,它给土地租佃、价格、商业和金融组织带来的使人手足无措的变革,使这个时代成为经济发展的分水岭。很明显,这种哲学全部本质的一方面是它具有强烈的保守主义。它对进步不加怀疑，但仍然缺乏任何激进的社会改造。在中世纪众多的异教运动中，社会的愿望时常与对僧侣统治集团的奢华生活的批判相结合。对官方教会来说，下层等级的思想独立，当涉及他们现世的福祉时，比起涉及永恒的救赎，其讨厌的情绪是差不多的。他们对这些危险的空谈皱眉蹙额，并且有些时候像近代史上对浩大的起义实施最残酷的白色恐怖一样，毫不留情地、野蛮地摧毁它们。

68 从思想上说，宗教看法赞成全部静止的观念，它把社会等级看作是一种不可改变的东西，只能接受它，而不可加以改进。除了很偶然的场合，它的发言人重申因袭的教旨。据此，脚生来是干活的，手是打仗的，而头脑是统治的。因此，他们很自然地谴责像公社运动一样立意推翻自然秩序的骚动，[101]虽然，自由市的兴起是中世纪欧洲的一个光荣，而且几乎是随后每一种文明发展的根源。它们涉及经济行为问题，不是因为它们急切地推动改革，而是因为它们关心保持传统的个人道德标准，其中的经济行为构成一个重要部分。

实际上，教会是一种与经济结构密切相关的巨大的既得利益者，特别是在农业和土地所有权方面。它自己就是最大的土地所有者，它和基督教会的委员会一样不会责备封建结构，这个当时最大的矿产主可以领导一支反对国王特权的十字军。唯灵论的方济各会教士敢于不顾约翰二十二世的训谕，就福音派的贫穷而维护圣方济各教规，对他们的迫害表明，责难财富尊严的信条过于类似基督的教诲，以致无法为基督教会的巨头所接受。

在整个中世纪经济制度的基础上，除意大利和佛罗伦萨以外，十分之九的居民由农业人口构成，他们具有农奴身份或者是隶农。面对着 16 世纪不为人熟悉的竞争性农业的罪恶，保守的改革者悲叹社会和谐时代已经逝去，那里“在领主和佃户之间存在着一种情结，领主像对孩子一样照看着他的佃户，而佃户则像孩子对待父亲
那样自然地爱戴和顺从于领主”。[102]可以把他们对过去时代的理想 69
化看作对于他们自己时代的一种评论，但作为一种对先前世纪状况的评述则会把人引入歧途。在现实中，就构成中世纪农民主体的奴隶般的佃户来说，农民昌盛的黄金时代，除了在这里或那里有例外，不过是一个浪漫的神话，没有什么人会比农民自己对此更感到惊奇了。封建财产的真正本质是它以极端露骨和无耻的形式进行剥削，在事实上包括强制性劳动，恰恰在农民自己的生产中最迫切需要劳动力的时候，附加的强派的劳役，不计其数的税收和纳款，在领主的磨坊做苦差事的义务，在领主的烘房烤面包，和参加领主私人法庭的审判。庄园的赋役，劳动力的不足以及英国国王法庭的逐渐侵蚀，削弱了这种制度的棱角，而到 15 世纪，英格兰走运的自耕农开始兴起。但是，在中世纪大多数时候，无论如何那种制度积累的影响力非常大。生活在这一制度下的人对它的严厉不存在任何幻想。那些已经积累了少量资金的农民，第一步是赎买他们在领主庄园中劳动的义务。英国的农民起义，法国的扎克雷起义，以及德意志农民一再发动的起义，显示了社会处于愤怒的状态，以后很少有运动在激烈程度上超过它们。

尽管一些研究中世纪经济的作者回避这个问题，但人们自然会问，宗教对于农奴制取何种态度呢？几乎不可能作出回答，只有说（除例外的少数人）宗教观念忽视了这个问题。确实，基督教会

认为随心所欲征收地租是有罪的，并极力主张人道地对待农奴。
70 它真的把农奴的解放描述为像是给穷人的礼物一样，是一种虔诚的行为。因为农奴不是“活的工具”，而是人；在上帝的眼中，所有的人都是农奴；而在天国，在财主面前的是浑身生疮的拉撒路（穷人）。[103]真的，隶农属于法律范畴而不是经济范畴；在 14 世纪的英国，有的农奴是富人。但是解放个别人并不是谴责那种制度。“疯狂的教士”可以说和做任何事，但主要的财产来源是隶农，官方教会则泰然处之。

教会法看来是已经承认和推行了农奴制。[104]很少有重要的基督教牧师提出任何反对它的声明。阿奎那解释说，它是罪恶的结果，但这并不妨碍他从经济基础出发为它辩护。[105]几乎所有中世纪作家都接受它或为它辩解，基督教会的地主尽管恐怕就其方法来说更为保守，而作为一个整体与其他地主相比则不相上下。“乡下人哭泣时他们比谁都好，他们快乐时比谁都坏”，是一种情绪，人们很担心，这种情绪有时候对不那么关心地租波动和农业利益的孩童的感染力，并不亚于对封建贵族的感染力。僧侣集团的最高层是与封建贵族纠缠不清地混在一起的。当他们的机会来到之时，可以认为已成为朋友的无名氏约翰、磨坊主约翰，还有赶马车的约翰，便烧掉了圣阿尔班男修道院长的法庭卷宗，砍下一位大主教的头颅，并且在肯普顿男修道院长的地产上放肆作为，他们表现出的热情一点也不亚于抢劫他们的世俗统治者之时。在德国和英国，不是教会而是反叛的农民提出这样的要求，即“基督必将使所有的人自由”；[106]在德国，至少他们在教会的主人对他们极少表示仁慈。在法国，直到 18 世纪后期农奴制才消失，德国则到 19 世纪。农奴

制的消失是一般经济运动的一部分，教会与之关系极小，而且教会人士作为财产所有者时时在抵制它。这同法国革命中的人道主义者的自由主义关系较大，同基督教信仰的关系较小。 71

真实的情况在于，恰恰是教会的胜利使它不再作声。在3世纪的教会中，少数信徒遇到了外国的文明会提出抗议和批评。但是，当所有发酵剂都和面团混合，当教会不是被作为一个社团看待而是被看作社会本身时，它不可避免地被它所吸收的群众所稀释。其结果是造成妥协——对于这种妥协，批评它的人会说，“有多少不堪承受的东西被承受啊！”而颂扬它的人则说：“有多少不堪承受的东西变得温和了啊！”

批评和颂扬都是正确的。因为，如果说宗教观念勉强同意了许多东西，它也提出了许多要求，而使得中世纪教会完全不起作用的思维习惯，在处理中世纪土地制度的众多弊病时，至少在理论上恰恰能够强有力地处理个人经济事务。在中世纪早期，宗教观念支持保护温和的工人，支持关心不幸者、被压迫者和穷人——至少支持保持社会团结一致的理想，反对赤裸裸的暴力和压迫。随着经济文明复杂性的增长，它遇到了不易用它的传统范畴对待的问题。但是，即使任意地加以运用，它们也不会被拒绝承认，而今天使我们感到困惑的经济道德的世界也就获得一个新的尽管使人窘困的机会。对于在这些方面之间的鸿沟无论怎样强调（几乎很难过分强调），即在理论和实践之间，在使原则自相矛盾的条件和教会法规学者的著作不比其他法学家的著作更少些遭到损害的诡辩术之间，在尽力获得人类活动最常见的事和在包罗万象的宇宙体系范围内最不易处理的人类欲望之间，寂静无声仍然以一种晦暗 72

的光泽，随处在闪闪发光。当私人生活中允许存在的和商业中允许存在的之间表现出差别时，便好像很有道理地从对贪婪作出的判断中找到了退路，可以不无道理地坚持认为，慈善法对于后者的束缚一点也不少于对前者的束缚。当原则的严肃性只能用于那些其运用最不严格的生活关系，从而加以规避的时候，多少有点像是要去构建一种强韧的足以抵抗商业的为所欲为的体系，但仍有充分的弹性可以允许任何合法的交易。如果坚持认为高级场合中流行的贪婪和贪心是恰当的话，那么重要的是要说，人们用它们真正的名称来称呼这些罪恶，同时并不知道要他们自己相信，贪婪就是进取心，贪心就是经济。

这样的对照很迷人，某些作者一直在强调它们是不足为奇的。有一代人，他们对于自由竞争大失所望，同时意在要求得到比市场的决定更令人信服的某种社会权宜之策的评判准则，他们对于经济利己主义（中世纪流行的基调）嫉妒的、讥诮的猜疑，同理性时代充满自信的乐观主义者的态度相比较，是更易于了解的。就理性时代关于社会中的行为理论而言，它比 13 世纪更应称为信仰时代。在 20 世纪，虽然有它的托拉斯和联合企业，通过商业对工业加以控制，通过金融机构对商业和工业加以控制，试图规定公正的工资和公正的价格，实行定量供应和食品控制与纺织品控制，但是经济的谐调恐怕有点令人感到乏味了。它处理经济组织问题的心情，看起来与中世纪市民对待毫无慈悲心的放高利贷者和囤积居奇者的愤怒态度更相似，而不大像它的单纯的祖父们
73 所曾依赖的那种信心。这些祖辈曾用看不见的手从事确实可靠的活动。

总而言之，尽管确实存在着相似性，但这种相似是表面现象，而过于强调它，对于那些恰恰是最富于中世纪思想特征的要素来说，是不那么公正的。它的贡献的意义并不在于在各个时代都反复出现的关于价格和利息的专门理论，无论何时经济环境总是使消费者和借款者被敲诈。人们会发现，中世纪思想家坚持认为，社会是一种精神的有机组织，而不是一部经济的机器。而经济活动作为一个复杂巨大的整体的一种从属因素，要求通过引证它为之提供物质手段的道德目标来加以控制和抑制。经济欲望的暴君是如此冷酷无情，它对于自我扩张的经济利益的帝国是如此倾斜，那么就把它们作为仆人而不是主人限制在适当范围内的这种文明的理论，有理由被认为是意味深长的自明之理，这些自明之理在任何明智的哲学中都是一种恒定的因素。它是取代经济权宜标准的毫不掺杂的替代物，这一点，在今天，也像一个世纪以前那样，大概并不是看得清楚的。可以很容易地用数量和质量的概念来解释，因为生活法则的概念高于个人的欲望和一时的迫切需要，这便是中世纪理论家称作“自然法”的东西。

话都说了，事实依然如故，即在涉及较小的范围时，仍会遇到经济生活道德化的问题，并且这个问题无法弃之不顾。实验也许一直行不通，并且几乎从一开始便因声名狼藉的教会当局的腐败而受怀疑。教会当局宣传放弃财产却教授贪婪。但是这其中具有某种英雄主义的东西，不理睬这种概念的高贵和理想化它的实际结果同样荒谬。试图使经济利益从属于宗教的要求的最好证据， 74
是宗教改革派同样试图坚持要做的。在这些改革派看来，教皇是反基督的，教会法是一种令人憎恶的东西，而在 16 世纪当它的

崩溃已十分明显而无可争议之时,又是叫正派人感到可怕的事情。

第二章　欧洲大陆的宗教改革派 75

任何基督教会或基督教国家都不应当容忍宁可私人获利而不顾公共幸福，或为私欲而损害邻人这类做法。

——布策尔：《论基督的王国》

阿克顿勋爵在《历史研究讲座就职演说》中说了一段令人难忘的话，“过去很长的时期为一种信念所支配，认为世风日下，社会急速衰落和瓦解，为陋习和坟墓中主子的意志所统治，但16世纪出现了，它用未曾尝试过的经验，展望充满无数变化的未来”。[1] 他所指的是由学识、科学和地理大发现展现的新世界。但他的话为讨论同一时期发生的对宗教和世俗利益关系看法的变化提出了一个专门的论题。经过道德和理智的长期冲突之后，其必然结果是出现新的社会权宜观念和新的经济思想方法。

这场运动的线索很复杂，经济个人主义伴随宗教改革兴起的程式尚未得到圆满解释。初步僵化的过程为这些制度自己被推翻做了准备。就它假定阶级关系严格由习惯和法律规定这个意义来说，传统的社会哲学是静止的。它几乎不受经济运动潮起潮落的影响。它在新的力量面前软弱无力，很明显是由于对基督教法理学渊源的反感，对教会法和教会宗规的半信半疑，以及用古代武库

76 装备的政治学的兴起对它的压力的结果。如果说使这个时代成为分水岭的主要原因在于贮存在别的领域的新的社会理论是从这个时代起源的,这决未低估宗教改革的作用。人类直到实践中出现的某些紧急情况造成的巨大压力推动它这样做时,才考虑经济和社会组织问题。由于同样的原因,16 世纪与 19 世纪初期一样是社会沉思的时期——因为它是一个社会错位的时代。保守的宗教教师对于在他们看来是财神胜利的精神的反驳,构成了诉诸过去曾由陈旧的社会秩序造就普通良心之最后的杰出的书面表达。中世纪社会理论实际的含意在 16 世纪甚至比在它的鼎盛时期陈述得更加清楚,因为它们是以强调一种它处于危险中的教义来陈述的。

一、经济革命

这个时期的宗教革命正赶上罗马帝国灭亡以来欧洲所经历的最深刻的经济危机。艺术、对科学的好奇心、技艺、学识和治国之术、研究过去和以预言家的先见之明洞察未来的学识,把其所有精萃倾注入豪华的新文明的神殿。在新文明的建造者、美与智慧之神背后,阴郁的但却是重要的人物在活动着。但丁在地狱第四层遇到过这个小声咕哝说话含混不清的魔鬼,三个世纪后居荣先生
77 也碰到它,它在地狱入口的洞穴里受烟熏火烤。它从事笨拙的苦役,采凿米开朗琪罗将用来雕刻的石块和拉斐尔用作装饰的罗马黏土之中城墙的基础。

正是人对其环境的控制迎来新时代的曙光,正是对经济扩张

能力的重视才证实他赢得这种控制。像封建社会的君权一样，中世纪的经济作用除在少数有利的地点外，是不连续的和分散的。现在，分散的入侵者正在组织起来并进行训练；零星的和不规则的小冲突正在汇合为一场发生在从波罗的海到恒河，从香料群岛到秘鲁的战线上的大战，每年都传来新的胜利消息。指挥这支军队和发动进攻的将军是经济力量。

此前一个世纪，在意大利国内长期发展的经济力量已从上千个溪流和渠道渗入西欧，经过地理大发现的高潮，洪水已高至齐胸。不管根据 15 世纪的政治学作出的评判是否正确，有关其轻浮言行所做的传统评判对其经济意义确实有失公正。这是一个政治上的无政府时代，注定要支配未来的力量正在初试羽翼。由意大利制图人员和葡萄牙海员孜孜不倦的劳动准备了哥伦布和达伽马时代，正如同克朗普顿和瓦特时代是以许多不知名的先驱的各种不出名的试验为基础一样。

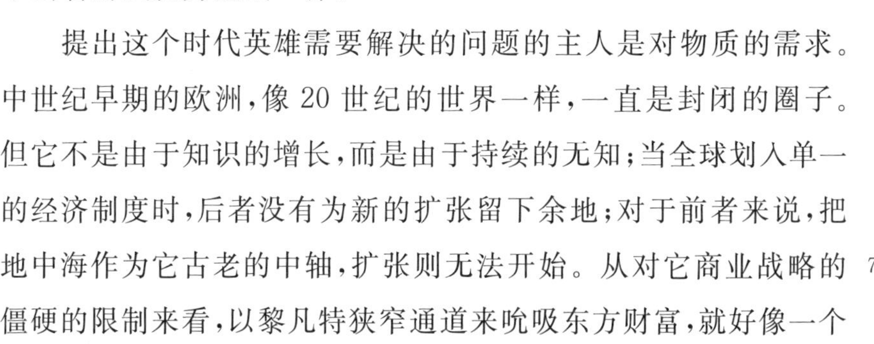

提出这个时代英雄需要解决的问题的主人是对物质的需求。中世纪早期的欧洲，像 20 世纪的世界一样，一直是封闭的圈子。但它不是由于知识的增长，而是由于持续的无知；当全球划入单一的经济制度时，后者没有为新的扩张留下余地；对于前者来说，把地中海作为它古老的中轴，扩张则无法开始。从对它商业战略的 78
僵硬的限制来看，以黎凡特狭窄通道来吮吸东方财富，就好像一个巨人依靠墙上裂缝进食一样。

一般图示是这样，详细情况也是这样。欧洲的外部关系没有伸缩性，其内部关系很难说更富于弹性。它的最基层单位始终是村庄；村庄是依习惯而建立的分成制农民的共同体，它以强烈一致的愤怒抑制无法无天的叫作“变革”的魔鬼威胁传统常规的欲望。村庄之外是更大、更有特权、叫作自治市的乡村，城市和行会的会友以一副铁面孔敌视着来自山地和河谷的外来恶魔。在这两者之上是慢慢觉醒的民族。民族主义首先是一种经济力量，其次才是一种政治事实；把一位竞争者说成佛罗伦萨人或皇帝身边的人，不失为驱走人的充分理由。拥有仓库和特权的侨民区，汉萨同盟的商业区、南德意志人的商馆、英国商业冒险家公司的工厂，仅仅是经济扩张之墙上的小缝隙。像在近代土耳其或中国那样，贸易在特许条约签订之后进行。

这个狭隘的结构像是一座房屋。15 世纪人们觉得它仿佛是一座监狱。扩张的力量冲撞它的围墙；无休止的贪欲侵蚀和消损着房间里因侵蚀作用剥落下来的屑片。在土耳其人的南进最终切断从东方来的商路之前很久，威尼斯的独占已被认为无法容忍。在抢劫来的墨西哥的物品和波托西的白银及财宝流入欧洲之前很久，德国和蒂罗尔矿山的产量就一个劲地上升，如果说它仍然很微弱的话，那么这条银锭的细流刺激而非扼制着它的贪欲。[2] 在英国，不是大地产主，而是有抱负的富裕农民，首先一点点地吞食公
79 地并破坏庄园习俗，随后，就像筑渠蓄水一样，他们的少量积蓄逐渐积累起来。不是大资本家，而是有创业精神的行会会员着手把对会友的控制作为财阀盘剥制度的基础，并使早熟的个人主义者摆脱自治城市和同业公会成员，在封闭的乡村环境中随心所欲地发展。甚至也不是地理大发现首先从东南到西北造成经济力量的巨大倾移。德国和英国的商业资料表明，北欧强国在地理大发现前一个世纪，财富和文明已有所发展，[3] 其后的一个世纪，英国经

济发展仍然与大陆的发展紧密相连，好像迪亚士从未绕过好望角，哥伦布也从未赞美上帝指引他到达刺桐和行在。最初是作为对意大利独占的制衡，然后是迫于国内要求转向土耳其侧翼的巨大抱负的压力，当它对东方贸易的压力加大时，地理大发现既不是一件愉快的偶发事件，也不是科学无私的好奇心结出的果实。它们是几乎一个世纪耐心的经济努力的顶点。它们实际上起了蒸汽机的发动作用。

虽然地理大发现经过了长期准备，其结果仍然轰动了世间，以一场并不比三个世纪以后更为逊色的经济革命为预兆的 16 世纪新世界，以它诞生于其中的经济力量的爆发为特征。像 19 世纪一样，它看到了财富迅速增长，商业大量扩张，金融力量以前所未有的规模集中，在社会激烈震荡中新阶级的兴起和旧阶级一蹶不振，新的文化观念体系在激烈的斗争中获胜。

它是一个经济的轰动效应不逊于政治的轰动效应的时代，商
人书信发文簿[4] 和政府公务文件都记载了这种轰动。威尼斯和转 80
运威尼斯进口商品的南德诸城市衰落了，它们从此以后必然远离新商路或远离大海，他们中有些人则转道低地国家运送商品；葡萄牙和西班牙新经济帝国主义；在矿业和纺织业中资本主义企业的激增；不再是地区性的而是国际性的，不再以排他的特权为基础而是以剥夺所有弱小竞争者而集中起来的资本为基础的商业公司兴起；价格革命打碎了所有习惯联系；中世纪乡村社会在农民战争的噩梦中瓦解；中世纪集体的工业组织向新的金钱权势投降；国家在欧洲大部分地区取得征服教会的胜利——所有这一切都云集在不到两个世代的时间里。一个在巴塞尔公会议召开时出生的人假如

能足够长寿的话，可以看到英国修道院的解散。在第一个年代，葡萄牙探险者难以到达塞拉利昂以远地区；到第二个年代，葡萄牙人成为印度帝国的主人已有将近一代人时间了。在介乎其间的四分之三世纪的时间里，欧洲文明的整个结构都发生了转变。

与意大利、德国或低地国家汹涌的潮流相比，英国的经济生活是一潭死水。但是，即便她那停滞的浅水也被大陆漩涡的涡流冲击所搅动。当亨利七世即位时，国家的经济组织同威克利夫时代相比只有很小的差异。亨利八世去世时，英国经济组织的一些主要特征已经隐现，在蒸汽动力和机器降临前，那个时代的一些主要标志性特征尽管还很模糊，但已可以远远地看出来。殖民扩张之门一直开启，四十年后，开始了殖民扩张最初的尝试。

81 使当代人感到茫然的现象是，葡萄牙率先西班牙随后迅速而明显地开始富裕起来。人们不易看出获取寄生财富的报应，只听任一位驻商业共和国大使的愤世嫉俗的理性主义。与年迈的智者相比，西欧新的富豪政治家是爱管闲事的毛孩子，他注意到西班牙帝国的真正宝藏不在美洲，而在浸透水的尼德兰那发胀的黏土中。[5] 当西班牙这具躺在那个时代最自由最进步的社会身上的行尸走肉因消耗了它不是来自波托西而是从自身汲取的财富而自我毁灭时，才出现了公正的批评。但这仅仅是欧洲强有力的王朝陷入瘫痪的长期苦恼的开始，它还将持续下去，后几代西班牙人以情有可原的夸大回顾过去时，把查理五世末年视为经济繁荣的黄金时代。欧洲作为一个整体，不管政治和宗教冲突如何撕裂它，似乎已解决了中世纪后期纠缠它的最紧迫的经济问题。在与沼泽、森林、荒野不停斗争的一千年间，它已开垦完它自己的荒地。这一巨大成就几乎完成了，现在它转而进行世界殖民化的工作。它不再防御，而是进入一个今后将持续四百年的经济扩张时期，只是到20世纪才显露出要结束的迹象。它每年都用美洲的金银锭来滋润，每年都用东方金色的收获来致富。纯粹的试验期一结束，新的联系便稳固地建立，它的经济由于比以前的基础更广泛因而显得稳定。

葡萄牙和西班牙掌握着东西方宝库的钥匙。但是，葡萄牙和
西班牙本身都不是宝库。葡萄牙人口极少，它的帝国不过是一万 82
英里由堡垒和商站组成的交通线，而西班牙在其军队前进了几个世纪后，现在对于承担保卫它辽阔而分散的、拥有狂热信仰、对看来十分激励人的经济事务却无能为力的帝国这一责任犹豫不决；它们一个是靠耐心的劳作，一个是靠幸运而在其所到的帝国攫取物质收获。它们在聚集无法保留的战利品和积聚由指缝间不断漏出的财富方面，并不比精通和谈技巧、智慧过人的政治代理人更机敏、更适当。每个时期和每个社会都有一些固定的体现天才特质的特殊中心、机构或社会阶级。在欧洲，文艺复兴早期的中心一直是意大利。宗教改革时期欧洲的中心则是低地国家。新文明的经济首都是安特卫普。最能象征狂热的经济力量的制度是国际金融市场和商品交易所。王公的出纳员是代表性人物，他们是国际金融家。

在被宗教迫害、革命和战争毒害之前，尼德兰精神在伊拉斯谟身上得到了最纯粹的体现；伊拉斯谟是一位不穿麻衣的先知和一位喜怒不形于色的改革者。按照其清澈的普遍的世界主义精神，国家边界是为取悦王公幼稚的恶意而瞎画出来的图案。这个世界

主义国家注定成为在欧洲违反其他国家法律的世界思想的庇护所。在这个国家，安特卫普作为“所有民族共有的家园”，是最具世界主义精神的城市。普朗坦出版社使之以学术中心而闻名；在绘画几乎成为一个民族工业的国度里，这一绘画之都马上成为像克拉纳赫、丢勒和霍尔拜因这些大师虔诚参拜的圣地，一个来自不幸
83 国家的逃亡者的庇护所，一个不受有组织的扑灭异端的运动干扰的天堂。就像它灿烂的物质生活一样，在丰富的精神生活中，思想家和改革派找到了一个精神家园，新时代的能量似乎在那个幸福和梦想的国度范围内聚集起来。正因如此，熟知当时欧洲的莫尔最可以为人理解地选定安特卫普为其公寓的花园所在地。

安特卫普在经济上的突出地位主要归功于它后面的工业区，瓦朗谢讷和图尔内的呢绒服装和精纺绒线、布鲁塞尔和奥德纳德的墙毡、那慕尔的铁和列日周围黑乡的军火都从那里不间断地流向它的码头。[6] 但安特卫普是欧洲人，而不只是佛莱芒人的大都市。长期以来它作为布鲁日的竞争者汇集了交汇于低地国家、来自地中海和波罗的海的两大商旅，到 15 世纪最后 25 年，它挤垮了它的对手。汉萨同盟在安特卫普保留了一个仓库；意大利银行业在那里开张的分号数目一个劲地增加；英国商业冒险者公司在那儿建立仓库，长时期作为它的主要进口品的英国呢布通过这里转运到北欧；1490 年代铜市场从威尼斯迁移到安特卫普。接着是地理大发现，安特卫普是第一个不靠内海而靠海洋取得财富的城市，成为欧洲历史上几乎唯一的未受挑战的杰出城市。贯通东西的漫漫海路在它的港湾相遇并结束。葡萄牙政府 1503 年将它作为东方香料贸易的贮藏地。从查理五世即位起，它就是西班牙帝国的

商业首都，尽管遭到抗议说贵金属正从西班牙流失，它仍是美洲白
银的市场。要求信贷廉价而简便的商业贸易带动金融业的发展。 84
南德意志人的商业公司和银行使贸易克服衰退跨过阿尔卑斯山，
将安特卫普建成具有空前规模和复杂性的金融活动基地。[7]

在这样一个经济温室中，新的社会哲学像新的宗教信条一样找到了合适的土壤。皮雷纳教授将中世纪的中等阶级与16世纪新富豪的眼界作过对比：前者具有保护大公司和地方特权的倾向；后者则以它的国际分支机构，它对纯粹地方利益的独立性，成功地证明了资本家权力废除了对行会和自治城市的人为保护并开拓他自己的前途。[8] 一个在安特卫普的外国商人为抗议干涉自由贸易的企图写信给菲利普二世说："没有人能否认这座城市的兴盛是因为给予在此地贸易的商人以自由。"[9] 安特卫普的自由资产阶级（*bourgeosie*）在他们事业迅速扩展的顶峰大发横财，这在一个世纪以前还似乎是最狂妄不过的幻想。他们不顾所有的惯例，追求现实的个人主义政策。安特卫普与入侵的勃艮第君主国媾和，降低关税，清除私人关卡，欢迎在其他地方遭到反对的技术革新，驯服狂暴的独立不羁的行会，像对本国公民一样向外国人开放新交易所，并伴之以意味深长的献辞：为一切民族和一切语言的商人所用（*Ad usum mercatorum cuiusque gentis al linguae*），这在任何其它城市恐怕都要遭到抵制。

因为，假如安特卫普是反映商业欧洲灵魂的微观世界，那么安
特卫普的心脏是它的交易所。正如工业资本主义成为19世纪的
特征一样，使金融资本主义成为文艺复兴时代特征的一个原因，存 85
在于商业企业纯粹规模上的扩张。为维持世界市场上的产品如东

方的香料作物特别是胡椒的流通，需要资本的稳定增长，没有钱的葡萄牙政府将尚在船上的铜、铅、贵金属，和英国商业冒险者公司运来的呢布，大量卖给德国辛迪加。纯金银的贬值和物价上涨促使人们通过寻求投资以增加利润；国际银行业的发展把大量资金调往战略要地；而且，由于安特卫普是欧洲货币市场的首都，安特卫普票据成为最常见的国际通货形式。随着大陆的大金融机构的出现和相互联系，从匈牙利和蒂罗尔的矿山、与东方的冒险贸易、榨自西班牙农民的税收、金融家的投机活动、普通民众的储蓄投资中，流动资金源源而来，安特卫普、里昂、法兰克福、威尼斯和第二等城市如鲁昂、巴黎、斯特拉斯堡，塞维利亚和伦敦，到该世纪中叶已产生了相当一批金融家，其金融技术在所有要素方面已与今日社会相同。他们共同建立了国际结算机构，票据在那里很容易贴现。任何重要城市的汇票都能得到，几乎每个国家的商业凭证都能转手。[10]

受益于和平商业的发展，这个时期金融资本主义在王公的宫廷里过着如果说更危险但豪华程度丝毫不差的生活。人类似乎最恨的就是自己的繁盛。随着会使其劳作变得轻松的财富的增加，人们感到了威胁，匆忙地加倍工作，并大肆挥霍金钱，有钱再哭穷
86 就说不过去了。如果采用和平的策略，16 世纪上半叶欧洲控制的新资源或许已经驱除了饥饿和瘟疫的幽灵，并将文明化的物质结构提高到做梦也无法想到的高度。它的世俗和宗教的统治者想的却是另一回事。当饥饿和瘟疫不再是自然强加的必然结果时，他们通过政治策略使它们重新出现。

他们为消耗增加的多余财富而开启的闸门就是战争。该时代

最尖刻的评论家写道，“聪明人看得出，所有飞禽中唯有鹰对聪明人来说是属于忠诚的类型——不优美、不动听，不适合食用，却是食肉动物，贪婪、仇恨一切、为所有人诅咒，它有极强的伤害力，就它这样做的欲望来说，超过了它们。”[11] 伊拉斯谟在 1517 年所说的这些话太有预见性了。因为在 16 和 17 世纪大约四分之三时间里，欧洲自我分裂了。在冲突过程中，文艺复兴和宗教改革精神之火在亡命之徒脚下同样受尽蹂躏。他们像爱虚荣的、残忍的，轻浮的将军一样存心不良并带有恶念，趾高气昂并故作姿态去对待莎士比亚最绝望的悲剧中的人物忒耳西忒斯的讨厌的笑声。到 16 世纪中叶在英国政府无节制的贬值和没收之后，金融处于崩溃状态，而到 16 世纪末叶，西班牙、包括安特卫普在内的南尼德兰和包括南欧金融首都里昂在内的法国，绝大部分地区都被毁灭。到 17 世纪中叶，德国宽阔的商路变得荒凉，而到这个世纪末，由于柯尔贝的才干而暂时被挽救的法国金融重新陷入崩溃状态。胜利者和被征服者相互比较其地位，在废墟上相互祝贺。他们很少想到扪心自问，假如没有胜利者和被征服者存在，而只有和平，情况会是怎样。

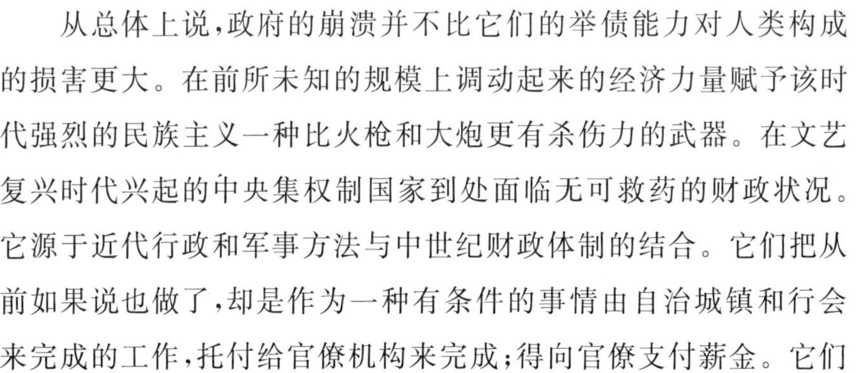

从总体上说，政府的崩溃并不比它们的举债能力对人类构成 87
的损害更大。在前所未知的规模上调动起来的经济力量赋予该时代强烈的民族主义一种比火枪和大炮更有杀伤力的武器。在文艺复兴时代兴起的中央集权制国家到处面临无可救药的财政状况。它源于近代行政和军事方法与中世纪财政体制的结合。它们把从前如果说也做了，却是作为一种有条件的事情由自治城镇和行会来完成的工作，托付给官僚机构来完成；得向官僚支付薪金。它们

持续不断地发动战争；而被拉伯雷看作根据魔鬼的妙想发明的用来平衡上帝启示的印刷术，包括使用了大量职业步兵和炮兵的新的战争技术，像 1870 年以后一样，形成了高度资本化的工业。几乎没有例外，一届政府接着一届政府由于世间的灾难采取了相似的完全属应急之策，每一届政府都比前一届政府更具有灾难性。它们积聚财富，仅仅是为了使亨利七世或弗里德里希三世积累 30 年的财富被亨利八世或马克西米连浪费。它们使通货贬值并摧毁贸易。它们出售官职或建立垄断制，迫使纳税人在间接税的重负下苟延残喘。它们掠夺教会，大肆挥霍本该作为资本的财产收入。它们分割王室领地，给其继承人留下无法解决的问题。

但是，这些为人们欣然赞同的措施有明显的局限。当这些措施穷尽时，剩下的是金融市场。所有国家或早或迟都求诸金融市场的支配者。它们对金融家的依赖就是对伊斯梅尔或阿卜杜勒的依赖，其结果没有不是灾难性的。自然，伦敦城的利润是欧洲最大
88 的恶魔之一。政论家也许可能这样写，新弥赛亚是王公；改革家则说王公是教皇。但是，在王公和教皇之类后面最终站着一小撮德意志银行家，他们通过设在欧洲每个国家首都的分支机构，没有偏见地资助亨利八世、爱德华六世和伊丽莎白、弗朗索瓦、查理和菲利普；他们在金融界起了雇佣兵长官*在战争中所起的作用。他们在经济领域代表的道德具有马基雅维里的《君主论》代表的政治学那种特质。与这些金融王朝相比，哈布斯堡、瓦卢瓦和都铎王朝

* 原文为 condottieri，13 至 15 世纪意大利骚乱时期专供雇佣的军队长官。——译者

是除了寻找获取利益的机会外不参与任何政治斗争的受金融势力操纵的木偶。

金融家获得的报酬部分是现金，部分是让步，这些让步进一步建立起金融联系网络，使欧洲成为经济统一体。德意志银行家族牵涉的领域之广让人吃惊。韦尔泽家族对 1505 年葡萄牙人航行去东印度群岛进行投资，资助 1527 年半商业性半军事性的委内瑞拉探险，参与里斯本、安特卫普和南德之间的香料贸易，他们是开采蒂罗尔和匈牙利银矿和铜矿的合伙人，不仅在里斯本、安特卫普，而且在德国、意大利和瑞士主要城市设有据点。霍赫施泰特、豪格、穆廷和伊姆霍夫家族的经历与此很相似。富格尔家族由于明智地给马克西米连贷款，获得了开采矿产的巨大特许权，在经营西班牙王室划给它的地产时取得相当大部分收入。该家族在西班牙拥有银和水银矿，并且控制了意大利、更重要的是安特卫普的银行和商业企业。他们预付款项，使勃兰登堡的阿尔布雷希特成为美因茨大主教；提供资金让查理五世在选举之后通过一场公开拍卖和道德上冒着进地狱的危险买得帝国王位；当他偿还不起债务 89
时，又以当铺老板责骂一个贫穷顾客的口气吓唬他；1552 年又资助查理出兵与新教徒作战。公司的首脑在他故乡奥格斯堡建成一座教堂，并捐赠一座济贫院收容老年贫民。他死时享有圣洁的名声，是一个仁慈的天主教徒和帝国伯爵，他知道此前 16 年间他的公司支付了 54%的收入。[12]

二、路德

像三个世纪之后大工业的兴起一样，伴随着文艺复兴发生的经济革命有力地促使人们反思。在德国和英国，人文主义者都将对他们那个时代的社会弊端进行一连串的批评。重商主义思想家为王公的武器库重新磨砺了传统的经济武器。尚处于襁褓状态的客观经济分析从务实的人士关于价格上涨、通货和外汇的论战中获得了一种新的动力。

宗教舆论对这些新生力量可能采取何种态度是重要的问题。它也许会把经济事业的勃兴当作一种财富和奢侈的手段而欢呼，就像教皇为古典文化的再发现而狂喜一样。它可能将它谴责为向异教道德败坏的退化，即如同从罗马的物质成就中战战兢兢地蜕变而来的教父一般。它或者试图利用这种日益庞大的力量服务于它自己对人的精神目的的构想，一如经院哲学家利用旧公式去概括资本和商业产生的新力量。它几乎无法忽视它们。因为尽管已
90 经有了马基雅维里，但社会理论只是开始将自己从中世纪僵化的基督教框架中解放出来。对这些经济问题最系统的讨论仍然包括在教会法学者的著作中，而神学家以对待神学问题的同样自信，继续对财产和契约问题作出判断。

平信徒也许会反驳他们学说的内容并否认其结论。但到目前为止，很少有人攻击这样一种假设，即经济行为问题是教会法专家的分内职责。贝拉明有点尖刻地抱怨那种令人无法忍受的由虔诚的商人在忏悔中提出的对经济行为进行道德评判问题的复杂性。

在安特卫普交易所的西班牙商人并不是病态地倾向于良心自责的阶层，他们对教会权威表现出了充分的尊敬。他们将自己的忏悔者送到巴黎以便向巴黎大学的神学家请教有关商业投机交易与教会法能否相容的问题。[13]后来因为与路德论战获胜而著名的埃克，当时专门旅行到意大利，以便博洛尼亚大学的权威认可其大胆的论点，即商人可以在交易中合法获取利润。和伟大的富格尔家族不相上下的一批资本家同样认为，为了追求一种受益无穷的真理而付出探索的代价是值得的。[14]

由于个人主义和竞争性被商业和金融而不是工业的无限扩张
裹挟向前，新的经济文明以前所未有的规模为投机获利提供了机
会，它不可避免地引起了激烈的辩论；并且因为宗教改革的支持者
和敌人都把这种辩论与社会变革等同起来，所以宗教斗争的领袖
不可避免地成为这场辩论的主角。在德国，孕育了长达半个世纪
之久的社会革命似乎终于到来了。在博丹于 1569 年出版其有名 91
的小册子之前，[15]困惑着那个时代人们的谜一般的物价上涨造成
了反对垄断者的愤怒狂潮。自 1476 年汉斯·伯海姆领导的起义
以来，农民暴动停止了还不到十年。长期以来为工匠和农民所抱
怨的高利贷已经成为斗争的口号。从一个城市到另一个城市，市
政当局慑于公众镇压勒索者的要求，纷纷向大学和神学家请教有
关利润合法性的问题，而大学和神学家却只是像通常那样给其一
个冠冕堂皇但又含混不清的回答。梅兰希通就放债和价格这一问
题详细说明了神圣的教义，[16]加尔文就高利贷写了一封著名的信，
并就同一主题作了布道。[17]布策尔为信仰基督教的王公勾勒了一幅
社会重建的图画。[18]布林格在他献给爱德华六世的《几十年》一书

中，对社会伦理作了一种经典解释。[19]路德在布道和发表的小册子中反对勒索者，[20]他说，到了“管管可怕的富格尔公司的时候了”。[21]茨温利和厄科兰巴提乌斯提出了重建济贫组织的计划。[22]尤为重要的是，带着激动人心的对福音的祈求并带来可怕灾变的农民战争不仅使路德惊恐地呼喊，“那些人能够秘密地或公开地攻击、破坏、扼杀或伤害人……在这个奇特的时代，使用流血方式的王公仍然比祈祷者对上帝更有用”，[23]这也有助于说明路德何以几乎卑躬屈膝地依靠世俗权力。在英格兰几乎没有发生暴动，但请愿者并不见少，并且有一股类似的著述和布道的潮流。拉蒂默、波尼特、克劳利、利弗、贝肯、桑兹、朱厄尔——这里只提及那些最著名的名字——都参加了这场辩论。不管 16 世纪的社会实践怎样，它并没有因为缺乏提供给教徒的社会学说而受责难。要是世界能够为布道和小册子所拯救，它恐怕已是一个伊甸乐园了。

92 经济环境急剧变化的问题突然在这样一个时刻出现在欧洲，当时的欧洲被空前尖锐的宗教纷争弄得四分五裂，恐怕完全可以说正处在它历史的悲剧性阶段。但是社会理论的差异与宗教观念的差异并不一致，像在德国和英国一样，几乎所有这些学说体系的特征都表现为保守主义。在牵涉到社会道德问题的地方，那些名义上是宗教革命象征的人士几乎无一例外地以古老的方式求助于中世纪的权威，并用通俗的语言重复着经院哲学家的教条。

一种在某些地区已被接受的关于 16 世纪社会史的观点，把宗教改革看作是商业精神对传统的基督教社会伦理的胜利。与此相似的另一种观点就是应该尊重古代。早在 1540 年克兰默就写信给奥赞德，对德国宗教改革派作为理由提出的说法表示抗议，即在经济交易和婚姻一类事务中由信教自由导致道德松弛给英国宗教改革派带来困难。[25]到 17 世纪，这种暗示已变成一种理论和论点。博絮埃奚落加尔文和布策尔是第一批为敲诈勒索辩护的神学家，[26]而尚待一位小册子作者去做的只是直截了当地说明“高利贷是异端之子已成为人所皆知的事情”，[27]来适应对民众挥霍的谴责。罗马的反叛与德国、英国的反叛都发生在一个社会极度贫困的时期，这是无法否认的。也无需长篇大论来证明，像其它革命一样，它也有令人不愉快的一面。然而人们有时候提到的是，宗教和经济运动不仅有一致之处，而且在经济组织的变化和宗教信条的变化之间还存在逻辑上的联系。它暗示这个时候的腐败的社会习惯必然导致宗教革新，如果说宗教改革派没有明确地传授一种不
讲道德心的个人主义，那么至少个人主义是他们布道的必然结果。93
在僧侣迷信时代对商业的限制不如其政治理论那样讨人喜欢的 18 世纪，那种观点就像颂词一样被提倡。在我们所处的时代，似乎出现了一种轮回现象。过去值得庆贺的事情现在常常遭到批评。一些作家攻击开创了一个不择手段的商业主义时期的宗教改革，而这种商业主义据说以前一直受教会学说的制止。

把社会理论的变革与那个时代伟大的宗教斗争联系起来的努力自有其意义。但一场激烈论战常说的话（*obiter dicta*）更多地是阐明论战者的情绪而不是他们争论的实质，并且争论的问题太复杂了，以致在求助于支持者的简单对句中无法恰当地表达出来。如果资本主义指的是资本所有者为其自身谋求金钱利益的实业趋向，以及他们自己建立的在他们和他们所控制下的领取工资的无产阶级之间的社会关系，那么资本主义在中世纪的意大利和中世

纪的佛兰德已经大规模存在了。如果资本主义精神指的是为了追求利益,准备不顾所有道德禁忌的特征,那么它早已为中世纪的教徒和圣贤所熟悉。到了无敌舰队时代,正是信奉天主教的葡萄牙和西班牙的经济帝国主义——而不是新教国家不那么壮观、即便更实在的成就——给当代人留下了深刻印象。总而言之,正是主要的天主教城市成了欧洲商业之都,而天主教银行家成了主要的金融家。

这并不是暗示新教舆论纵容限制已经建立完善的经济企业的做法。如果宗教改革确实解放了力量可以消除以宗教思想对待社
94 会经济问题的传统态度,那么这也是无意而为之,并且是在违背了绝大多数宗教改革派意图的情况下这样做的。事实上,伴随着16世纪金融资本主义扩张而发生的经济事务中的改革无论多么令人激动,有关经济伦理问题的教义一直在持续发展,而且在考虑这种超越宗教革命的危机而陷入空虚状态的潮流时,越是加以透彻研究,就越发缺乏基础。考虑到在理论上放弃宗教对于经济活动和社会制度的至上地位,是和对罗马的反叛同时发生的,它早于在以后一个半世纪仍未完成且依赖于宗教思想领域的发展和在经济和政治结构方面具有同样多变化的运动。在16世纪,持各种意见的宗教导师在碰到社会道德的实际问题时仍然在研究《圣经》、《教父集》、《教会法令大全》(*Corpus Juris canonici*)。就第一代宗教改革家而言,无论是路德派或加尔文派,还是英国国教徒,都无意放宽旨在控制经济事务和社会关系的良知准则。如果有什么倾向的话,他们倾向于在更加严格的意义上把这一切解释成是对文艺复兴带来的道德松懈的抗议,而且特别是对被认为是罗马特有的贪

婪之罪的抗议。作为宗教改革要素之一的革新和涤罪热情，直接针对社会和基督教会的腐败。王公、贵族和商人按照他们的准则为人处事，迫不及待地浑水摸鱼。但是宗教领袖的目的不只是要重建教义和教会管理体制，而且要根据源于被人们忘却的原始的 95
纯正基督教的模式重建行为准则。

从现时的堕落回到远古纯朴的黄金时代的呼吁，立刻在德国宗教改革派的著作中得到了最富于激情和最朴实的表达。像18世纪回归自然一样，这是一个对过于复杂的文明世界的物质成就深感失望的社会对精神宁静的呼唤。奥格斯堡、纽伦堡、雷根斯堡、乌尔姆和法兰克福的繁荣，甚至像罗滕堡和弗赖堡这些较小城市的繁荣，一直为所有的观察家所赞赏。它们由于控制了穿越阿尔卑斯山直到莱茵河的重要商路，而取得了中心地位，直到香料贸易转移到安特卫普和里斯本时，它们才失去这一地位，并且直到19世纪铁路系统的建立使德国再次成为西欧和俄国、奥地利、意大利及近东的货物集散地时，才又恢复了其中心地位。但是给较富有的资产阶级带来财富的商业扩张，甚至早在地理大发现使德国从一个交通要道变成落后之地之前，一直伴随着深刻的社会不安（*malaise*）而发展。这一点在文学和民众请愿中都留下了痕迹。这种发展的经济方面就是控制资本和信贷的新兴利益集团上升到占绝对优势的地位。在中世纪早期，资本一直是手工工匠和技工个体劳动的助手和伙伴。在15世纪的德国，如同在意大利早就出现的那样，资本已经不是附属品而成为主人。假定资本具有一种分离的和独立的生命力，那么它就会根据自身的迫切需要，要求享有对其搭档具有优势的支配经济组织的权利。

在这些新兴力量的影响之下，当早期中世纪的机构在形式上还残存的时候，它们的态度和作用发生了变化。在一些较大的城
96 市，一度是资本家扩张之障碍的行会组织，开始成了资本家用来巩固自己权力的手段之一。互助会的条规掩盖了会友们分化为隐蔽在只有富裕的手工工匠才能逾越的壁垒后面的商人财阀，和依靠他们的雇主提供资本和贷款，在合举起义与陷入越来越贫困的无望的泥潭之间作一选择的挣工资的无产阶级。[28]农民同样因为商业文明传播到农村地区以及古代农业劳役的残余而遭受苦难。像在英国那样，城市的暴发户通过把取得的和借贷来的款项投资于土地，并且通过他们的竞争抬高地租和更新租契的费用。但是，当英国的习惯佃户正在摆脱繁重的隶农的义务和更新租契时交纳的费用，并不无成功地求助于王室法庭保护他们的地契时，他们在农奴制一直持续到 19 世纪中叶的德国南部的兄弟则很不幸。他们发现贫困的贵族，面对急剧增长的资产阶级的财富出于自身利益，把对农民的掠夺视为维持其社会地位的唯一手段，并且抓住了当时流行的罗马法，作为一种使其横征暴敛得到法律保障的手段，使徭役加倍，支付的现金增加，并且连普通法上规定的权利也被剥夺了。[29]

在这样一个因为痛苦加剧而搅得人心涣散的社会中，由于地理大发现而导致的商业革命到来了。其作用是为经济事业的勃兴开创了一个似乎无边无际的领域，并且使每一个社会问题都尖锐化了。从此之后，由于不能通过威尼斯取得东方的财富，德国南部的主要商业家族要么停止翻越阿尔卑斯山脉的贸易，像富格尔家族一样专门从事银行和金融业，要么他们自己组建公司，在里斯本和安特卫普控制由于距离太远和花费太大使得仅仅使用他们自己

财力和个体商人无法承担的贸易。现代世界在美洲看到了凭借密 97
集的资本力量控制产量和价格的联合体的迅速崛起。与此相似的运动发生在宗教改革前一代人欧洲商业发展的有限的舞台上。它的中心在德国,人们为其辩护或攻击它的论据就是我们今天熟悉的论据。对那些大量买进,“像一条大梭鱼吞食许多小鱼一样”,把较弱的竞争者赶出这一领域并且掠夺消费者的团伙和垄断者严加征税,是社会改革派的口头禅。[30]这些公司强调,大规模组织具有优势,而干预自由经营具有危险。这个问题几次在帝国议会提出。但是,已经有一些聪明人看到,明知不可为而为之是行不通的,不顾有关利益集团的强烈反对而通过的帝国法令似乎并不比关于这一问题的现代立法更为有效。

由于这些情况而导致的反资本主义的激烈反应,在从 15 世纪 30 年代所谓“西吉斯蒙德皇帝的宗教改革”到 1525 年农民的《十二条款》等众多的社会重建计划中都得到了表述。[31]在宗教改革时代,希普勒也作出过这种反应,他在《神圣的福音派改革》一书中呼吁,所有商人的公司,诸如富格尔家族的公司,霍赫施泰特家族公司和韦尔泽家族公司应该解散;胡滕把商人和骑士、律师和教士都列为公众的强盗。盖勒·冯·凯泽贝格写道,垄断者比犹太人更可恶,应该像狼一样被根除;最重要的是路德也表达了这一观点。[32]

路德谈论社会道德问题使用的言辞不时像一座变幻莫测的火山那样爆发,在浓烟和火焰迸发时仅闪烁着微弱的光芒,把它们看
成是一种连贯一致的学说是无根据的。与圣安东尼诺那样的思想 98
家清楚而又精妙的理性主义相比,他有关社会问题的布道和小册

子给人一种稚拙（*Naïveté*）的印象，有冲力但缺乏天赋的识见，在没有令人讨厌的法律和逻辑妨碍的情况下，展开了一种源于他自己单纯意识具有神圣激情的社会伦理体系。

这部分是因为它们如应时剧（*pièces de circonstance*），在一次革命风暴中被抛弃，部分恰恰是对路德所嫌恶的法律和逻辑的净化。面对复杂的外贸和金融组织以及微妙的经济分析，他就像一个面对发电机或蒸汽机的野人。他是那么惊恐和忿怒，甚至都没有产生好奇心。解释这种机械装置的意图只会激怒他；他只能反复唠叨那里面有一个魔鬼，善良的基督徒不会参与这种不可思议的罪恶之举。但是他在愤怒时也不失条理。因为他精通经院哲学，这种愤怒并非出自无知，而是源于一种使博大的学问变得无价值或有害的设想。

就像一个人在阐释一种自明之理一样，哥伦布写道："黄金构成了财富，谁拥有它谁就拥有世界上他所需要的一切，同样也可作为一种从炼狱拯救灵魂并使他们重新享受天堂快乐的手段。"[33]正是这种关于一切事物——无论是未来得救还是现世的幸福——同样都有价值的信条使绝对忠诚于教会的人大为愤慨，并且为宗教改革派提供了最强有力的论据。他们对社会的见解与对宗教的见解相同，二者的本质都是要在一个尚未腐败的传统的威严的审判台前，弹劾那种堕落的文明。路德是具有这种革命的保守主义的一个极好的例子，他对经济个人主义的痛恨一点不亚于对这个时
99 代信仰松懈的痛恨。他对被商人和金融家征服的社会的态度与他对宗教商业化倾向的态度是一样的。面对德国教会的时候，他认为这个教会已被流向"新巴比伦"的贡赋榨干了。面对德国社会生

活时，他发现它被一种没有道德心的金钱权力所支配，顺便说一下，它的牧师就像富格尔家族的银行业一样，无意中助长了罗马的贪婪和腐败。教皇制下的教会的剥削和资本家对农民和手工工匠的剥削便成了“罗马七丘”上的那只野兽的双角。二者本质上都是异教徒，可以用同一支利剑去铲除。这是福音书宣传的宗教。教会必须不再作为一个帝国，而是成为信仰者的集会。在摒弃使心灵蒙尘的奖赏和斗争后，公众必然转变成手足兄弟，以一种能心甘情愿忍耐的心境毅然去履行卑贱的劳役。这是亚当子孙的共同命运。

思想之子就像肉身之子一样。一旦出生，他们将在自身所处的那种法律下成长，但如果他们的父母能够预见他们未来的发展，有时候他们会很伤心。既得到赞扬又受到指责的杰出的个人主义者路德，要是能够预见到从他的论点导出的大相径庭的推论，他定会感到恐惧。万巴曾说作为一个基督徒去原谅的话，就是什么都没有原谅，一个极力认为路德陈述的基督教自由所施加的社会束缚要多于它所解除的束缚的愤世嫉俗的人，比一个认为路德把经济行为和社会组织问题视为精神上无关紧要的学说是借以鼓吹公民有充分自由权的人，恐怕更接近路德本人的思想。路德反对权威时抨击的不是它的苛刻而是它的疏忽和腐败。他的个人主义不属于急于利用公共权威的薄弱机会，谋求个人所得的那种富豪政治家的贪婪。渴望一种秩序和博爱不以“单调的、陈旧的和可怕的 100
习惯、法律和法令的方式”进行统治的社会，这属于无政府主义者天真的热情。

特勒尔奇教授曾指出，清教徒与天主教徒一样强调教会文明的观念，在这种文明中，生活的各个方面、国家和社会、教育和科学、法律、商业和工业都将根据上帝的法律进行管理。[34]这种概念主导了路德有关社会问题的所有言论。在人们远没有接受商业世界是一个拥有自身法则的封闭的界别以及教士为世俗事务制定道德行为规则超越了他的职权范围这些后来流行的观点之前，他保留了那些几乎与直接针对罗马的言论同样激烈的貌似有理的异教指责。路德训诫的行文中总有“除非你们比犹太史上的文士和法利赛人更为公正”这样的话，并且他呼吁从一种正式的、墨守法规的、有计划的道德向自然的、并不需要由法律来约束的、出于本性的善良过渡；因为这是一种爱的习惯的自然表述。恢复它是为了摧毁它。在革命的雷鸣闪电中出现了对路德有关的那个时代与教会和世俗的法律体系的诡辩毫不相干的朴素的基督教德行之热衷的评论。“基督的启示，应许的弥赛亚和生命的道只是传授爱、和平、耐心和和谐”，这种农民的宣言与农奴制、劳役和圈地是不相容的。[35]

这种前提所导致的实际结论是一种比中世纪许多思想家所持有的观点更陈旧的社会理论，因为它把最后两个世纪的商业发展视为向异教的退化而不予考虑。它的基础部分是《圣经》，部分是
101 一种模糊的关于人们还没有被财富腐化的自然状态的概念，部分是对到处都存在的商业文明的普遍抗议。而这一点民族之子路德甚至在指责这些已被提出就要付诸实施的措施时，也对其加以吸收并带着令人惊奇的稚朴加以改造。像 20 世纪天主教反动的一些因素一样，16 世纪新教的反动是对一个消失的小康农民时代的渴慕。与痛恨商业和资本主义的路德的社会理论最接近的现代类

比是贝洛克先生和切斯特顿先生“分配国家”理论。

就人们急切地为未来作积蓄而聚敛财富和权力的做法来说，路德对农民和修道士完全不信任。基督徒应该靠自己额头流汗的辛勤劳动谋生，不要考虑未来，在年轻时结婚，并且相信上帝会为自身提供一切。像梅兰希通一样，路德认为最值得赞许的生活就是农民的生活，因为它最少触及腐蚀性的商业算计，并且路德援引维吉尔的话，让人们从祖先的例子中吸取教训。手工工匠的劳动是高尚的，因为他尽了自己为社会服务的天职；诚实的铁匠或鞋匠如同一个牧师。假设贸易仅限于必需品的交换，并且卖者所要求的只是弥补他的劳动和承担的风险，贸易是可以允许的。不可原谅的罪行是懒惰和贪婪，因为它们毁坏了以基督徒为成员的团体的统一性。懒惰和贪婪的最大发起者和维护者是罗马。因为懒惰和贪婪已经毁坏了意大利，生活在一种国王或皇帝也无法企及的甜言蜜语的恭维之中的圣彼得的继承者，加紧了对德国的啮食；与此同时，在实践中有实例证明同样是有害的托钵僧团遍及所有乞
丐成群的地方。朝山进香、圣人纪念日和修道院是懒惰的借口，并 102
且必须受到压制。流浪者要么被流放，要么被强制劳动，并且每一个城镇一定要组织施舍以救助那些诚实的穷人。[37]

尽管路德敲掉了基督教等级的阶梯，但也接受了带有身份和从属原则的社会等级制。宗教激进主义和经济保守主义的结合并没有什么不寻常的。作为以后发生的所有革命的鼻祖，他从关于社会是具有不同权利和功能的不平等的阶级构成的有机体的传统概念中，找到了反对变革的思想武库。他几乎以同样的愤怒反对起义的农民和贪婪的垄断者。他为普通人精神自由的辩护和他对

德国王公直言不讳的辱骂，自然而然地因其表面的价值而被那些在可恶的暴政下呻吟的农奴所利用，并且，当起义不可避免地到来时，路德的愤怒和另一个时代的埃德蒙·柏克相类似，加重了他自己所面临的困惑，即对他来说就像既是对神的又是对他自己的真理可怕而拙劣的模仿。像完全相信农奴制是社会必要基础的任何中世纪作家一样，他对废除这种制度企图的惊恐被一种颂扬世俗权威的绝对主义的政治理论和一种在外在秩序和精神生活之间形成尖锐对立的宗教学说加剧了。农民要求结束农奴制，因为“基督流出他珍贵的血，解放和拯救了我们所有人，无论渺小的人和伟大的人无一例外”。[38]部分因为这是一种无政府主义放纵的前兆，部分因为它可能正如事实上那样与宗教改革运动相混淆而损害了宗教改革，部分因为（正如他认为的）它通过把神的启示转变为社会重建纲领而贬低了福音，这种要求使路德恐惧。“这一条款恐怕会使所有的人平等，并因此使一个基督的精神王国转变为一个外在的世俗王国。这是不可能发生的！如果没有人的不平等，世俗王
103 国就无法存在。一些人必须自由，另一些人则为农奴；一些人是统治者，另一些人是臣民。正如圣保罗所说：‘在基督面前，主人和奴隶是没有区别的’。”[39]在将近四个世纪之后，路德对过于急切地去建立天国的忧虑看来有点夸大了。

一个社会可能被腐败也可能被暴力消灭。农民连续猛攻的地方，资本家则在搞阴谋破坏；路德几乎就像不同情叛乱的威胁一样不同情商业和金融业的流毒蔓延，而路德宗教伦理的理想世界即使存在的话，很显然也要被破坏。没有什么会比他的社会理论与加尔文的见解之间的反差更引人注目了。加尔文极为严肃地接受

了商业文明的主要制度，并且为将要主宰未来的阶级提供了一种信条。路德的眼光注视着过去。在一个基督教社会中，他没有为那些曾经被一位英国政治家描述为人类当然代表的中产阶级留有位置。包括国际贸易、银行业和信贷、资本主义工业在内的全部经济力量的复合体，仅次于他自己的革命，必将最有力地瓦解中古世界，对他来说，它们本质上属于基督教将躲避的黑暗王国。路德攻击教会法的权威性，只是为了更加武断地再次肯定习惯上一直被强制推行的错综复杂的规则。当他在 1520 年的《有关高利贷的长篇布道》或 1524 年的《论贸易和高利贷》中详细讨论经济问题的时候，他通过对基督教法理学最直接的解释来阐发他的原则，即使宗教法规学者们自己试图使严肃的法规适应实际生活的迫切需要时，也未削弱那些限制。

在价格问题上，他仅仅陈述了传统的原则，“一个人不应该说：‘我将能够按我能够的或乐意的高价出售我的商品’，而应说‘我将
合法而适当地出售我的商品’。这种出售将不是在没有任何法律 104
和限制的条件下按照你自己的权力或意志进行。好像你是上帝，对任何人没有义务。但是，因为出售商品是你对你的邻居做的一项工作，应该被限制在这样一种法律和良知之中，即你可以在不危害或损害他人的条件下进行。”[40] 如果政府当局规定了价格，出售者必须遵守它。如果不这样，他就必须遵从共同估定的价格。如果他不得不自己定价，他必须考虑维持自己的生活状况、自己付出的劳动和所冒的风险而确定相应的价格。他不得因奇货可居而哄抬物价，也不得垄断市场；他不得经营期货，也不得因为拖延付款而卖更高的价格。

对于高利贷问题，路德甚至比正统的教义更进了一步。他谴责宗教法规学者对实际需要所作的让步。“德意志民族最大的不幸就是很容易在利益上作交易。……魔鬼发明了它，教皇由于批准了它在全世界犯下了数不清的罪行。”[41]他不满足于坚持自由借贷的原则，还谴责他那个时代的教会法允许的支付利息以弥补损失以及投资收取地租的行为，并且拒绝让高利贷者参加圣餐、忏悔仪式和基督教葬礼。带着这样一种伦理准则，路德自然觉得，作为他那个时代特征的与东方的奢侈品贸易、国际金融、交易所投机、商业集团和专卖制等方面的发展是那样触目惊心。“来自加尔各答和印度及同类地方的外国商品，诸如珍贵的银器、珠宝和香料等……耗尽了国家和人民的钱财，因此不应当引进……我真应该多谈谈商业集团，但这种事情没完没了和无止尽地充满着贪婪和错误……谁会如此愚蠢以致看不到这种集团实际上纯粹是垄断
105 呢？甚至连异教国家的民法——我且不谈神权和基督教律法——都谴责它在全世界都是十足有害的事情。”[42]

一个坚决反对特许的人也许可望是法律的维护者。也许可以假设，痛恨经济欲望的路德作为一个同盟者会欢呼那些至少在理论上对上述欲望加以约束的桎梏。当然，事实上他对基督教律法体系的机制和宗规持相反的态度。这是一种不仅冷淡而且怀有反感的态度。这位主张用鞭打来重惩个人贪欲的先知，用蝎尾鞭来缓和社会施加的限制；一个理想的基督教博爱伦理的倡导者，用一种支离破碎的论证来对待基督教会的社团组织。在大多数时候，对人类期望如此悲剧性的拙劣模仿是人类的习惯，有些人始终热爱人类，同时却有一些人几乎是痛恨人类取得的或创造的一切。

生活在崇高理论和可怕现实之间的对立长期无法相容的时代的路
德，是这种情绪最典型的例子。他宣传一种无私的爱心，但是他恐
惧地从每一种曾经试图具体表达无私的爱心的制度面前退缩了。
路德反复以朴实的风格宣讲在中世纪后期思想家那里很少发现的
中世纪经济学内容。要不是这种内容在规则和法令中得到了肯定
的（可悲的是并不完美的）表述，他只会感到厌恶。上帝与灵魂的
对话，不是以教士或人建立的社会机构为中介，而是独自（*solus*
cum solo）通过一种发自内心的声音或心灵来进行。这样，精神世
界和感知世界的桥梁便被切断，可以与造物主进行交流的灵魂与
人类社会相分离。自由地赐予它的那种恩惠可能会在其社会关系
中溢流；但是那些关系不会提供丝毫精神帮助以使感化更容易接 106
受。像下凡的天使在不可推却的传教使命中陷入原始混乱一样，
它们是一种非生物的混沌世界，一群骨瘦如柴者，一片不可接受和
不能对神圣化作出贡献的荒漠。“可以肯定的是，在外部世界中无
论它们用什么名目，对创造基督教的公正和自由都不会产生任何
影响……有一样东西并且只有它对生活、正义和基督教的自由是
必要的，那就是最神圣的上帝的道，它是基督的福音。”[43]

从最初热爱上帝结果成为有爱心的人，与通过发展对他人的爱而学会爱上帝的人之间的差别，乍一看可能并不深奥。但这一点对路德来说似乎是一个深渊，而路德是正确的。在某种意义上这就是宗教改革本身。就这种论点产生的逻辑结果而言，即它不仅使善行，而且使圣体和教会本身的存在毫无必要，这并不是路德所主张的。宗教意义着重点的变化，以及路德得出他的结论的思想历程的有效性，也是神学家所关注的问题。它对社会理论的作

用令人吃惊。因为拯救要通过对心灵的感化作用并且只能通过这种方式，整个宗教组织结构，即作为个人灵魂与其上帝之中介的具有神圣使命的僧侣统治集团、体系化的活动以及团体的制度，就像宗教事务中渎神的琐事一样逐渐减少。中世纪把社会等级视为由对精神目标贡献不同的成员所组成的结合得很好的组织的概念被打碎了；在较大的团体中一直很明显的差别现在表现为人们相互之间不可调和的对抗。特权不再使天性完满：它只是天性的对立
107 面。作为社会成员的人的行为不再是作为上帝之子的他的生命的延续，它们是对它的否定。世俗利益不再具有、甚至远离宗教意义：它们可能与宗教竞争，但它们不能加强宗教。详细的行为规则这种基督徒判断伦理是非的标准已没有必要和令人讨厌：基督徒可以受《圣经》和自己良心的充分指引。在某种意义上，世俗生活和宗教生活之间的差别消失了。如此说来，寺院制度也世俗化了；因此所有的人面对上帝处于同样的地位；并且那种包括了后来所有革命根源的进展是如此巨大，以至于其它所有的一切似乎都毫无意义了。从另一种意义上说，这种区别比以往更深刻。因此，尽管所有一切也许都被认可，但唯有它们精神生活本身才能参与圣化。世界分化成善良和邪恶、光明和黑暗、精神和物质。它们之间的分化是绝对的；人的任何努力都无法弥合这种裂隙。

这种变化更久远的必然结果留待以后几代人去评述。路德本人也不是前后一致的。他认为有可能在否认良心制裁的同时维持中世纪社会学说的内容，就像他激烈地否认它们有可能有助于达成这一目的一样，他激烈地坚持善行的结果会使其得救。在他有关社会问题的著作中，对传统基督教道德的强调与拒绝它的明显

的制度化系统结合在一起。在精神和字面意义、形式和内容、恩宠和德行之间发生的悲剧般斗争中，至少他的意图并不是要放弃经济事务中的良知原则，而是通过一种简单化的巨大努力使之净化。与此同时，他对中世纪的仁慈、博爱、托钵僧团、庆典和朝圣的指责既是从那些实际弊端中获得的结论，也不可避免地来自对在真诚地履行日常生活规定的职责之外能够运用某种特殊机制养成美德这种观念的指责。他提出废除教会法的要求，是他相信《圣经》是 108
有效的行动指南的必然结果。虽然他没有全面反对教会宗规，但他对它已经不耐烦了。他论述道，基督徒无需采用精巧的方法教他履行职责或在他无视教规时纠正他。他有《圣经》和他自己的良心；让他自己去聆听经文吧。“在所有现世的物质交易中，每个人与其邻居交易时都向他提供了戒律，……没有比这更好的教导了：‘你所想要的，别人将会为你去做，你也会为他们而做’，并且，‘爱你的邻居就像你自己一样’。如果这些得到贯彻，那么一切将会得到指示和安排；到那时，将不需要任何法典、法庭或司法活动；所有事情都平静并简单地加以整顿，因为每个人的心灵和良知会引导他自己。”[44]

“一切将会自我调节。”很少有人会否认这一点。但是如果不是这样又该怎么办呢？感情真的是理智的恰当替代品吗？雄辩术一定会替代法律吗？难道交给每个人的社会职责问题有可能通过告知他问题不再存在而得到解决吗？如果内心活动真的属于宗教领域的话，那么还有必要遵从与它毫不相关的外在秩序吗？把制度和法律领域作为与精神领域相异的领域加以排斥，这不是要放弃（而不是正视）普及基督教道德的任务吗？为此，中世纪作家持有的与其共同目标相关的价值等级制的概念，即便不恰当，却是可以找到的一个定则。当他强调说教会禁止勒索毫无用处，除非教会准备花精力为禁令所适用的交易明确作出界定时，一个天主教唯理论者预先反驳了路德轻蔑地拒绝考虑法律和学识的行径。[45]
109 令人惋惜的是，皮科克灌输的常识并不是路德欣赏的那种。他用令人惊奇的充满责骂的言辞笼统地谴责贪婪。但是，当要他面对但泽当局是否会制止高利贷这一特殊问题提出建议时，他却退至九霄云外。“布道者应该宣讲的只是福音书的规则，而把问题留给每个人按照自己的良知去解决。让能接受它的人去接受它；不能迫使他比上帝竭力主张的福音书倡导的内心情愿的精神更进一步。”[46]

路德的无力不是偶然的。这直接来自于他的基本概念，即宗教在规则和仪式上具体化就是贬低宗教本身。他攻击教会法学者的诡辩术，他们传授的而为他的批评证明是有道理之处可惜如此之多。但是对不良法律的补救是制订完善的法律，而不是不要法律；诡辩术只是一般原则在特殊范例中的应用，它涉及任何现存的无论是基督教会还是世俗的司法制度。如果这些原则太高贵，接触了粗俗的商业和政治的世界受到污损而不能被应用，那么它们还剩下什么呢？比如路德对富格尔家族和农民的谴责，比如他在小册子《论贸易和高利贷》中对充满基督教仁爱和质朴的田园诗充满渴望。伪善的雄辩术可以启发人，但它很难成为圣保罗推荐的那种防护物。

“因为灵魂的生命和称义只需上帝知道，因此它仅靠信仰而无需靠任何劳作……因此，每一个基督徒首先关心的应该是放弃对劳作的全部信赖，并越来越加强信仰本身。”[47]路德的宗教前提的逻辑比他依附的以往的社会伦理更使后代心悦诚服，并且不顾它们，逐渐形成了它自己不可动摇的结论。它极大地加深了信仰的体验，并且种下了与路德不相容的新自由的种子。但是它集中注 110
意的新教社会思想是一种二元论。这种二元论正如由此引出的推断那样，使宗教的社会内容和其心灵世界变得空洞无物。在光明和黑暗之间设置了一个巨大的屏障。由于不能从一个平面攀升到另一个平面，一个人必须在被拯救和下地狱之间进行选择。只是当苦行达到顶点时，真正的信仰才能被发现，如果他对达到唯此才能找到真正信仰的苦行的顶点绝望了，没有任何人类社会机构能帮助他。路德认为这将是多数人的命运。

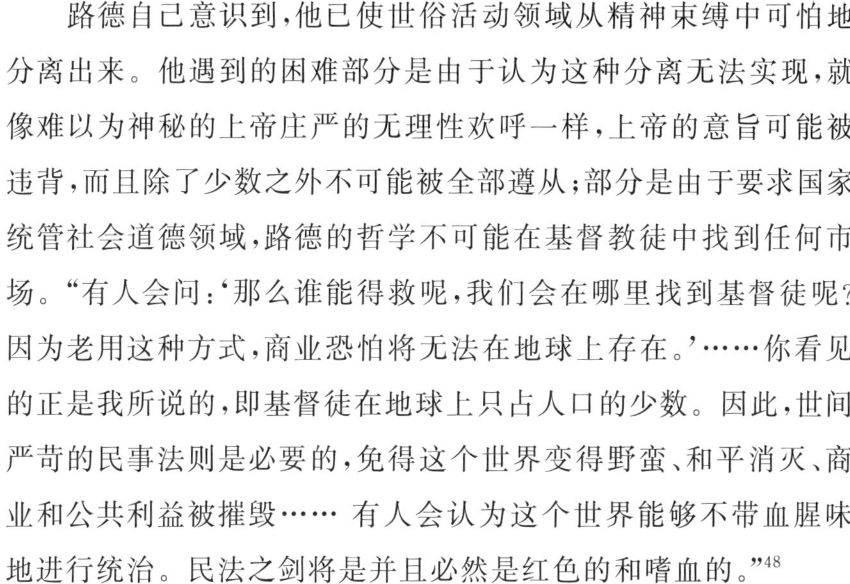

路德自己意识到，他已使世俗活动领域从精神束缚中可怕地分离出来。他遇到的困难部分是由于认为这种分离无法实现，就像难以为神秘的上帝庄严的无理性欢呼一样，上帝的意旨可能被违背，而且除了少数之外不可能被全部遵从；部分是由于要求国家统管社会道德领域，路德的哲学不可能在基督教徒中找到任何市场。“有人会问：‘那么谁能得救呢，我们会在哪里找到基督徒呢？因为老用这种方式，商业恐怕将无法在地球上存在。’……你看见的正是我所说的，即基督徒在地球上只占人口的少数。因此，世间严苛的民事法则是必要的，免得这个世界变得野蛮、和平消灭、商业和公共利益被摧毁…… 有人会认为这个世界能够不带血腥味地进行统治。民法之剑将是并且必然是红色的和嗜血的。”[48]

于是战斧取代了火刑柱的位置，从圣坛上被赶下来的权力找到了进行统治的新的安全的栖息处。维持基督教道德的任务将从丧失信用的教会当局转到国家手中。不相信独角兽和传说中的火怪存在的马基雅维里和亨利八世时代因为它的轻信，把崇拜敬神的君主这个少见的怪物作为精神食粮。

111 三、加尔文

在宗教改革后的两个世纪中，新教中最具代表性和最有影响的形式是通过这种或那种途径对加尔文学说的继承。加尔文宗不同于它从中起源的路德宗，它在不同的国家采取了不同的形式，成为一种国际性的运动。它带来的是利箭而不是宁静，是一条传播革命的道路。路德宗始终带有社会保守性，它对现行政治权势表示恭顺，倡导与无为主义相近的个人的恭顺；加尔文宗则是一种积极的和激进的力量，它的教义寻求的不单是净化个人，而且要通过把宗教影响渗透到公共生活和私人生活每个方面，重建教会和国家，并使社会焕然一新。

这里没有机会来详述加尔文宗巨大的政治反作用，作为一种生活方式和一种社会理论，它从一开始就具有新颖而重要的特征。它表现在一种比较先进的、并以它为基础详细说明其社会伦理的经济组织中。在这方面，直接源于加尔文的清教道德家的学说与中世纪神学家以及路德的学说形成了鲜明的对照。这种差异不仅仅在于得出的结论的不同，而且在于指导讨论的水平的差异。不仅绝大多数中世纪社会理论，而且路德和他的英国同时代人的社会理论的背景，都是传统的农业社会分层。这是一种由农民和按期举行集市的小镇手艺人的小规模经营构成的自然经济，而不是货币经济，在那里，工业仅仅为维持家庭生计而进行，前提是它的生产难以带来财富；商业和金融业只是一种有时偶然发生的事务， 112
而不是促使整个体系运行的力量。当他们批评经济方面的弊端时，恰恰正是反对经济生活背离事物的自然状态，他们反对办企业，反对追求利润；反对无休止的竞争，他们认为这些喧嚷的经济欲望，搅乱了现存秩序的稳定——这就是他们批评的矛头所向。

这些观念是对无所不为的商业精神的种种弊病的传统性反击。在瑞士宗教改革派茨温利的著作中留下这些观念的痕迹。例如，茨温利的社会观位于路德和加尔文之间，他坚持私有财产起源于罪恶的老生常谈，警告富人说他们难以进入天堂，他斥责康斯坦茨和巴塞尔宗教会议说，"的确是根据圣灵的命令召集这两次会议的"——因为这两次会议表示了对以庄稼作担保抵押土地的纵容；而且，强调当国家认可时必须支付利息，谴责这样做本身就是对抗上帝的法律。[49]下文将谈到在苏黎世和日内瓦对敲诈勒索行为进行约束的努力。但是，致力于此的人并不打算把那些对资本主义进行的强烈谴责作为提供给现实生活的规范，因为个人的职责是遵循世俗的法律，而获取利息是世俗法律所许可的。而且，当这些表达出来之时，它们已经不再是宗教改革教派左翼的结论了。

加尔文以及他以后的许多阐释者，是顺着这一潮流开始自己旅程的。他们不像路德那样以个体农民和神秘主义者的眼光看待经济生活，他们像务实的人们那样看待经济生活，既不有意把农民社会家长制的长处理想化，也不以怀疑的态度看待商业和金融业
中资本主义企业的真正事实。像早期基督教和近代社会主义一 113
样，加尔文宗在很大程度上是一种城市运动，像它们一样，加尔文

宗在其早期一定程度上是由迁徙的商人和工人从一个国家传播到另一个国家的。它正是把那些视经济事务为人类事务中非常次要的方面的传统社会伦理规范为无关紧要或矫揉造作的社会群体作为支持自己的基础。就加尔文宗作为把总部设在日内瓦,后来它最有影响的信徒都分布在安特卫普及其工业腹地还有伦敦和阿姆斯特丹等大商业中心的一种信仰而言,正如这种信仰的拥护者所希望的那样,它的领袖们当然是公开地宣讲其教义,而且仍然以构成当代社会生活中最现代和最进步成分的从事工商业活动的阶级为主要对象。

他们在这样做的过程中自然从一开始就坦诚地承认了资本、借贷、银行、大规模商业和金融活动,以及商业生活中其它实践活动的必要性。这样,他们就与认为专心致志于“超出维持生计所需”的经济利益应该受到谴责,把中间人诬蔑为寄生虫而把高利贷者斥为盗贼的传统观念分道扬镳了。他们把商业和金融业的利润置于与劳动者的收入和地主的地租一样体面的地位。然而对路德那样的中世纪作家而言,商业和金融业的利润却被指责为可耻的利润(*turpe lucrum*),唯恐避之而不及。加尔文在一封信中写道:“说商业收入不应该大于从土地占有中获得的收入,其理由何在?除了自己孜孜不倦地工作外,商人的利润从何而来?”[50] 正是按照上述说法的精神,布策尔尽管一面斥责商人的贪婪和欺骗,一面居然又呼吁英国政府沿着重商主义路线发展呢绒业。[51]

114 既然在加尔文及其信徒的思想中,工业和商业各阶层的环境是最为重要的,他们就必须接受与工商业阶层社会环境相关的各种实际所需的条件。这并不是说他们放弃了使经济生活道德化的宗教主张，而是说他们决心使之道德化的生活是一种承认商业文明主要特征的生活，而加尔文及其信徒的学说正是为适应这些环境条件而构思的。正如我们将看到的，早期加尔文宗处理经济事务有它自己的甚至是严厉的规则。但它已不再怀疑经济动机从整体上说是与精神生活相异的，不再怀疑资本家必然把致富建筑在别人的不幸之上，不再认为贫困本身值得称赞，或许可以说加尔文宗是第一个认可经济德行并加以赞扬的宗教学说体系。它反对的不是财富的积累，而是把财富错误地用于纵欲或铺张浪费上。加尔文的理想社会是一个以人类的严肃认真来寻求财富的社会，在这个社会中，人类清醒地认识到他们既要通过艰辛的劳动培养自己的品质，又要把自己献身于上帝认可的事业。

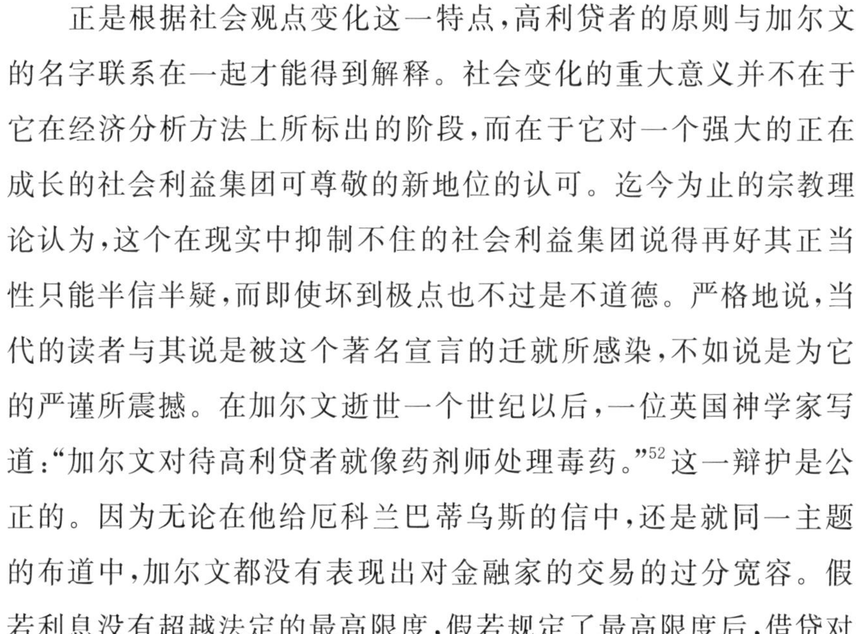

正是根据社会观点变化这一特点，高利贷者的原则与加尔文的名字联系在一起才能得到解释。社会变化的重大意义并不在于它在经济分析方法上所标出的阶段，而在于它对一个强大的正在成长的社会利益集团可尊敬的新地位的认可。迄今为止的宗教理论认为，这个在现实中抑制不住的社会利益集团说得再好其正当性只能半信半疑，而即使坏到极点也不过是不道德。严格地说，当代的读者与其说是被这个著名宣言的迂就所感染，不如说是为它的严谨所震撼。在加尔文逝世一个世纪以后，一位英国神学家写道："加尔文对待高利贷者就像药剂师处理毒药。"[52]这一辩护是公正的。因为无论在他给厄科兰巴蒂乌斯的信中，还是就同一主题
的布道中，加尔文都没有表现出对金融家的交易的过分宽容。假 115
若利息没有超越法定的最高限度，假若规定了最高限度后，借贷对

穷人来说仍必须是无偿的；假若借贷者必然获得和出借者一样的利益；假若不必强求过分的担保；假若一种偶然的可宽恕的应急行为成为常规的职业行为时就应受到申斥；假若没有人为自己攫取经济利益而去伤害他人的话；利息就是合法的。通过这些令人为难的缠结使高利贷得到的保护和宽恕，能给予虔诚的放债人些微安慰。

当代人把加尔文的意思解释为，可以适当地要求债务人让出他一小部分利润给债权人，他们一直靠这些资本挣钱，但是如果这意味着“债权人靠债务人的辛勤劳动而致富，而且债务人的劳动并没有得到回报”，那么提取利息就是错误的。在某些时期，这样的说教被人们认为有损于金融事业，而不是对它的保护，加尔文并没有对高利贷理论作出特别的具有惊人独创性的贡献。作为一个精明的律师，他既没有受到路德的缺乏条理的特点的影响，也没有受到路德理想主义的影响。而且，加尔文自己大概认为，他的学说只是使基督教法学对这一论题的论述在早已开始的长系列的发展中再前进一步而已。在强调从处于困境中的穷人那里勒索的利益与兴隆的商人通过借贷资本赚得的利益之间的差别这一点上，梅杰已经走在加尔文的前面；在对富人的贷款要适当地征税表示认可时，他与梅兰希通多少有些犹豫地早已接受的观点是相同的。正如把加尔文作为社会道德松弛的本源一样，把加尔文的形象描绘成组织者和惩戒者是一种神话。与经济理论领域中其它革命的作
116 者一样，加尔文本可以用“我不是一个加尔文主义者”的声明来反击普及加尔文主义的人。

这些传说具有在实质上正确、在细节上则错误的倾向，在把加

尔文对资本的论述看作分水岭这一点上，无论他的批评者还是辩护者都是正确的。加尔文所做的就是，在对待高利贷问题时，不是把放债伦理看作诉诸某种具体的学说体系就能作出决定的事情，而是作为文明世界社会关系中必须根据现存环境加以解决的普遍问题的一个特例。这样就改变了所讨论问题的层次。他对这个问题的讨论重要之处在于，他假定借贷在社会生活中是正常的、不可避免的事件。因此，他不去考虑人们从《旧约》和《教父集》中常常引用的不相干的段落，因为所涉及的环境已经不再存在了。他认为对资本支付利息，正像对土地支付租金一样是合理的，并且完全依赖于个人良心，认为有义务注意它不能超过应有的公道和金箴*所指定的数量。简单地说，加尔文提出了一个新的出发点，他认为永恒的不是“不放高利贷”（*non faenerabis*）的规则，永恒的是“公平与公正”（*léquité et la droiture*），并且呼吁从基督教传统转而求助普通的商业意识，他充满自信地希望它会被基督教徒接受。根据这一观点，基督教徒可以避免一切敲诈。但是资本和借贷则是不可或缺的，金融家不是被社会遗弃的人，而是社会有用的成员。假若利率是合理的，假若对穷人贷款是自由的，那么借钱抽息就不再是比缺少它人类活动就不能进行的其它经济事务更过分的敲诈勒索。承认商业活动的现实是一个出发点有着重大意义。它意味着，加尔文宗及其分支已经站在一些最具未来特征的活动一
边了，并且坚持认为不是通过抛弃它们，而是通过不疲倦地来源于 117

* 指《圣经·马太福音》中提出的“你想要人家怎样待你，你就该怎样待人”的箴言。——译者

它们提供的为上帝的荣誉效力艰苦工作的机会，基督徒的生命可以并且必定长存。

加尔文宗的社会伦理的结构正是建立在城市工商业经营的现实基础之上的。对其神学背景进行研讨恐怕是鲁莽的。但是，假如一个人认为很少有这样的体系能通过必然的逻辑从神学前提中引出现实的结论，那么哪怕是一位业余研究者，他可能也会得到人们的谅解。加尔文写道："上帝不仅预见到第一个人的堕落……，而且根据他自己的意志作出的决定来安排一切"。[53]他选择一些人作为他的选民，他们预先注定在来世要被与人的功德毫不相干的"上帝无偿的仁慈"拯救；余下的人则要通过"公正而无可指责、也是人类无法理解的审判交给永恒的地狱"。[54]简而言之，审判不是人自己的事，人对此是无能为力的，审判是一种实在的神力。人类的努力、社会制度和文化环境再好也与得救不相干，退一步则对得救有害。它们使人们不能专注于其存在的真正目的，而鼓励人类去信赖那些不可靠的人。

人类存在的真正目的不是个人得救，而是荣耀上帝。这一目的不是仅仅通过祈祷便能达到的，而是要通过行动。通过劳作和努力奋斗使世界净化来达到这一目的。因为加尔文宗在完全否定个人功德的同时强调实践。行善不是得救的途径，而是已获得救的必不可少的证明。只有那些相信在更高的意义上世界被一种他们只是其卑微工具的上帝之力量出于好意而安排的人才被赋予扭转乾坤的勇气。自相矛盾的宗教伦理从这里找出一个特殊的适
118 例。对加尔文信徒来说，世界是注定要显示上帝的尊严的，基督教徒的责任就是为这个目的而生活，他目前的责任是使他个人的生

活循规蹈矩并创造一个圣洁的社会。教会、国家和他生活于其中的集体都不应该仅仅是一种个人得救的手段，也不应该仅仅是为了满足他暂时的需要。它应当是一个“基督的王国”，在这里，由那些意识到自己“永远处在伟大的严厉主人监视之下”的人才履行个人的职责，而且靠一种严厉的和包容一切的教规使它的整个组织免于腐败。

在任何时代，改革和革命的推动力都是在认识到社会外部秩序和个人良知及理性所认可的道德规范之间的矛盾而产生的。自然，在物质进步飞速发展的时代，例如 16 世纪和 18 世纪，人们格外敏锐地感觉到这种反差。推动宗教改革的人们已经看到中世纪在金色的秋天结束了。这个金秋纵然满是腐败和暴虐，在艾尼斯·西尔维厄斯所画的纽伦堡和法兰克福的画和丢勒的木刻中，仍然光芒四射。新的经济繁荣的黎明已经显露出来，其前途辉煌，然而却伴随着似乎否定基督教美德全部含义的玩世不恭的物质主义。这种物质主义令人十分恐惧，因为正是在基督教会的首都它达到了顶点。由于被理论和现实之间的鸿沟所震惊，人们转向这条或那条道路以求解除在精神上折磨他们的压力。德国的宗教改革家走的是一条鼓吹回归原始素朴的道路。但是谁又能抹去两个世纪的成就，谁又能遮掩科学启示的新世界呢？人文主义者走的是另一条路，这是一条通过理性对迷信、兽性和贪婪的胜利，而渐
渐使人类再生的道路。然而谁又能等待如此遥远的完美结果呢？ 119
难道没有第三条道路存在吗？经过净化和规范的经济成功所要求的各种品质——节省、勤勉、谨严、俭朴——他们本身不论怎样，不就是基督教美德的基础吗？这条道路就可能吗？不是像躲避黑暗

一样去躲避物质利益，而是把物质利益奉献给上帝的事业，以此在奢华的世界与精神生活的裂隙之间架起一座沟通的桥梁，难道这不可能吗？

瑞士宗教改革家希望取得的正是在传统伦理价值标准方面的革命，他们致力于创造的是新型的基督教的品质。他们利用日常商业事务所培养的各种才能作为道德复兴计划的组成部分，而不是作为社会改革方案的内容，给它们打上新的净化过的印记，把它们作为社会的经纬。在这个社会中，一种比罗马教规更高级的东西应当使那种与通过服从罗马而培养出的品质完全对立的东西永久存在。他们认为，罗马教会已经通过其统治者的榜样鼓励奢侈和铺张浪费：宗教改革教会的成员则应是节俭和朴素的。罗马教会赞许那种不加区别地施舍的伪善；真正的基督徒应该制止行乞而坚持勤劳节俭的美德。罗马天主教会允许其信徒接受这样的看法，即他们能够使个人功德这一乏味的俗套服从于商业制度来补偿世俗生活，仿佛人们能够把盈利与亏损记在造物主的账上一样。真正的基督徒应当使其毕生都为上帝服务；罗马天主教会认为追求营利比宗教生活低下，甚至在它从那些营利成功的人那儿索取贿赂时也这样认为，基督教徒则应该高度严肃地对待自己的实业，似乎它本身就是一种宗教。

不管这种教义在神学上是优是劣，它旨在解放经济活力并使上升的资产者结合成一种训练有素的社会力量的立意是值得赞扬的。
120 这个上升的资产阶级意识到它自己的准则与一个更松弛的世界的准则之间的差异，他们以自己承担了经济效力领导者的使命而自豪，决心用包括政治革命和战争在内的各种武器公开维护其

自己的生活方式，因为这个利害攸关的问题不仅仅涉及自身利益和便利，而且是上帝的意志。简而言之，加尔文宗不仅代表了一种新的神学教义和教会体制，而且代表了一种新的道德价值尺度和一种新社会行为的理想。恐怕可以说，加尔文宗实际具有这样的要旨，即它不是对才能（*aux talents*），而是对个性（*au caractère*）开放的天地（*la carrièro ouverte*）。

一旦世界按他们的愿望安排好，中产阶级就会说服他们自己，他们确信是暴力的敌人，是秩序原则的维护者。只要中产阶级仍想取得胜利，他们处处都是革命先锋。如果说像马克思在 19 世纪为无产阶级战斗那样，加尔文于 16 世纪在相对狭小的舞台上使用同样使人畏惧的武器为资产阶级战斗，这种说法决非全然凭空想象，或者说正如在另一个时代历史唯物主义的理论满足了人们的渴求，那么预定论的教义满足了确信宇宙之力在上帝选民一边的人们的同样渴望。加尔文以他们处于全盛时期的美德与处于最坏状态下的现存秩序的劣迹作尖锐对比，教导他们认识到自己是上帝的选民，使他们意识到是神意给他们安排了伟大的天职，并坚决地去履行这一天职。新的法则铭刻在人的内心，它不仅在复述训诫，而且在塑造一个灵魂。与绝大多数欧洲国家中吵吵闹闹、自我陶醉的贵族相比，或者与奢侈和濒临灭亡的君主政体相比，加尔文主义常常植根于其中的中产阶级是钢筋铁骨之辈。毫不奇怪，他们发动了几次革命，使资产阶级的政治设想和社会方略在旧世界和新世界半打不同国家的公共生活中打上了它的印记。

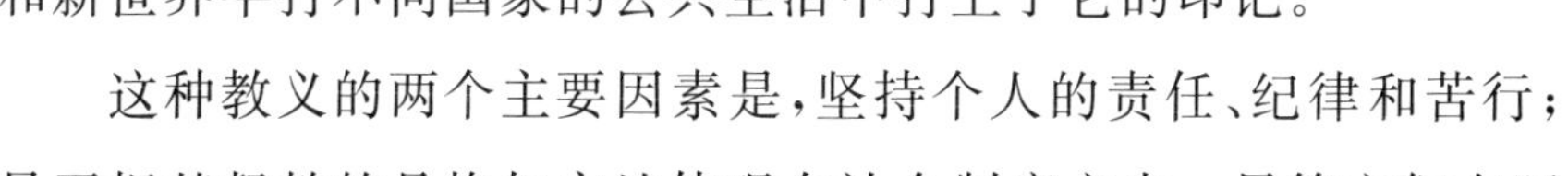

这种教义的两个主要因素是，坚持个人的责任、纪律和苦行；号召把基督教的品格如实地体现在社会制度之中。尽管它们在逻

辑上是有联系的，在实践中则常常不一致。加尔文主义的影响不是简单的而是极复杂的，而且远远地超出了完全可以称之为加尔文宗教会的范畴。在没有实行加尔文宗教规的地方，人们也接受了加尔文宗的神学理论。英国长老会派和独立派之间的激烈斗争并没有妨碍那些根本讨厌宗教划一的人从亲眼所见的基督教社会的原则中汲取灵感，正如他们中的一个所说的，在这个社会中要“实在地和有形地去执行”《圣经》。[55]强烈的个人主义和严格的基督教社会主义可以从加尔文的教义中演绎出来。两者谁居支配地位则取决于政治环境和社会阶级的不同。它首先取决于下述情形。即加尔文宗是否像在日内瓦和苏格兰那样占社会的大多数，并在社会组织方面打上他们理想的印记，或加尔文宗像在英格兰那样只占少数而居于守势，生活在持有敌意的政府的怀疑眼光之下。

就在17世纪英格兰上层阶级中受到欢迎的那种加尔文主义而言，社会事务中的个人主义从整体上说已成为流行的哲学。只有狂热的教徒和鼓动家才从笼罩在英格兰草原和小农土地上的新耶路撒冷幻影中汲取灵感。不久，费尔法克斯的军队便把理智教给他们。但是，如果清教神学理论就是加尔文的神学理论，它被商业时代的现实需要而冲淡并被软化得适合于领地贵族习俗的社会
122 观则远离了创立这一教规的大师。与劳德的思想相比较，正像劳德未加渲染的评述一样，[56]它只是一种支离破碎的东西。无论是加尔文自己的教义还是加尔文宗团体的实践活动都说明，加尔文主义英雄时代的社会伦理带有更多的集体主义者专政的色彩而不是个人主义的色彩。反抗中世纪教会制度的措辞在适宜的环境中

本身就代表了一种较之中世纪更为严格和全面的教规。如果像某些历史学家所说的那样，自由放任哲学是加尔文主义在中产阶级中传播的结果，那么它和宗教宽容一样也是通过一条间接的路线进行的。它被人们接受主要不是由于它本身的缘故，而是作为在它相对较迟的历史阶段强加给加尔文主义的一种折衷物，作为在商业利益压力下发生的变形或是作为相互冲突的权力间的平衡力量而受到尊重。

它对待引人注目的贫穷问题的态度使人联想到这个体系的精神。对传统的贫民救济方法的改革一直悬而未决，比维斯在1526年写下他的名著，[57]在人文主义者和宗教界人士的推动下，全欧洲的世俗统治者都开始奋力对付这种说得好听些是对社会秩序的威胁，说得难听些属于道德丑闻的现象。这个问题自然就强烈地求助于宗教改革的伦理精神。非常关心这个问题的瑞士宗教改革家的特点是，他们不像政治家那样把济贫问题看作政策问题，也不像许多有才智的人文主义者那样看作社会组织问题，他们把济贫问题看作品质问题。加尔文很赞赏地引用了圣保罗“不劳动者不得食”的话，像所有功利主义者那样激烈地指责不加区别的施舍，并劝告教会当局应定期走访各家各户，查明其成员是否懒惰、是否酗 123
酒、是否有其他不良行为。[58]厄科兰巴蒂乌斯曾就贫民救济问题写了两篇短论。[59]布林格为修道院施舍造成的乞讨大军而悲叹，并把解散修道院得到的一部分利益用来维持一所学校和帮助穷人。[60]在茨温利1525年起草的苏黎世重新组织贫民救济的计划中，严格禁止一切形式的行乞；流浪者必须保证在次日离开城市才能得到食品供应；只有在特设的公共机构中老弱病残才能得到救济给养；

穿戴华丽、珠光宝气、不去教堂、贪玩纸牌和名声不好的居民无权享受救济。他的全部计划的基础是勤勉地履行职责，松弛不利于鼓励劳动。他写道："现在没有人通过劳动养活自己……然而劳动仍是上帝赞扬的善事……劳动能使身体强壮健康，能治愈因懒惰而滋生的疾病……在有生命的物体中，上帝赞赏的是劳动者。"[61]

在对贫民的攻击中，道德和经济的动机并没有什么区别。懒惰的乞丐对上帝是一种罪恶，对社会则是祸害。成功商人的事业心既是基督教的美德又对社会有益。宗教热忱与现实打算相结合同样唤起对赌博、起誓、过度的装饰、放纵吃喝的攻击。尽管这个制度注重布道和宣讲，但这并非它的本质，它努力在既包括教会又包括国家在内的现实社会的日常生活中使道德理想具体化。在推翻了禁欲主义以后，它的目的就是把世俗社会转变为一个巨大的修道院，而这个目标在一个短时期内在日内瓦几乎成功了。诺克
124 斯谈到这个他献身的城市时说："我承认在其它地方基督的确得到宣传，但是，我在其它任何地方都没有见到生活方式和宗教被这样真诚地改革过。"[62]生活方式和品行被规范化了，因为正是通过行为琐细之处（*minutiae*），人类的敌人才找到了通向人类灵魂的途径；尖头皮鞋和金耳环可以使天国的叛徒暴露，正如在18世纪（1793年）身穿短裤则犯了没有爱国心（*incivisme*）的罪过。规范就意味着法制，并且进一步意味着管理。这个词在两种场合都可以概括为教规。

加尔文本人把教规称为宗教的核心，[63]而通常普遍的看法认为，如同路德把公正置于信仰之首，加尔文则把教规置于首位。在加尔文宗教会组织中，设置教规的目的主要是为了确保圣礼和对

道德实行审查，因此就视野和目的而论，加尔文宗的教规不同于罗马教会的教会法，就像民间社会的准则可能与国家法典有所区别一样。加尔文教会以16世纪后半叶所表现的形式在日内瓦建立起来，是将近20年中市议会和由牧师、平信徒组成的宗教法庭斗争的结果。只是到1555年，后者才最后维护了它革除教籍的权利，而只是到1559年出版了《基督教要义》一书，才确立了有关教会机构和教规的设计。但是，解决执行教规的权威构成问题，则取决于不同的政治环境，因而在不同的地点和时间，教规的实施有很大的区别，对生活实施规范属于把教规付诸实践的问题，这从一开始便是加尔文宗的真正精华。在加尔文1548年10月写给萨默塞特的一封很有代表性的信中，主要讨论的就是它的重要性。其时正值社会的动乱，布策尔撰写了《论基督的王国》一书，加尔文提醒摄政者，不是因为缺少布道，而是因为没有遵照布道去行动，英格兰已经出现了麻烦。虽然暴力犯罪受到了惩罚，但这些无法无天的人被饶恕了，而在上帝的王国中是没有无法无天的人的位置的。人们竭力主张摄政者确保“人应该受到良好而可靠的纪律约束”(*les hommes soient tenus en bonne et honneste discipline*)，要求摄政者注意，“那些相信基督教福音教义的人，以一种圣洁的生活证明自己是基督徒”(*que ceulx qui oyent la doctrine de l'Evangile S'approuvent estre Chrestiens par sainctité de vie*)。[64]

125

“以一种圣洁的生活证明自己是基督徒”——这句话被视为瑞士宗教改革家的格言。而他们的社会重建计划，则是对理解“生活圣洁化”意义的一种评述。正是根据这种精神，茨温利在苏黎世发起的一个由牧师、地方行政长官以及两个长老组成的道德戒律委员会，强调对违犯基督徒道德者实施逐出教籍法的重要性，它开列了一系列应由逐出教籍法处置的罪行，其中除了谋杀和偷盗之外，还包括不贞、伪证罪和贪婪，“特别是它表现在放高利贷和欺诈罪上的贪婪”。[65] 正是根据这种精神，加尔文把新教的《大全》（*Summa*）和道德决疑法指南写进《要义》一书，在该书中最细微的行为也受到普遍法则的严格控制。正是根据这种精神，加尔文起草了市政综合规划要点，它覆盖了为从市场、工艺、建筑、定期集市制定规则，到对物价、利息和地租的控制等民政管理的各个方面。[66] 正是根据这种精神，加尔文使日内瓦成为透明的城市，每个家庭都在精神警察监督下过日子，而且在一代人的时间里宗教法庭与市议会携手工作，前者把酒鬼、舞女和蔑视宗教者开除教籍，后者则以罚款和监禁处罚行为放荡的人，以死刑处罚异教徒。标志着日内瓦教会成熟的 1576 年法令的绪言写道：“经过考虑值得
126 向各处推荐的是，我主耶稣基督的福音教义将保持它的纯洁，基督教会将由良好的管理机构和政策及时地维护，而且未来青年也会得到良好的和正确的教导，慈善收容院将秩序井然地为穷人服务，只有当生活建立了一定的规章和秩序，上述种种才有可能实现，每个人靠它可以了解与自己身份相关的职责……”。[67] 它的全部目标如此简单，“每个人都了解与自己身份相关的职责”——在日内瓦或其他地方，还有比这更值得向往的东西吗？据说为获得这种值得称赞的结果，涉及有组织地进行拷打，把一个殴打其父母的孩子斩首，在 60 年间把 150 名异教徒处以火刑，这是可悲的。[68] 因此宗教导致人们作恶（*Tantum religio potuit suadere malorum*）。

在其他地方，那些对正义并不过分热忱的政府也实行过拷问与火刑。日内瓦具有“自使徒时代以来人间最完美的基督学校”的显著特征，[69]并不是它冷酷无情地不容纳邪说，因为当时还没有人想到有可能实行宽容。它试图使上帝的法律甚至在处理金钱得失问题上也占主导地位，人类在历史上倾向于把它看得比伤害和死亡更为严重。加尔文在《要义》一书中写道：“（基督教团体的）成员不得自己占有赠品并用于私人目的，而应当与他的同伴共享，他也不得从以社会整体的共同利益为基础开展的活动的节余中提取利润。因此，信神的人要把一切借助权势获得的利益都归于他的同胞。”[70]有了这样一种把人类的全部利益都无悔地奉献给宗教的准备，即使为经济欲望而忙碌的当然也不会犹豫了，而下一代各教派对此则可少花些他们的力量。如果加尔文宗以前所未有的热情欢迎商界人士成为其信徒，它这样做是用征服者的精神把新的领域 127
组织起来，而不是祈求与仍很强大的敌人实行妥协。在《旧约》中，一种道德体系和一部法典唾手可得。撒母耳与亚摩利人的国王亚甲、约拿与尼尼微王，亚哈与拿伯，以利亚和巴力地区的先知们，上帝唯一真正的先知音拉的儿子米该雅，以及使以色列犯罪的尼八的儿子耶罗波安，都对加尔文主义者紧张的想象产生影响，正如布鲁图斯与卡西乌斯 1793 年对人们产生的影响一样。在日内瓦教会改革的最初半个世纪中，可以看到组织与基督教王国相称的经济秩序的持续努力，在这一努力中，新教牧师们起了《旧约》中先知们对没有完全戒绝埃及奢侈生活影响的以色列人所起的那种作用。

除了对利息的有限纵容以外，加尔文宗在社会政策的细节方

面很少创新，而它的纲领的内容完全是中世纪的。加尔文宗的创新在于它致力于应用的宗教热忱。用来处罚冒犯者的行政管理机构是由新教牧师和平信徒组成的混合机构——宗教法庭。它谴责苛刻的债权人，处罚高利贷者、囤积者和垄断者，对欺骗顾客的商人与克扣来料的成衣匠、短斤少两的煤商、以高于当局规定价格销售的肉商，对新主顾多收工钱的裁缝，对手术过多收费的外科医生，实行罚款或惩戒。[71]看来，在宗教法庭上新教牧师征服了所有被带到他们面前的人，并且他们始终表现了很大的说服力。1564年经过选举，贝扎取代了加尔文的地位，直到1605年他去世，几乎每年都有牧师提出的新的立法要求、对经济不正当行为的新的批评、对这种或那种老的贪婪罪行的新抗议被通过。一个时期对举

128 债者的过分纵容激起了新教牧师的愤怒；另一个时期，因被法国迫害的贫苦新教徒涌入日内瓦而引起了物价和地租的上涨；还有一个时期，酒店激增，葡萄酒商又提出过度的费用要求，反对诈取利息和抬高物价双重祸害的长期斗争始终在进行。

当时在日内瓦，借贷成为一个问题，不仅仅是因为在16世纪的任何地方对小生产者来说借贷都是个明摆着的问题，而且尤其因为在里昂毁于法国宗教战争之后，日内瓦成为极重要的金融中心。它随时都可能被卷入战争。为了保证支配必须的现款，日内瓦已经向巴塞尔和伯尔尼大量举债，而且市议会用其资本开展汇兑和放贷业务，起初利率定为10%，后来定为12%。经向牧师咨询并得到同意后建立了一家银行，但是他们反对以高利息向私人放贷，尤其是反对借贷给那些挥金如土而葬送自己的人。10年以后，在1580年市议会批准了一些公司的发起人提出的在该城建立

第二家银行的建议，牧师带头起来反对，他们指出在诸如巴黎、威尼斯、里昂等金融城市暴露出了贪婪造成的道德败坏，他们成功地使得这项倡议被取消。不用说，共有的问题是一个更为简单的问题。那些借款来投资和获利的资本家能够照顾他自己，而牧师们解释说他们并不反对那些“把钱借给商人以供他们经营所用的人”。关键是那些放债者“只是向有需要的人”放贷，由此来剥削处于窘困状态中的穷邻居。[72]

牧师对这一类残忍之辈的愤怒不断增大，他们以《新约》的名义并使用《旧约》的激烈语言，在布道坛上把这类恶人斥之为小偷、 129
强盗、豺狼、虎豹，他们说，这些恶人应被逐出城市，用乱石击毙。“穷人呼号而富人钱包爆满；但是他们得到的收获却是上帝的谴责，……有人曾在当街闹市呼喊‘把那些置我们于死地的人逐出教门’，……上帝已经听到了这一呼喊……我们正在寻查这种祸害的原因！……扒手应受惩罚，但上帝通过他的先知阿摩司宣称……‘饥饿正降临到我们以色列人民身上，啊，汝等吞食了穷人’。所说的各种凶兆已经降临到他的人民头上。”[73]他们要求由于高利贷者是第二次犯罪，应该把他们逐出教门。如果认为这种处罚过于严厉的话，至少应该要求他们在教堂中当众表示悔罪后才准参加圣礼。他们用推罗和西顿的结局来提醒他们的市民同乡，由于对直接控制放债人感到绝望，他们想通过消除使其受害的原因使他不再遭难。为了使溪水涸竭，就得切断水源（*pour tarir les ruisseaux il faut escouper la source*）。人们由于“懒惰、愚蠢地挥霍、愚蠢地犯罪以及卷入法律诉讼”而借钱。日内瓦该像罗马共和国一样设立监察官，对穷人和富人都进行调查，查明各家各户是怎

样谋生的，监督教育10至12岁的儿童从事有益的职业，制止酒店的争执，而且“对那些试图剥夺其穷苦同胞的生活必需品来使自己致富的贪婪卑鄙小人加以约束”。[74]

这个牧师团提出了他们的纲领，但是对这个纲领能否实现他们并不乐观，在向市议会议员表述这一虔诚愿望时，他们最后略带讽刺地说道：“你们这些高尚的议员是不可能被这些罪行所玷污
130 的。”他们的担忧是有理由的。日内瓦市议会在神职人员参与下容忍了许多事情，直到贝扎逝世后，市议会才使神职人员就范。然而它的忍耐是有限的，只是在商业伦理领域中，才迅速地达到了这些目的。市议会并不冒险去诘问神职人员是否有权听取商业和金融事务的申诉。讲道坛是发表消息和讲坛二者合一的地方；牧师有公众作后盾，因而意识到自己的力量，他们可以用最后一招即集体辞职相威胁来迫使服从。官方采用表示充分同情的策略使基督教社会主义的快车放慢速度，市议会的最初答复通常是“作了些考虑”。对教士来说，市议会的懒散是与财神合谋的新证据，他们毫不犹豫地在布道坛上显示了他们的义愤。贝扎在1574年进行的一次布道中指责市议会的议员为囤积小麦的投机商提供情报。在1577年整整一年中，牧师们不断地指责市议会在行政管理中挥霍浪费，他们最后指控市议会是面包和葡萄酒涨价的祸首。1579年，他们在向市议会提交的备忘录中提出了一个关于道德训诫和社会改革的新方案。

统治日内瓦的幸运的资产阶级不反对劝阻衣着奢侈，不反对倡导公众参加布道和向他们的孩子教授《教理问答》。但是，他们对听取对贪婪的告发毫无热情，而且在两件事情上很顽固。当新

教牧师关心人们要求降低物价时，他们拒绝制止葡萄酒出口，理由是必须这样做才有钱去进口小麦；而且，富有的债权人团体不愿对举债者遭受“双重高利贷”压迫的指控作任何让步，因为他们也必须用正在增值的货币来偿还贷款。他们回答说，货币有涨有落，而曾对目前正受批判的法令表示赞成的已故的加尔文先生从未考虑得如此长远。牧师们对这些遁辞自然很愤慨。他们向市议会告发 131
说，投机商花了大量的钱来阻拦谷物的供应，他们举出恰如其分的典型例子，发起了反对贪婪的布道运动，市议会不用说同样通过指控贝扎煽动对富人的阶级仇恨来进行反击。[78]

有桩个人的丑闻使形势更加恶化了。某个地方长官认为贝扎的评论是一种人身攻击，贸然要求他到市议会受审，结果他被判有罪，受到罚款处罚，没收了他以 10% 的利息借出的 50 克朗。显然，当事情发展到这样的地步时，人人都会有自危之感。市议会和牧师们对于各自的职能范围曾有过争执，一两年后在对于地方救济院的管理问题上又发生了争执。这时市议会抱怨教士干涉地方行政长官的职权，则有礼貌地暗示道，应该好好地建议他们去用心考虑他们自己的事务。

这是一个多么荒谬地建议，好像存在着与教会事务无关的人类活动似的！它激起牧师们发布了抵制的宣言，牧师们在宣言中极其庄严地充分陈述了关于人间耶路撒冷的教义。他们拒绝向那些因为高价出售谷物而被他们传讯到宗教法庭的人道歉，也不向那个曾被拒绝参加圣礼的人道歉。所罗门不是说过，“该受诅咒的是那些在短缺时囤积谷物的人”吗？对于这种言辞激烈的指控，肖韦回答说，市议会最好还是通过焚烧各种先知书作为开始，因为他

完全是依照何西阿*树立的榜样而行事的。贝扎说:“如果我们真
132 的保持缄默,人民会说什么呢?人民都是沉默的废物……至于引起反感的问题,因为近两年来人们不断地谈论高利贷问题,然而被处罚的放高利贷的人不超过三四个……众所周知,这座城市到处都是高利贷者,而且一般的利率都是10%或更高。”[76]

地方行政长官重新提出他们的抗议。他们不动声色地目睹一个奸夫被判处绞刑,而后仁慈地把其刑罚减为鞭笞游街,然后带镣监禁10年。[77]但是在提出对资本家像亚干一样处死的神圣建议后,他们的人性畏缩了。加之这一惩罚不仅残酷而且危险。在日内瓦“大多数人都负债”。如果允许他们闻到血腥味,谁说得清他们的愤怒何时终止呢?而且说话的语言是如此有力量,地方行政长官没有冒险断然拒绝,而是引用圣经的语句来对付圣经。他们对牧师说他们建议学习大卫的榜样,大卫受到拿单指责时坦白了自己的罪行。对于牧师是否用拿单的话来作答,我们就不得而知了。

晚近的政治理论对于拥有全权的国家进行了很多批评。日内瓦的集体主义所依赖的原则可以被描述为教会拥有全权的原则。[78]宗教团体构成了一个封闭的社会,当把世俗政权作为实施其命令的治安官员时,宗教社会不仅仅对官吏们所执行的政策进行指导,而且它本身就是一种国家。它通过自己的立法规定了它的成员应遵守的行为准则,镇压反对公共秩序和公共道德的犯罪行为,对青少年提供教育并救济贫民。当加尔文主义不只是一个城市的信念,而成为一个以完全不同于它自己的原则为基础组织起

---

* 何西阿,公元前8世纪希伯来先知。——译者

来的民族国家中少数人的信念之时，在短时期内使得日内瓦的制度有可能存在的这种宗教当局与世俗政权之间的特殊关系，就不 133
可能以相同的程度存在了。除非国家本身被征服，才必然会发生叛乱、内战，或者放弃社会控制权的结果。最终的后果是长期被耽误。在16世纪，不管政治环境如何，在任何地方加尔文宗教会都主张在生活的一切关系中对其成员的道德行为实行集体责任制，而不只是在对于人们的道德堕落有着特殊的不知不觉的诱惑作用的经济事务范畴内这样做。

加尔文体系很早就影响到法国改革派教会，1559年，他们在巴黎举行的正式通过教规大纲的首届宗教会议上，讨论了一些用伦理学判断经济是非的难题。在此后半个世纪中举行的宗教会议上，同样的问题继续为与会者所关注，如法国的加尔文宗历史学家所说，直到“他们开始放松控制，对现行的不义行为做出过多的让步”为止。[79]一旦承认教会成员需要遵守教会必须执行的经济道德准则，就产生了无以计数的需要解释的问题。而且宗教团体发现，它自己必须通过把其经济道德总原则应用于各种不同的具体环境中，以发展类似于判例法的体系。详细阐述这样一种体系的工作正在进行，但因为16世纪那时的经济结构相对简单，以及事实上除了在日内瓦，宗教会议并不关心社会改革，而只是约束各种重大丑闻及处理一些教会要求特别指导的事情，这种诠释工作受到限制。

可是即便如此，需要解决的莫名其妙的问题却不少，教会对于那些靠不正当手段致富的人应持何种态度？能让这些海盗、奸商享用最后的晚餐吗？会友能与这些人做生意吗？或者说购买他们 134

的货物是否就算参与他们的罪恶？国家的法律允许适度的利润，那么教会采取什么态度呢？怎样阻止工匠以伪劣产品欺骗顾客，以及怎样阻止商人榨取高额利润？抽彩给奖法允许吗？把遗赠给穷人的救济全用于投资取利合法吗？法国的宗教会议出于一种避免不实际的严厉的当然愿望，对这些问题的回答表明它坚持下述观念，即从事实业活动是教会的职责，一切以不正当手段从他人那里榨取财富的人，必须进行赔偿后才能领受圣餐。假如出售是公开的并经过世俗行政管理机构的批准，信徒就可以购买他们的东西。伪劣产品的制造者要受到审查，商人只能谋求"一般的利润"。对于高利贷问题，法国宗教改革教会与同时的英国教会、荷兰教会的观点是一样的，而加尔文对这个问题的忠告正好是人们要求的。更为严格的派别不愿意听到把对高利贷的禁令限制在对"过分和可耻"的勒索，或者投资获利为穷人筹资。无论如何，在法国像在其他地方一样，采取果断的横暴行为的时代已经过去了，合乎常识的观点占据了统治地位。要求信徒不超出法律许可的范围，而且始终如一地从事慈善事业。在这些限制之下，获利不再受谴责。[80]

下一章将讲述英格兰清教对这一制度的各种问题的论述。在苏格兰，宗教改革家对经济伦理问题的观点实质上与宗教改革前教会所持有的观点没有什么不同，而苏格兰的《宗规书》像谴责被它推翻的"令人诅咒的罗马天主教义"一样，激烈地谴责了贪婪。
135 劝告绅士应以地租为满足，要求教会供养穷人。它宣称："通过敲诈勒索来压迫穷人，以短斤少两来欺骗穷人，……上帝的教会完全有职责像上帝命令的一样去处罚他们。"[81]圣安德鲁斯的苏格兰教会会议对一个高利贷者和一个拖欠债务者的处罚清楚地表明了对这些罪行的态度。[82]1579年贫民救济问题成为苏格兰教会当局的法定的职责。在英格兰，7年之后济贫问题最终转归国家管理。直到1846年，在乡村地区济贫问题的管理仍落在牧师、长老和执事等人的肩上，这种管理方式是从由诺克斯的教会而不是议会或公会议代表苏格兰国家的那个时代遗留下来的。

在英语社会中，把加尔文宗教会-国家的社会纪律推进得最远的是新英格兰的清教神权政治。与同时代英格兰清教的个人主义倾向相比，新英格兰清教神权政治与加尔文时代日内瓦的严厉统治有更加密切的姻亲关系。在那个快乐、没有主教的伊甸园，人们只希望“依照质朴的福音来敬仰上帝，以上帝之言的法律进行统治”。[83]在那里，“烟草、无节制地追求时髦、昂贵的衣着”以及到处吃喝的陋习对真正自称为信徒的人都是禁止的。而且，神父们对于“大多数人在他们经商时尽可能贱买贵卖”这种臭名昭著的恶行，[84]采取了一种他们更喜爱商业的后代所不能适应的态度。在马萨诸塞州早期历史上，一个牧师曾促使人们注意原罪的复发。他说：“是利润而不是传播宗教成了主要目的”，而且总督布雷德福德不安地注意到人们如何扩大他们从外部得来的种植园。他评论道，物质日益繁荣“将毁灭新英格兰，至少将毁灭在那里的上帝的 136
教会”。[85]有时天意会惩罚剥削者，组织了美国第一个托拉斯的那个移民，在船上只拥有一头乳牛，他以2便士1夸脱的价格出售牛奶，“在一个控诉剥削的布道会后，他就精神错乱了”。[86]那些逃脱了上帝惩罚的人则不得不面对世俗政权和教会的惩罚。在殖民地的摇篮时代，世俗政权的惩罚和教会的惩罚是一回事。

当局自然要调整价格、限制利率、规定最高工资、鞭打不可救药的懒汉；因为人们甚至在他们所逃离的监禁他们的住所中也做这些事。有眼光的人与众不同之处在于，他们试图把同一个有生气的教规，应用于商业利润这一难以捉摸的范畴。马萨诸塞州当局规定，牲畜的价格不是根据买主的需求决定，而是根据给卖主的合理报酬而定。对于那些漫天要价的人，他们的愤怒就像摩西下到世间发现那些选民崇拜金牛犊时。他们在对宗教自由表示愤怒之余已无更多的热情去反对经济放纵。当罗杰·威廉斯在他的关于宽容的请愿书中动情地说，尽管压榨系邪恶之事，却应留给世俗政权去处理时，他已经触及一种事实上的密切关系。[88]

让我们看看罗伯特·基恩先生的案子，人们一致认为他犯的罪是非法交易。他在波士顿有一家商店，他“从 1 先令的本钱中要赚 6 便士或 8 便士；在出卖一些小东西时则谋取两倍的利润”。尽管他“是个年老的福音专家，一个富有的知名人士，只有一个孩子，而且是一个由于良心和受福音的启发已转变过来的人”，然而流言
137 是可怕的。牟取暴利的人是不受欢迎的——“在全国反对压迫的呼声很高”——端庄的长者深思熟虑地说，贪婪的名声对于未成熟的社团是有害的，当贪婪现象出现时，它处于“世界上一切教会和文明国家的严密监视之下”。尽管如此，地方行政长官倾向于宽大处理。没有强制性的限制利润的成文法；要确定多少是合理的利润也不容易。按照市场能承受的程度来定罪，并非针对基恩先生的特别做法。更何况，上帝的法律毕竟也只是要求加倍赔偿而已。这样，他们对罗伯特·基恩很宽大，只罚他 200 英镑。

在这件事上如果罗伯特·基恩聪明一些，他本该使这事就此了结。但是，他像其他有同样处境的人一样，因为他的辩解而无可挽回地毁掉了自己。他被传唤到波士顿教堂，他首先“痛哭流涕地承认并悲叹自己的贪婪和堕落，然后极其轻率地冒险进行解释，他说商人必须生活，如果商人不在其他商品上获得更多的利润来补偿在某件商品上的损失，那么商人又如何生活呢？”这是无法不被任何虔诚的牧师加以扩大化的论题。波士顿牧师抓住机会乘机立即在下一个布道的公开宗教仪式中，揭露了这些虚假原则的错误，并在辩论中对这个案例提出了一些指导性法则。虚假原则有如下一些：

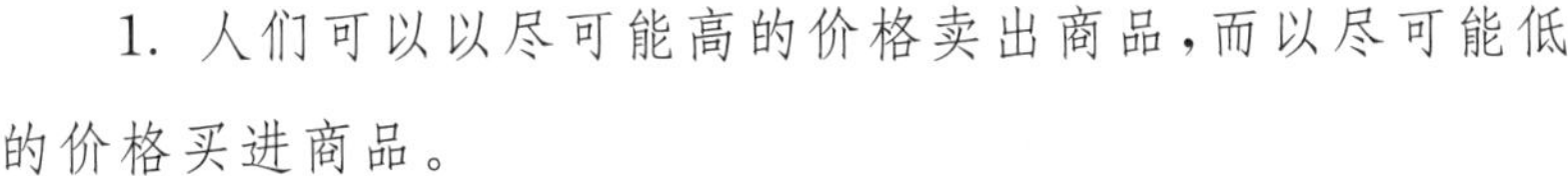

1. 人们可以以尽可能高的价格卖出商品，而以尽可能低的价格买进商品。

2. 如果一个人因海上失事等原因而损失了一些商品，他可以提高其余商品的价格；

3. 即使他在买入商品时支付太多，而且商品价格已经下跌，他仍可以用买入价来出售商品。

4. 正如一个人能凭自身的技术或能力而获利一样，一个人也能利用他人的无知或急需获利。

5. 当一个人付出的是时间时，他将得到和别人一样的回报。

交易的规则也是明确的；

1. 如同其他了解商品价格的人如有机会可供利用就要卖掉商品一样，一个人可以不以高于流行价格的价格，即用当

> 138 时当地的通行价格来出售肉类。因为每个人都会收取所谓通行货币之类的东西。
>
> 2. 当一个人由于缺乏技术等原因而损失了商品，他必然把这件事视为自己的错误或挫折，因而在处理其他商品时必然不会再犯这样的错误。
>
> 3. 当一个人由于海上的原因等等遭受损失时，这是天意给他造成的损失，他很难把这样的事转移到他人身上而使自己得到安慰；对这样的人而言，似乎应该预防各种自然力使他不再受损失。因为在商品短缺的地方，这些人可以提高他的价格，而现在是上帝之手而非人之手在掌握着商品。
>
> 4. 正如以弗仑和亚伯拉罕那样，一个人对他商品的要价不能比他的售价更高，在这个国家它就值那么多。

不幸的是，在涉及印第安人土地交易的案件中，人们并没有记住以弗仑的榜样，它特别适合于这个案例。在与那些魔鬼的后代谈判的过程中，上帝的圣徒认为以色列与基遍人的交易是更加合适的先例。

布道之后在教堂中进行了热烈的争论，有人动议，根据《哥林多前书》第5章第11节的引文，罗伯特·基恩应被革除教籍。假若基恩真是一个贪婪的人的话，根据经文原意，他无疑应被革除教籍，正如他最近对于贪婪问题做出的可怜可悲的表现一样。问题是他仅仅由于无知或疏忽而犯错误呢，还是他“违背自己的良心或真正的天理”而行事呢？简言之，他的罪行是偶然的呢，还是一种习以为常的行为。最终他只是受到了罚款和训诫的处罚。[89]

如果唯一残存的基督教文献是《新约》和宗教改革时期加尔文宗教会的一些案卷的话，那么认为它们之间的联系比二者在用语上的吻合更为密切的想法，恐怕是大胆得过分了。加尔文的体系表现出墨守陈规、机械、缺乏想象力或同情心，是天才的组织者和法理学家的成果，这一体系更像罗马教会而不像基督教会，更像犹太教而不是其他。正如雅各宾俱乐部比旧制度的统治者更专制一样，加尔文体制比中世纪教会更为专制是不可避免的。其罗网更为细密，热情更强烈，效果更显著。而它的敌人不仅采取行为和著述，而且也思想。

那种被后世所谴责的暴政，会被它的拥护者恭维。在自由与权力的斗争中，加尔文宗教会毫不勉强而是富于热情地牺牲了自由。因为加尔文宗教会是在西奈断然发出的命令指引下回师迦兰的大军。它的领导人的目标是征服福地，而不是安慰迷路者或落伍者。在战争中古典的应急手段是独裁。对于彻底的加尔文主义者而言，新教牧师的独裁似乎是不可避免的，正如对 1793 年的人们来说公安委员会的独裁不可避免一样，或者对热忱的布尔什维克来说无产阶级专政不可避免一样。如果它在没有加尔文主义的文化和知识氛围而人们又接受了加尔文教规的地方发展到顶点，科顿和恩迪科特家族以这种无节制的难以控制的崇拜最终甚至震撼了新英格兰的野蛮迷信，其结果可想而知。

说到早期加尔文主义的社会理论和实践，最佳之处就是理论和实践始终如一。大多数专制政体以虐待穷人为满足。加尔文主义并不怜悯穷人，但是正如加尔文主义不信任转移目标或放松灵魂力量的所有影响一样，它也不信任富人。而在加尔文宗富于朝气地厉行节俭的初期，它尽最大的努力使富人无法承受这种生活。
139 在人们的乐园用高举的燃烧的火炬来安慰它之前，它由摩西和亚伦毫不宽恕的灵魂挥舞着。[90]

第三章　英国国教会 140

如果有谁沉溺于他的私事，以至于忽略了一般的形势，缺乏虔诚的意识，那么他对于和平和幸福的希望都是徒然的。因为无论他是什么人，他都必须生活在共和国和教会群体之中。

劳德：《御前布道》，1621 年 6 月 19 日

16 世纪以来教会的和政治的论战已经迫使人们把所有没有长远利益的问题忘却。但是，社会结构和阶级关系的变化所引发的讨论却激烈而不间断，其结果对未来并非没有意义。在英国，正像在欧洲大陆一样，新的经济现实与从中世纪继承下来的社会理论发生了尖锐的冲突。其结果是用一种几乎是悲剧般的强烈情绪重新阐明传统的原则，它们面对着经济组织和宗教领域内新观念的推进逐渐退却，并且最终从一种富于战斗性的教义衰落为虔诚的好古癖。直至内战，它们都像古老的幽灵徘徊在牧师的嘴唇边。那时风暴骤起，它们明灭不定地闪烁，以后便消失了。

中世纪英国始终处在经济文明化的外缘，远离主要的经济大道和意大利、德意志这些喧闹的金融中心。随着地理大发现到来的商业革命开始了一个新时代。在最初的好奇心迸发之后，人们

141 对于不能即时带来财富回报的探险的兴趣渐渐减弱了。在不到半个世纪以后，当美洲大陆的白银使整个欧洲眼花缭乱时，英国人想到，如果银子存放到伦敦塔而不是塞维利亚就好了，这时人们开始认真地谈论在美洲和东方开展竞争的事。

在此期间，英国经济生活的所有其他方面仍然处在迅速转变过程中。16 世纪上半叶，外贸的重要性有很大增长，并且，随着制造业的发展，呢绒取代羊毛成为主要出口商品。随着商业的发展，商业所依赖的金融组织也发展起来，并且英国资本注入了以前为意大利银行家支配的成长中的伦敦金融市场。在国内，随着都铎朝安定后国内贸易的发展，投机的机会增加了。一个新的中间人阶级出来利用它们。如日东升的商业资本主义利益一心要在工业中获得自由，以便能发展到什么地步就发展到什么地步，在生产上爱用什么方法就用什么方法。行会有其防御手段，有其共同的纪律，有其有组织地缓慢地限制个人经营的办法，还有其粗陋的平均主义。由于受到这一切的障碍，商业资本家或是离开唯有经济整合的压力才产生效力的自治城市，以便悄悄规避行会的种种规定；或是承认行会组织，夺取其管理，并借此提出一种制度，在这种制度下，工匠即便名义上是师傅，实际上却是雇主的仆人。在农业中，村庄惯常的组织自下被逐渐削弱并从上面被摧毁。对于已经减轻了在法国和德国照例存在的劳役的幸运的农民来说，通过交换和协议重新安排了他们的条状地块，领主则不再是小心眼的统
142 治者，而成了机敏的实业家，他们把领地租给通过牧羊迅速获利、并且急切地去扫除阻碍它扩展的村社限制网络的资本主义农场主。价格革命在这个世纪的前三分之一时间逐渐渗透到商业、工

业和农业中，但是，在1540年以后这股水流中注入了一种迄今未曾料想有如此效力的病毒，它对于处于兴奋状态的企业立即起了一种刺激作用，并成为瓦解一切习惯联系的强酸。

这是一个为新的抱负所支配并为新的恐惧所萦绕的迅速运转的社会。这个社会无论成功还是失败，其内涵都发生了变化。除了骚乱的北方外，大地主的目标不再是拥有一支供他召唤的由门客组成的军队，而是审慎地把地产作为投资去开发。顺遂的商人曾满足于在同事中或在城市中赢得一种有尊严的权势地位，而现在鉴于得不到行会和城市的人为保护，便急切地投身于使之出人头地的工作。对于常常处于饥饿威胁之下，以他们微不足道的力量来抵抗无法改变的大自然，而很久以来一直处于贫困中的农民和工匠来说，现在增加了无法摆脱不安定、正在成长但仍很弱小、从农村及城镇狭小的活动范围中摆脱出来的无产阶级这个他们既无法理解、也无法阻止和控制的社会力量。

一、土地问题

被后人看成引起对教会管理和教义极大争论的根源而加以回避的宗教改革时期的英国，对当时的人来说则是一口经济不稳定、社会躁动的沸腾大锅。在三代人时间里积累起来的发生骚动的资料表明，在世纪中叶迅速发展的不满，除了针对通货膨胀外，像圈
地和牧场经营、高利贷、行会的违法行为、物价上涨、商人对工匠的 143
压迫、囤积者的敲诈，没有哪一项不招致民众的抗议和政治家的谴责，并且，在宗教改革议会召开前很久便已导致制定立法和采取行

政措施。当宗教革命像一股迸发的使人心旷神怡的强大洪流冲击他们时，洪水已经非常汹涌了。它对于社会形势产生了双重作用。由于毫无顾忌的少数人使用暴力威胁和欺骗的手段实行了一次势如破竹的财富再分配，嗣后，站在它的主要受益者一边实施了一种出于私利的无节制的错误的行政管理，它加剧了每种弊端，并把压迫农民和工匠的螺旋又上紧一圈。由于出现了不仅是关于宗教问题而且是关于社会组织问题的大量著述，它们势不可挡地控告新生的经济力量，并雄辩地重申传统的社会责任理论，使得过去半个世纪对于变革的批评发展到一个高峰。二者的中心都是土地问题。因为土地掠夺激起那个时代的贪婪，而农民的抱怨则是社会鼓动最重要的基础。

在宗教改革前的大半个世纪中，土地问题一直是一个重大的问题。1460 年以后不久，沃里克郡一个歌祷堂牧师对圈地第一次作出详细的报告。[1] 那以后出台了 1489、1515、1516 年的立法，沃尔西的王室委员会 1517 年的立法和 1534 年进一步的立法。[2] 文艺复兴时代的人士如莫尔、斯塔基和一大批不那么著名的作家始终持续不断地对此进行批评，对社会无政府状态感到惊愕，并对愿意接受哲学家忠告的王公将要表现出的奇迹充满希望。

不管怎样，如果说问题在没收修道院地产以前就很严重的话，
144 那么亨利和克伦威尔则使对掠夺的强烈愤怒变得松弛。毫无疑问，通过玫瑰色的眼镜来观察隐修生活的世界末日是错误的。修道士归根到底是实业家，时常被他们雇佣来管理他们财产的代理人自然顺应了他们周围的农业实践环境。在法国，没有什么地方的暴动比教会土地所有者的地产上发生的暴动更加频繁和更加激

烈。[3] 在英国,只要观察一下星室法庭和小额债权法院,就足以说明,宗教界人士使隶农获得新生,把公簿持有农转化为自由佃农,并且,如莫尔所抱怨的,把耕地转化为牧场。[4]

在现实中,无须为了解释大量财产迅速转移对增大乡村灾难所起的作用,而去推测修道士获得了不应获得的收入,或者说新兴富有者比老富有者更为苛刻。所有这些突然的和势不可挡的再分配的最糟糕的方面,是个人或多或少地受到市场支配,因而很难用他的钱来还债。折算成现代货币资本价值达 1500 万镑到 2000 万镑的地产发生了转手。[5] 在 1536 年以后进入市场的寺院土地,在 1547 年又增加了属于行会和小礼拜堂的土地。国王的财政需要过于紧迫,以至于不能允许它以保有其所有权的方式占有它们并征收地租;总之,恐怕从来不曾发生过小心地摆布一个要求一些人进行革命的政府的举动。因此,它所做的似乎是立即转让绝大多数土地的所有权,并把资本作为收入来用掉。在十年间,存在着一种土地投机热。许多地产都被贫穷的朝臣以一种低得荒谬的价格买下来。其中许多转到狡猾的实业家手中,他们把在伦敦城这个金融学校中学得的方法用于对它的管理;一个最大的受让人是理查德·格雷欣爵士。中间人购进散布的一块块土地,待价而沽,当 145
它们有好的开价时,一点点卖掉它们,他们获得利润甚多;在伦敦,一群群小商人、毛织工人、皮革制品商人、服装商人、酿酒人、牛脂蜡烛商组成了实际存在的辛迪加去开拓市场。收取盘剥性地租,驱逐租户,把可耕地转化为牧场便是自然的结果。因为勘测员在每一次过户时都详细记下其价值,并且,除非最后的购买者勒索了他的租户,交易恐怕是不会付款的。[6]

为什么地主会比国王更审慎呢？锡昂修道院在苏塞克斯的庄园的一位受让人在回答某些抗议占领了他们公地的农民时说，“难道你们不知道是国王的恩典决定推倒所有僧侣、男修士和修女的房屋吗？现在是我们这些绅士来推倒像你们这样贫穷的无赖的房屋的时候了。”[7] 做出这些不合乎逻辑的议论过于便利且非同寻常。发生在农民和某些新兴地主之间的激烈斗争详细地确证了当时发生的抗议。这些新兴地主包括在瓦舍尔恩圈占了整座村庄用作猎场的赫伯特家族，出身名门的锡德尼按传统要在那里写他的《阿卡狄亚》，阿博特的里普顿的圣约翰家族，惠特比修道院土地投机商排名第三的约翰·约克爵士的佃户发现，他们的地租从一年 29 镑增加到 64 镑，因而在将近 20 年间不断向政府请愿要求调整。[8] 在 17 世纪后期仍然一再被授予修道院地产的人在三代之内灭绝的传说尽管并不真实，却不使人惊奇。愿望是思想之父。

这是一个群众仇视圈地者、而囤积居奇者在宗教情绪中找到
146 天然盟友的时代，其实根据传统的教导，贪婪地获利是一种致命的罪恶，对经济上自私自利的辩护不会减轻判决而只是加重罪过。在英国，如同在欧洲大陆一样，激进的教义与社会保守主义相伴发展。对社会失范的绝大多数严厉攻击，不是来自旧教派别，而是来自新教集团的左翼神学家，他们看透了经济个人主义不过是玷污宗教纯洁的松弛和放纵的另一种表现，并且他们通过宗教改革了解到，回复到早期教会的道德整饬，比教义和对它的治理更重要。求恩巡礼运动的领袖用来描述解散约克郡修道院所产生的社会影响的令人感动的语言，[9] 与十年后拉提默、克劳利、利弗、贝根和波

尼特发表的声讨檄文相比，则显得温和。

他们具有激情是很自然的。阿斯克在绿树林看到的，他们在排干的沼泽地看到了。而他们对于社会不道德行为的嫌恶则为失去希望的痛楚加剧，它有如此大的差别！造成宗教改革的运动是一个两面神，但不只有两个面，而有几个面，而在它们中始终有一个不满足地去追求作为宗教改革成果的政治和社会革新。正如在德国和瑞士那样，在英国，人们向往宗教改革在改造教会的同时改造国家和社会。要净化的不仅是教义，而且要净化道德、鼓励学术、普及教育、救济贫民，通过唤起大众沉睡的天赋，通过复苏对福音的信仰，激发社会复兴——不是没有来自政府的公正的鼓励，但要等待公共舆论，这便是浮现在人文主义者和理想主义者眼前的美景。

不经过一场斗争它是不会消散的。在经济危机的最高潮，作 147
为国王爱德华六世的导师和剑桥大学神学院教授的布策尔在他为了向他的学生解释基督教君主怎样建立一个基督教王国而起草的基督教政治便览中，论述了基督教的复兴。这个便览非常尖锐，而它的细节则以一个加尔文教徒应有的无情的精确性作了详细阐述。故意游手好闲者将被革除教籍，并被国家惩罚。一个虔诚的重商主义政府则要复兴呢绒业，引进亚麻工业，坚持对牧场进行耕作。它打算和商业阶级保持高度一致。因为，尽管贸易本身是高尚的，绝大多数商人却是骗子，的确“仅次于虚伪的教士，没有一个阶级比它对共和国更有害”；他们的工作是放高利贷和垄断，以及收买政府去监视他们二者。有幸的是救治的办法非常简单。国家必须规定合理的价格，这是“一种非常必须但很容易的事情”。只

有“致力于基督教共和国的事业甚于他们自己利益的虔诚之辈”才完全被允许经商。在每个村庄和城镇都要建立一所由一位极虔诚且博学的人士任校长的学校。“基督教王公要做的最重要的事是必须使那些品德很好的人大量存在，并生活在上帝的荣光之中……无论是基督教会还是基督教的共和国都不应当宽容那些宁要私人利益而不要公共利益的人，或是通过损害邻居而获取利益的人。”[11]

基督教王公努力争取贫穷的追随者，而不是到处都有的穷人。那些其支持对于宗教改革取得政治上的胜利非常必要的阶级，已经承认他们的支持使之不可避免地成为一场社会灾难。未来的暴发户新贵已经在吞噬这具僵尸，并且在喝它的血，他们不会因为听了一次布道便弃之而去。爱德华六世的政府像所有都铎政府一

148 样，在规定公正的价格方面取得了经验。它的财政顾问、狡猾的格雷欣如何想到只把商业交给那些虔诚的人，我们并不知晓，但可以推测。至于他们对学校做了些什么，利奇先生已经告诉我们了。政府把学校一扫而光，目的是在朝臣中分配学校的基金。按人口比例说，学校在 15 世纪末比在 19 世纪中恐怕更多。“这些基金被国家没收，并且有许多还落到当时政治家的后代的腰包里。”[12]爱德华六世国王文法学校他则没有捣毁。

幻想破灭了。如果改革派问，什么是对社会公正虔诚的想象，谁去使神圣的宗教改革取得成效，人们会感到奇怪吗？废除罗马天主教的教义，剥夺教会的特权，建立六个新的主教管区，用希腊文和拉丁文讲座取代没有信义和主旨的教会法，对教义和礼仪的改革——与这些新生事物相伴而来的是一些不那么具有启发性的

变革，教育的广泛衰落，许多慈善事业的中止，对团体财产的查抄甚至在下院引起了抗议，[13]而经过持续十年之久有害的欺骗，传播甚广的大土地辛迪加在对所有十分富有、有影响力的人士或中等人士有利的条件下，得到了有利的机会。那些在宗教改革中以冒险资本投资的人，他们的安全自然得到保护，同时他们谴责反叛的农民为共产主义者，对财产权怀有神秘的敬畏，这是任何时代新富（*nouveaux riches*）的特征。[14]那些不信仰金钱的人则说，他们是从小册子和布道中了解什么是商业，而把愤怒的争论留给了有地位的会众。

遭人嘲弄的土地出租商和放高利贷者克劳利写道，因为富人控制了捐赠给慈善收容院的基金，有病的人沿街讨乞，他毫不隐瞒 149
对凯特领导的起义农民的同情。[15]贝肯与乡绅眉飞色舞地谈起修道院粗人的恶习时说，他们与修道士之间唯一的差别便是他们更贪婪更无用，在榨取他们的佃户身上最后一便士时更加严厉，他们更加自私地由他们自己开销全部收入，而对待穷人更加冷酷。[16]利弗在圣保罗大教堂布道说："在压制大教堂、修道院、学院和歌祷堂时，已故国王陛下的真实意图和在位国王的意图都是非常虔诚的，而目的和借口也是令人惊异之好：因此，大量的物品正像奉献给徒有其表的仪式，或是奉献给贪食的下腹一样，恐怕在国王手中会为他承担庞大费用，若部分为其他人掌握则会更好地救济贫民、支持学术并发表褒奖上帝之辞。虽然贪婪的官员是如此对待此事，甚至他们确实做了救济贫民、支持学术的善举，并愉快地去做有益于共同幸福的事，但现在都转而去维持世俗的、邪恶的、贪婪的野心……你们已经把这些物品控制在你们自己手中，使它们从邪恶

变得更坏，而其他善事则由美好变成罪恶，你们应当明白，恰恰是你们侮辱了上帝，欺骗了国王，抢劫了富人、损害了穷人，并把共同的幸福变成了共同的苦难。”[17]

这确实是直率之言。对他们的敌人来说，就他们主张社会重建而把他们称为“共和派”，这个由拉蒂默作为其预言家而黑尔斯作为其实践者的集团，自然被通常反对任何促使人们注意其原因的人指责为煽动阶级仇恨。他们活动的结果是任命一个王室委员会来调查关于禁止把可耕地变成牧场的法令的罪过，提出要求保
150 护耕地上的作物和重建茅舍的立法，以及宣布宽恕那些把法律掌握在自己手中拆毁篱笆者的罪行。乡绅暴怒了。政务会的书记官佩吉特完全做好了进行恐怖统治的准备。他忧郁地预言，乡绅开始的工作会使德国农民战争在英国再现；其绝大多数成员都拥有修道院土地的政务会愁眉不展，当时掠夺财产很典型的沃里克，猛烈地攻击作为英格兰中部地区人口减少委员会主席的黑尔斯行使了政府交给他的职责。一个可怜的绅士对塞西尔控诉说，“先生，蒙老爷的恩典，我坦白地说，以无知和贪婪为借口，恐怕不能平息祸害。所以，我确实担心这些所谓为了公共福利的人和他们的追随者，我想让你相信，对你来说，这样一个绅士的（我的意思是说最伟大的同时也是最低贱的）国家是值得怀疑的，他们几乎不敢触犯他们（即农民）中的任何人，不是因为他们害怕他们，而是因为他们中某些人已遭检举却未受惩罚而离开，而共和国使拉蒂默得到了其他人的宽恕。”[18]

共和国称拉蒂默为不改悔者。他身上结合了幽默和诽谤的才能，这在主教中是不多见的。他对于压迫的愤怒并不妨碍他用突

然爆发的哄然大笑来迎接魔鬼，就像给罪人雕刻一个怪兽像，让他在来世受人指责之前，先在今世显得荒唐可笑。他曾使一个听众惊呼："圣母玛利亚，他真是个煽动的家伙！"他在下一次布道[19]时高兴地将此作为一个滑稽的插曲以供消遣。难道基督本人没有对贪婪进行宣判？

> 你想到我不会要
> 你的手沾满鲜血， 151
> 但你应当清楚，永恒之火
> 不正是为地狱准备的火把吗？
> 你从穷人那里掠夺的
> 不仅有房屋还有土地，
> 你将永远留在地狱之中。[20]

这些作者在情绪激昂地讨论都铎时期的土地这种专门性问题时不具有任何权威，要感谢利达姆先生和盖伊教授使现代研究者纠正他们的观点毫无困难。一旦他们对促使在工商业基础上重建农业的众多非个人原因失去兴趣或孤陋寡闻，他们不仅会对他们那个时代的物质匮乏，而且还会对它推翻了被视为人类社会区别于一群恶狼的唯一原则感到震惊。他们的敌人不只是诺森伯兰家族和赫伯特家族，还有一种观念，他们一起进行抨击的不是掠夺和专制政治，而是作为二者本源的一种信条。这种信条认为，个人是他自己的绝对主人，并且，在成文法设定的范围内，可以利用它来谋求金钱利益，没有义务为了邻人的福利而延缓自己获利，或是向更高当局报告他的活动。简单地说，这是日后为所有文明社会接受的财产理论。

至少在最近几个世纪中，还没有以这样明快的形式提出关于领主与农民各自权利的问题，因为，只要习惯佃户仍然是庄园资本的一部分，那么很明显，领主出于自己的利益便要把他们束缚在土地上。现在，随着毛织业发展和货币贬值，至少在南部和中部地区所有这一切已发生了变化。骑士义务（*chevage*）和隶农租佃土
152 地的附带义务已经消失；如果说强制劳动尚未完全消失的话，它也将很快消失。土地所有者的心理已经发生了革命性的变化；狡猾的地主有两代人之久不再使用其领主权从隶农的避难处捉拿那些逃跑者并加以罚款，而是在找契据的漏洞，增加佃户的起租费，曲解庄园习惯，如果他有胆量，就把公簿持有制改为租佃制。从1489年开始几乎持续到1640年，官方对于人口减少所持的反对态度，作为一种无法忍受的对财产权的干涉激怒了他。在他们对于来自下层乡村的习惯和来自上层国王施加的那种限制的挑战中，在他们对禁止人口减少的法令的非法挑战，以及他们对沃尔西和萨默塞特恢复旧秩序的企图强烈抵制中，那些促成农业革命的利益浇灌了内战以后取得巨大成功的个人主义所有权概念的种子。由于它坚持的这一原则否认了道德权利存在的必要性，对任何与18世纪相比不那么具有柔性的宗教来说，就不那么容易休战。一旦接受它，就要对宣扬除服从以外的所有社会职责默不作声。如果财产权是一种绝对的权利，强调其义务就不过是用不痛不痒的隐喻适度展示的奉承。因为无论义务得到履行还是被忽

视，权利仍旧不会引起争议且难以废除。

一种关于社会的宗教理论必然以怀疑的态度看待为使经济本身的利益无拘束地发挥作用而要求更大空间的所有信条。对后者来说，活动的目的为了满足要求；对前者来说，人的幸福在于免除上帝赋予他的义务。如果把社会秩序看成是对神的设计不完整的反映，不用说便赋予自然用以为人类服务的艺术以极大的价值。但是，它对目的比对手段更加关心，它充其量不过把暂时利益看作实现精神目的的手段，在说到知识的进步是对“造物主的赞美和对 153

人的等级的拯救”时，他的立场与培根一样。为了适度地培育这种观念，新的农业制度为了大业主的金钱利益而牺牲了它的成员结成的那种相互帮助、服务和保护的伙伴关系，以及像“小共和国”式的村庄，而这些业主造成了一种荒漠，人们在那里工作和祈祷不仅是对人的蔑视而且是对上帝的蔑视。这便是“那些好像根本没有上帝似的生活着的人，那些要把一切都控制在他的手中的人，那些不愿把任何东西留给他人的人，那些想要独自生活在地球上的人，那些从来不满足的人”的工作。[21]其实质是要在不承认法律和准法律规定的义务的同时，扩大合法的权利。宗教改革派神学家从天国召唤来这团烈火，它反对崇奉这种新的不承担责任的尚在成长但还没有取胜的所有权。

他们的信条源于关于财产的概念，而对其最详尽的系统表述则是由经院哲学家作出的，经院哲学家在以经验和权宜之策为根据为它辩护时坚持说，根据共同体的权利和仁慈的义务，它的使用受限制。它的实际运用是对封建秩序加以理想化，这在更加商品化、更加人格化的土地所有权面前正在消失，而且，它从前是一种

剥削手段，现在则作为一种保护弱者反对日益堕落的竞争带来的冲击的屏障而受到欢迎。社会存在着权利和职责的等级制。法律存在的目的是要在保护前者的同时加强后者。财产不只是经济特权的聚集，而且还有职责任务。它存在的理由不只是增加收入，还有服务。它要保证它的所有者拥有这些财产，而不是更多的财产，可以使他无论在土地上劳动还是在政府工作时履行其职责，也使
154 他在这种制度中拥有特别的地位。他或者是谋求剥削地位在他之上的人，或者是谋求剥削依附于他的人，或者是同时剥削二者。那些注视着经济潜在价值而利用其财产权的人使财产权的性质蜕变并摧毁他自己的道德权利，因为他掌握了“每个人的生计却没有承担人的责任”。[22]

所有者是托管人，他的权利来自他履行的职能，而当他不再承担这种职能时势必会堕落。他为国家承担的职责限制了他们；他们还为佃户拥有的反对他的权利所限制。正像他想为自己获取更多利润时，农民无法耕种他们的土地，他也受村庄的法律所限制，而去种植村庄需要的作物，并在收获之后向他邻居的家畜开放他的土地，所以领主既为习惯所要求，也为有关采用伤害他的邻居并削弱国家的方法以赢得反社会的利润的规约所要求。他可以不提高他征收的地租或是不要求增加更新租地契约时交纳的租费，因为尽管农民的作用有差别，但是他的作用相较而言一点也不缺少重要性。简单地说，他不是一个食利者，而是一名官员，对于基督教会来说，当他为了个人贪婪的得益而牺牲他所承担的职责时，教会将谴责他。“我们诚恳地请求你把你的圣洁的精神送入世间那些拥有庭院、牧场、住处的人的心田，而他们——记住他们本身是

你的租户——不可以仿效贪婪的俗人对他们的房屋和土地收取盘剥性的地租，也不可以在更新租契时收取不合理的地租和所得。……但是，由于他们自己正当地出租他们的房屋、土地和牧场，他们死后可以被接纳进永久的住所。”[23]这样，当贪婪的俗人按其意愿处置短暂人生中的财产时，一位虔诚的君主在1553年发行的《私人祈祷书》中则已考虑他们长久的福祉。

二、宗教理论和社会政策 155

一种社会哲学如果要产生效力，必须像它要控制的力量一样具有灵活性和现实性。在遇到强大的经济利益攻击时，采取一种可归纳为诉诸传统道德和把过去理想化的态度，其弱点是显而易见的。最富于代表性的英国教会的思想家仍然坚持中世纪的社会理论，如果说这是勇敢的和雄辩的，甚至得到变动缓慢的农业社会中发生的变革的辩护，那么它已被震惊，被置于困窘和无助的境地，发现它自己在世纪中叶随着所有传统的界标似乎一个接一个消失和商业文明化的迅速兴起，而大为震动。这个时代新的经济运动与教会人士详细阐述的经济伦理方案之间的冲突、是肯定相关并长期持续存在的问题，并不像现代读者认为的是关于工资的问题，而是关于信用、放债和价格的问题。如果用不十分精确的语言来说，不可思议的不道德行为只是反映了大量较小的丑行。争论的中心是当时人用高利贷一词来描述的问题。

培根用反映那个时代社会观念特征的语言说：“当国民财富由多数人而不是由少数人掌握时，财富才更高尚。”[24]除了财富日益

集中化以外，用一个适当的现代术语来说，都铎时期的英国仍然是一个个体国家。它是一个土地所有权和绝大多数工业中使用的简单工具并没有打上阶级标记，而是属于社会，并且在其中典型的劳动者是农业经营者、小商人或小老板的社会。在这个小财产所有
156 者的社会中，英国政论家夸耀他们和法国和德国“被收容的乞丐”相比，具有独立性和幸福，工资劳动者是散布在城乡间隙区的少数人，他们自己通常是农民之子，他们怀有拥有他们自己土地的希望，最糟也希望有机会占据荒地，他们时常处于一种比他们的雇主更有力的地位。

一个时代特定的经济贫困（*malaise*）不用说是它特殊性的倒影。除了纺织业的某些分支外，为社会请愿提供助燃剂，引发社会提出改革方案，并提醒当局采取立法和行政措施的不满情绪的爆发，不是由于雇主对从事工资劳动的无产者的剥削，而是由于生产者与控制他们的地主之间、与和他进行买卖的商人之间，以及与常常以另一种商人面目出现、把他们逼入负债状态的地方资产者之间的关系所导致的。年成不好时或者仅仅因为处在播种和收获之间隙期，农民必定会借债。手工工匠必须通过借贷来购买原材料，并且在他的成品售出前取得预付款。年轻商人在他能够开设店铺之前必须凑拢一小笔资金。甚至在当地市场购买粮食的佃农也不断地要求卖主“宽限几天”。因此，几乎每个人此时或彼时都需要放债人。而放债人常常是一个垄断者——“一个聚敛钱财的雇主”；一个麦芽商或谷物贩子，“一个富有的教士”，他在一个由农民和工匠组成的社会中是孤立的资产者。很自然，他具有做他们主人的才能。[25]

不用奇怪，在这种环境中可能发生民众反对横征暴敛的怒吼。
民众被实际生活中的不满所激怒时，从基督教会的教导中找到了
一个即便被解除了武装却很有口才的同盟者。由中世纪的教皇系
统表述过，而由中世纪的经院哲学家加以诠释的关于经济行为的 157
伦理，为 16 世纪英国神学家所重复，但这不只是作为对过去贤哲
的一种传统礼赞，而是因为这个时期的商业和农业中突然发生的
变革并没有减弱，相反却加强了它立意要解决的问题。它不只是
反对传教士和伦理学家矛头所向的贪婪的放债人这一特例。中世
纪经济伦理方案的本质始终是强调公平交易——即契约上的公
平。圣托马斯曾经说过，当双方从它那里同等获利，契约便是公平
的。禁止高利贷一直是其信条的核心，这不仅因为放债人是唯一
的获利者，而且因为在当时的经济条件下，他们是那种最引人注目
的敲诈者。

实际上，高利贷一词在今天使用时与中世纪和 16 世纪相似，并没有特别的含意。和现代发横财的人一样，放高利贷者不得人心，以至于绝大多数不得人心的人都可以称为重利盘剥者，而且，根据人们的一般实践，几乎任何他认为属于压迫的交易形式恐怕都可以划作放高利贷。那些阐释教会理论的人对高利贷这个词的解释同样是有伸缩性的，不仅那些通过放债获利的人，而且那些通过垄断抬高物价的人，通过激烈地讨价还价压低价格的人，那些收取盘剥性地租的地主，那些以比自己付出的更高的地租转租土地的佃户，那些削减工资或用实物支付工资的人，那些拒绝对拖欠债务的人打折扣的人，对一笔债务坚持要有可靠抵押的人——按照 13 世纪圣雷蒙德手册中的实际用法，所有这些人都可以斥之为放

高利贷者；[26]所有这些“不合法的讨价还价”、“狡猾和奸诈”都可以在3个世纪以后被那些参加陪审团和在教区教堂中听布道的普通
158 老百姓称为高利贷。如果问他为什么说高利贷是错误的，他恐怕会引用《圣经》来回答。如果要他对高利贷下一定义，他一定会感到为难，并且恐怕会用一位议员在谈到1571年提出的一项法案时所说的话来回答：“什么是高利贷令人疑惑；我们对它没有下过正确的定义。”[27]情况确实如此，在任何交易中，一些人充分地使用他的权力，很明显取得的利益比其他人多，他们便被认为是放高利贷者。自创世以来所有的穷人都在哀号，对民众情绪和教会教诲的最好概括，见诸教区居民对资助别人一便士却要收回一先令的不得人心的教士伯内特博士的描述：他“是一个大得利者”。[28]

事实在于，16世纪神学家继承下来的高利贷理论并不是一种孤立的别出心裁的奇想，而是以它为中心引起深刻辩论的广泛的社会哲学体系。确信引起争论的并不仅仅是法学上的专门问题，它激起了对枯燥无味的雄辩术的热情。这便是整个中世纪思想体系的命运，这个思想体系试图把经济事务看作包括所有利益和活动、其顶点是宗教的价值等级体系的一部分。

如果宗教改革是一场革命的话，那么它是一场几乎未触及基督教会下层组织和传统的社会思想体系的革命。那些抵制酒馆、莫里斯舞或纸牌戏的诱惑，从1530年至1560年到教区礼拜堂做礼拜的乡村居民，势必对建筑物外形到礼拜形式发生的一个接一个的变化手足无措。但是，却很少意识到教堂作为其中心的社会
159 制度和那种制度强加给他自己的那些义务发生的变化。和以前一样，宗教改革以后，教区的宗教和社会职责仍然相互缠绕在一起无

法解开，而且，他是作为一个教区居民而不是世俗当局的臣民去承担他的那份公共义务，并履行他命中注定的公共职能。他在日常生活中见得最多的官员是教区执事。教区教堂是处理绝大多数公共事务的场所，又是周围广阔的世界所发生事情的消息传递源。以教区的名义要求他交纳应征收的献金。他的子女则常常接受教区牧师或教区教师的教育。他从拥有财产、接受遗赠、出租牛羊、预付款项、通过教会组织的啤酒节大量获利并有时从事贸易的教区组织的公共事业中得到与同辈人合作的训练。[29]在更晚的时期，当生活中的宗教、政治和经济方面互相解脱，教会和国家的成员共同扩展并且平等地承担义务时，政府利用教区的教会组织来达到其世俗的目的。布道坛是官方消息传达到群众和反复灌输管区信徒职责的渠道。国家正是利用教士和教区组织来对付贫民，直至1597 年仍由教区执事和教区牧师联合起来选择济贫募捐人。

在论及社会伦理问题时，那个时代的宗教思想与教会组织相比则不那么保守。在涉及生活所有方面的宗教观念和对宗教涉及的特定社会义务的理论中，英格兰教会最有代表性的思想家无意于抛弃传统的信条。造成他们把经济进取精神的每一种生气勃勃 160
的表现指责为贪婪之罪的新形式的根源是对经济动机的怀疑。这见诸他们坚持经济关系和社会秩序的准则不应当在实际的权宜方法中去寻找，而应当在基督教会捍卫和倡导的真理中去寻找。伊丽莎白统治时期笃信宗教的人们除了参加革命，他们使用的语言不像复辟以后那些时髦的语言，而更接近经院哲学的教条。

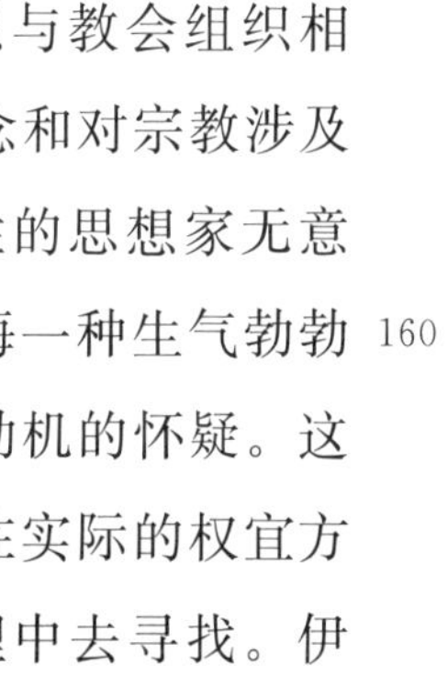

那些使用其经济权力来促成不合理交易的地主的暴虐压迫，是人们直到内战时期持续谴责的对象。利弗嘲笑中间人的勒索，

他说："商人是祸根……[他们]使所有的东西对买主来说都极昂贵，然而对许多需要出售他们买回来的这些东西的人来说，则又令人吃惊的价廉。"[30]尼古拉斯·赫明关于《合法使用财富》的论文几乎成为代表性著作，文章详细阐述了价格公平的原则，并且不耐烦地把认为契约自由是为贪婪辩护的论点弃之一边，他说："无论用你们列举的什么名目来做借口，你们的罪孽太大了，……你们伤害了一个人就要受惩罚，伤害了很多家，把他们送入坟墓或陷于极悲惨的境地，又作何感想。你们或许可以避免别人带来的危险，但是应当确信，你们逃不过上帝的审判。"[31]圣公会神学家中的那些杰出人物如桑兹和朱厄尔都参加了关于高利贷问题的辩论。索尔兹伯里主教把他的祝福赐予威尔逊的著作；坎特伯雷大主教允许莫斯把尖锐的《责难》献给他自己；而17世纪一个身为教士的小册子
161 作者编纂了6位主教和10位神学博士——没有提及不计其数的微末的教士——在过去一百年里就各种不同形式的勒索罪行的各个侧面所写的著作目录。教会演说家仍然偏爱着这个课题。[32]16世纪的布道者没有受到在一个非常爱挑剔的时代阻止在讲坛上不适当地讨论市场问题的传统的束缚。赫明写道："由于它属于教区治安法庭法官管的事，所以谴责放高利贷是布道者的责任……首先，他们应当认真地猛攻一切非法的不道德的契约……让他们……根据教会的戒律改正交易中所有明显的错误……然后，如果他们无法铲除他们在交易中发现的所有弊端，那么，让他们注意到，他们不仅给教会带来麻烦，而且给上帝带来麻烦……最后，让他们经常提醒富人，他们不要让自己为富裕的外表所迷惑。"[33]

一位英国圣公会的神学家在谈到基督教会对高利贷的谴责时

说："这是在一千五百年中基督教会对这个问题一般的看法，从未遭到过反对。基督教会这个可怜的蠢货在这个他们生活的黄金时代以前从未找到过合法的高利贷者。"[34]使研究这个学说体系的现代学者感到震惊的第一个事实，是它与过去连结在一起。在坚持买和卖、出借和租借、贷款和借款应当为道德律所控制、而基督教会是其监护者这一点上，宗教改革后的宗教观念与以前的宗教观念没有什么不同。宗教改革派自己意识到，他们既没有从18世纪归于中世纪黑暗的经济罪恶中解放出来，也没有对某些作者始终坚持认为的反叛罗马之结果的基督教徒的传统经济伦理进行批判。他们以为，他们自己与所坚持的中世纪基督教社会理论的联系已由他们求助的权威证明了。债权法院院长、曾短期出任国务 162
大臣的托马斯·威尔逊博士写道："因此，我不愿意使人们完全成为教会法的敌人并且去谴责他们所写的一切东西，因为教皇是他们的权威，尽管没有为他们制订出好的法律……不但如此，我还要直率地说，教皇制订的这些法律中有一些在谈到他们列举的一些事情时是符合神意的。"[35]从都铎王朝一位官员的嘴里也漏出这样的话，恐怕其中带有尖刻的意味。但是，就求助于传统的基督教学说来看，威尔逊的话表明了讨论社会问题时通常的出发点。

《圣经》、教父和经院哲学家、教令集、宗教会议以及教会法的注释者——所有这些而不仅仅是前者，被那些仍视中世纪基督教会的神学和支配为可憎的人作为论述经济伦理问题时的决策依据而加以引用。看一下威尔逊的书就会明白，它们对威尔逊有什么用处。在他以后，这个世纪后期的一位作者在对高利贷进行更细致讨论的著作的序言中，用好几页篇幅开列了宗教改革前权威的名单。[36]一份关于放债的法律修正案的实用备忘录——这个备忘录看来对于政策起了某种作用——的作者认为，有必要在一个文件中搜罗不仅在梅兰希通时代，而且还有阿奎那和霍斯廷西斯时代，由于金融家的卑鄙手法和投机交易所造成的英镑贬值。[37]甚至当一个否认“教皇的教令”有任何优点的道德家这样做时，也只是为了更有力地强调收集在“严厉禁止高利贷的神圣宗教会议的法
163 规和神父的语录”中的禁令是多么无情。[38]没有偏见的经济学是经那些研究农业、贸易，最重要的是研究流通和外汇的专家之手发展起来的。如果说神学家们完全读过这些著作，却把它们置于一旁，把它们看作闯入基督教道德中的财神一样，怀疑它们强有力的辩才是一种陈腐的异端之声，通过他们顽固的愚民政策实行一种思想报复。因为有一个人考察了目前的经济现实，就有十个人重新梳理了再三被引用的以往用伦理学判断经济行为是非的巨著的引文。布道推积着布道，论文压着论文。所有这些都假定基督教会对社会伦理的传统教诲，在宗教改革以后对人的意识的束缚就像在此之前一样。

小册子和布道文并没有论及没有人会犯的罪恶，也没有谈及每个人都会犯的罪恶，而书面的证据不能仅仅被看作虔诚的修辞而被忽视。无论如何，书面的证据不会孤立地存在。宗教改革给基督教会的政治社会立场带来的巨大变化，无需再加以详述。它实际上成为国家的一只臂膀；长期以来被滥用而丧失信誉的革除教籍这种方法，迅速地失去了它仍保持的那一点点震慑；由于教产的大量转移，有四分之三的教士从此以后由世俗保护人举荐，他们似乎不再过多地夸耀其独立性。但是，教会法被加以国家化，而不

是被取消;在整个16世纪,绝大多数教会人士当然认为它将得到实施;而教会法是包括衡平法在内的从中世纪继承下来的整个立法体系。它真的不再由作为罗马代理人的教士来治理,而是由处于国王权威之下的文职人员来管理。的确,在禁止对教会法的研究——在值得尊敬的莱顿博士"把邓斯·司各特置于[牛津的]博卡多监狱"之后,在大学中对教会法的兴趣减弱了。真的,在从 164
1545至1552年的七年间,而且再一次是在1571年以后,这时的议会立法一劳永逸地规定,当不超过法令的最高限度时,对放债谋利予以认可。但是,改变教会法根据的突变,并没有改变它所涉及的事物的范围。因为它现在不是以教皇名义而是以国王名义强制推行的,所以它的合法性仍旧存在。

如梅特兰曾经指出的,[39]到3世纪中叶时,民法使教会法处于困境。正如托马斯·史密斯爵士所证实的,由于民法是在宗教法庭中实施的,这样就为能出席高级法庭的无人委托诉讼案件的律师提供了一个有指望的职业。[40]尽管民法本身并没有禁止高利贷,它却有很多规定;正是伊丽莎白统治时期的一位民法博士,汇编了关于这个主题的绝大多数经过精心推敲的论文。[41]凭借世俗意见与教会意见发生分歧的一场现代辩论,人们熟悉了一个观点,即不能借国家的松弛来宽恕不仅作为国家臣民而且作为教会臣民的人的良知。它劝告说:"王公的同意并不等于来自基督教会当局的赦免。假设高利贷是非法的……民法允许它存在,而基督教会则禁止它。在这种情况下,宁可选择教会法……根据法律,不能强迫任何人去放高利贷;而因此,他必须尊敬和服从教会法,教会法支配着他们的精神行为。"[42]

这是几乎所有的教会作家在16世纪论及经济伦理时都坚持的理论。用一个小册子作者的话来说，他们的观点认为，“根据英国国教会的法律……高利贷应当绝对地普遍地加以禁止”。[43]当教牧人员代表和主教会议的下层代表在1554年向主教请愿恢复其
165 特权时，他们敦促说，“放高利贷的人应当像过去那样受教会法惩罚”。[44]在克兰默和福克斯起草但流产的重组宗教裁判所的计划中，高利贷被包括在一系列教会法庭应当处理的罪过之中，而且，为了指导对那些常常很棘手的案件的审判，又增加了一个说明，它解释说，不应当把那些获取自然生长过程所提供的增值利润的行为也包括在内。[45]大主教格林达尔1571年对约克大主教区的平信徒发布的禁令严厉地强调，教区主教有责任向大主教提交那些放债并要求收回超过本金的款项的人，而不管他用怎样的伪装来掩饰这些交易。[46]直到内战，关于主教巡查的条款都要求提出缺少慈悲心的人、放高利贷的人，同时还有酒鬼、下流鬼、诅咒者和巫师的名单。[47]在1585年颁布的把不悔过的人革除教籍时要遵守的规则，1604年坎特伯雷大主教区的主教法和1643年爱尔兰教会的法令，都包括了一项关于放高利贷者应当服从教会戒规的条款。[48]

教会法庭的活动并没有随着宗教改革而停止，它们在这个世纪整个后半叶，在地方政府的机构中持续起着一种重要但越来越不得人心的作用。除了通过惩罚那些拒绝“向济贫柜中投入钱币”的人和那些“被发现没有慈善心和不向贫民和身体虚弱者施舍的人”，强制实施基本的慈善社会义务外，[49]至少在理论上他们还要与那些由于有敲诈行为而违犯基督教徒道德的人打交道。在这些事情上，很清楚基督教会的司法权为立法权所限制，而教会的律师

在他们悲叹普通法法庭的侵害时，继续把审理某些经济不正当行为作为他们的职责。尽管反对的倾向在增长，在巡查条款中所提到的这类问题并非全是关于一般形式的事务，它是抗议者为反对 166
教会干涉商业事务而提出的，而且，偶尔还有案例表明，商业事务继续被提交教会法庭。事实上，典型的放高利贷者可能会引起不是个别的而是所有的社会交往关系的义愤。与托马斯·威尔科克斯同时代的市民抱怨说，“他在礼拜仪式上使整个教区烦恼，因此他被革除教籍。他是一个可恶的放高利贷者，借出 1 先令仅一周便要收回 1 便士，有时是 2 便士。他一直被他自己的父亲和母亲所咒骂。在长达两年的时间里，他没有拜受过圣餐，而恰恰每个星期天当教士准备进行圣餐时，他便离开教堂去收每月的高利贷，并且他在一年中逗留到礼拜仪式结束不超过三次。”[50]副主教是否确实根据教会教规来纠正丑闻我们不得而知。但是，1578 年在埃塞克斯副主教法庭听到一个教士放高利贷的案例。[51]二十二年后，一个放高利贷者和其他罪犯一道被提交给某些来约克郡教区巡查的人。[52]甚至在 1619 年，发生了两起放债者由于“公众报告并大声疾呼犯了出借典当品收取额外收入”的罪名，而被伦敦代理主教法庭传讯的案例。其中之一被革除教籍后随即被赦免；两个人都被告诫要改弦易辙。[53]

无论如何，没有理由把这种案例看作极其例外的现象；甚至无须从丧失信用的基督教会审判的不定期活动中去发现实际应用于那个时代的社会伦理观念。教会的戒规始终不过是有关宗教观念影响的一种令人误解的迹象，并且在一个时期的实践中，除宗教事务高等法院外，整个制度都处于衰落中，基督教徒很少弄清楚法庭 167

不多的活动。要按照俗人根据常识接受与否的程度来判断神学家对教旨的解释，人们就必须转向那些表明个人、地方团体和政府如何处理商业伦理问题的记录。

在16世纪，讲究实际的人们对于经济行为的看法依据的基础比通常情况更为混乱。一个世纪以前，他曾有过敲诈行为，并被告之那是错误的；因为它违犯了上帝的法律。一个世纪以后，他这么做时却被告之是对的；因为它与自然法一致。在其他一些更为重要的时期，正如这件事情一样，宗教改革后的两代人从未得到这些充分的确信。他们落到难以行事的处境之中，在那里，神学家闪亮的甲胄

闪烁着点点幽暗的光芒，
极像是一个幽灵。

在实际生活中，由于新的阶级利益和新的观念已经产生，但尚未淹没在它们之前的那些信神的市民观念的阴影中，他们对于要从每个先令中榨取一便士的教区教士加给他们的负担以及世界各地都有的金融家出于虚伪的欺骗目的混淆商业和道德的那种自由主义的愤怒抗议，代表了伊丽莎白时代的经济伦理。

就小私有者而论，从整体上说平信徒的情操与神学家阐释的教义的差距并不比它与使商界领导人获得巨大成功的个人主义之
168 间的差距更大。与当时兴起的金融利益相对立的是农民和小资产阶级执拗的保守主义，他们关于社会方略的观念是捍卫习惯关系和反对革新，而且，他们以一种与他们反对圈地地主的激进主义同样的妒忌和敌意来看待这种新势力的成长。实际上这是一种独特

的自我保护。资本主义的自由活动看来威胁着耕田织布的小生产者的独立性。可以把金融家哄骗他们的受骗者的道路看作是一条最初点缀着玫瑰，但最终出现了不可思议的噩梦，即走向普遍的资本主义制度的政体，在这种政体中，农民和小老板势必归并入没有财产的无产阶级，“而伦敦商业区的富人以及整个王国到那时实际上将落入少数毫无慈悲心的人之手”。[54]

地方上表现出的对那些圈占公地、把可耕地变成牧场、向佃户收取高额租金的地主的愤慨，倘若得不到政府的支持，便毫无力量。无论如何，它在反对用垄断方式囤积收购者时，动员了传统的最高限价和市场调节机制，而在处理放高利贷者时，充其量不过把他提交季审法庭，通过从城市的金库预支资金来帮助他的受害者；而且有时通过建立一种有垄断借贷权的公共当铺来保护居民反对极端的“放高利贷者和勒索者”。那个时代最常见的慈善行为即建立一笔向小商人提供无息预付款的基金，它由类似的动机激发。它的目标是使成为放债者青睐的牺牲品的年轻工匠和店主，得到必需的“本钱”，没有它就无法开业。[55]

横阻在政府面前的问题自然更加复杂，而它的态度则更是模
棱两可。商业利益的财富和影响增长带来的压力、它自己叫嚷的 169
财政需要、纯粹的经济发展的逻辑无疑都迫使它甚至在有意采取这种做法时去深思神学家要求的严格的经济纪律。那种认为社会无秩序是由圈地或工业人口中的困苦造成的、相信它自己的使命是保护商业的“良好秩序”的见解，明显具有保守主义传统，混杂着一种对经济事务的控制可能会产生可喜的额外财政收入的希望，对于采取一种旨在把所有经济生活的方方面面掌握在世袭君主制

手中的政策当然持有偏见。

伊丽莎白统治时期所采取的在考虑公共政策时求助于国家的制度形式，很难区别于在考虑社会道德问题时诉诸基督教会的做法。宗教改革的结果是使先前存在于国家与教会之间的关系几乎完全颠倒过来。在中世纪，当后者充当强制推行其法令的警官时，前者至少在理论上对公共和私人道德问题具有绝对的权威。在16世纪，基督教会成了国家的宗教部，而宗教通常对世俗社会的政策表示道德上的承认。但是，宗教革命并没有摧毁由基督教会和国家作为其不同侧面的社会概念；并且，当教会法成为“英国国王的教会法”时，两种司法不可避免地倾向于混合。在把基督教会的权力吸收进来后，国王自己便有理由对维护传统的社会行为准则采取权宜之策，以此作为塞西尔所谓“福音自由所导致的放纵”的一种矫正。牧师替代了公职人员——在伊丽莎白统治时期主教

170 通常又是治安法官——而依靠世俗机制强制推行的不仅有宗教顺从，还有基督教道德，因为二者都是世俗利益和宗教利益无法彼此完全分开的社会的要素。胡克写道：“我们所说的共和政体，是说那个社会与所有的公共事务有关，真正的宗教事务除外；而我们所谓的教会，只与真正的宗教事务有关，不包括任何其他事务。”[56]

对于经济和社会事务，正如教会事务一样，伊丽莎白统治的最初几年是一个保守的重建时期。一个主要依靠土地为生的民族的心理与商业社会的心理形成了鲜明的对照。在后一种社会中，当一切都顺利进行时，持续的扩张被认为是当然的生活法则，新的视野持续不断地打开，而时髦的政治语言激励着进取心。在前一个社会中，为成功的每一代人准备的适当位置在数量上是严加限制的；运

动意味着打破旧秩序，因为随着一个人升迁，另一个人则被逐出；而政治家的宗旨，不是去鼓励个人的主动性，而是防止社会错位。都铎王朝的枢密院正是按照这种基调来处理社会政策和工业组织方面的问题的。除了他们为财政利益所转向，为雄心勃勃而通常不成功的推动经济发展的计划所诱外，他们的观念不趋进取而求稳定。他们的敌人是无序和无止境的欲望，它们导致了阶级对于阶级的侵害。由于国家的原因，经济个人主义遭到猜疑，教会人士由于宗教的原因同样起劲地猜疑经济个人主义，他们的目标是通过让现存的阶级关系顺从父权制政府的限制性和保护性压力来使之明确化，警觉地去发现一切威胁现存秩序的运动，并随时准备镇压它们。

若是取消音阶，不调整琴弦，
那就只好听噪声；一切事物
都将发生抵触。堤坝下的河流
将抬高它的水位，高过河岸，
把整个坚实的大地泡成烂泥浆。
强悍的人将成为孱弱者的主宰，
粗暴的儿子将打死他的父亲。
强权就是公理，说到底，没有是非。
这两者之间的冲突永无休止，
在这种冲突中，正义找不到出路。
其间一切事物都化为权力。
权力化为意志，意志成贪欲，
而贪欲这只横行天下的豺狼

受到意志和权力的双重支持，
势必用强力吞噬天下的食物，
最后吞噬它自己。

除了这个世纪后半期商业迅速扩张外，尤利西斯这些话语长期持续地表明了官方的态度。

这种概念的实际运用是一种可以用一个类似的现代词“控制”来称呼它的精巧的制度。工资、劳工运动、加入一个贸易、经营谷物和羊毛、耕作方法、制造的方法、外汇业务、利率——所有这些一部分是由颁布的法规来控制，但更多地是由枢密院的行政活动来控制。从理论上说，没有什么事情会因为它太大或太小而逃脱无所不知的国家的眼睛。难道一个地主能够靠农民的无知和不明确的法律来圈占土地或驱逐公簿持有农吗？在枢密院声明无意暗示它自己不去维护根据普通法而拥有的权利的同时，它将介入制止严重的压制案件，防止贫民成为合法的卑鄙手法威胁下的牺牲品，根据常识和道德压力来解决争端，提醒制造事端者他有义务“宁可考虑如何适当地……利用这个国家来谋求公民的幸福，而不是像一个地主主要从他的佃户那里获得的特殊利益那样去谋取最大限度的利益”。[57]是否一场坏收成使得价格一直上升呢？枢密院会郑重地谴责投机商人的贪婪“适用于残忍的人或贪婪的人而不是自
172 然人”，[58]他们在饥荒时节剥夺公众的必需品以获利；枢密院会指示谷物和食品专员暂时停止出口；并且会命令治安法官去检查谷物、口粮的供给，并且强迫谷物主以规定的价格出售剩余的存货。难道是欧洲大陆市场的衰退给纺织工业区带来灾难性的威胁？枢

密院会对呢绒商施加压力，让他们为工人提供活计，“这便是牧羊业者、呢绒商和商人必须服从的规则，即无论谁在有利可图之时得利……现在在商业衰退时期都必须……承担部分群众的损失，为公众的幸福和维持普通商业采取有益的行动”。[59]安特卫普市场上的英镑贬值了吗？那时枢密院就会考虑稳住兑换率，并且会试图通过完全禁止私人交易使外汇国有化。[60]地方当局不注意实施济贫法吗？那时枢密院就会坚持要求提出关于惩治流浪汉、救济虚弱者，以及采取措施为雇用身体强壮的劳动者提供原料，向他们提出大量劝诫使他们改进其方法，并威胁他们，如果他们失败了就通过严厉的诉讼程序对付他们。如果小商人遇到了困难，密切关注商业状况的枢密院就会知道，威胁着借款者的困难何时会形成危机，通过寻找对于臭名昭著的勒索感到有罪的个人的例子，或者提出一些接受妥协的派别的例子，来施加适度的影响。接受抵押者对“冷酷的、令人无法容忍的行为”的谴责，其目的是恢复他被占有的土地或者提交枢密院。一个一直是如此“冷酷的没良心”债权人被交给弗利特街。诺福克的一个治安法官接到指示对一个“通过
高利贷方式获得不正当的、不合理利益”的放债人施加压力。埃克 173
塞特的主教被催促劝导其主教管区的一个放高利贷的人显示“对他的邻居更富于基督徒的慈善心的关怀”。一个贵族释放了高等专员在约克大主教区囚禁的两个“违背了上帝和王国的法律放高利贷的”罪犯，枢密院下令立即重新把他们送进监狱。没有哪个政府能够泰然地面对大批可尊敬的零售商人居然陷入破产这样一种状况。在不寻常的萧条时期，枢密院出面干涉，防止债权人频繁地强迫按他们的要求办，以至于造成某种非正式的延期偿付债务的印象。[61]

都铎王朝而且还有斯图亚特王朝前两个国王的政府是掌握了一种把很平常、有时很肮脏的动机隐藏在具有灿烂外表的堂皇道义之下的艺术的大师。除了骄傲地宣称无私地关心公众福利外，君主国的社会政策既由于其局部利益带来的有害压力，同时也由于坚持空虚国库的必要性，执行得很草率，就像设计得很浮夸一样，而且经常滥用给它表面的目标带来灾难的措施。它的基本设想，即那些思想家和那些超越了直接的迫切需要而去考虑制度整体意义的政治家的哲学——与把他们自己托付给教会人士的那些信条很自然地具有相似性。这是一个讲究等级和级别的社会，在这个社会中，每个阶级都发挥着摊派给他自己的功能，维持一种与它的地位相称的生活，而决不超过这种生活水平。一个为了同伴的幸福而置身于极大人身危险威胁下辛勤工作的人写道："上帝和国王并没有让我们过我们所过的贫穷生活，但是让我们在邻人中做事。"[62]愤怒地反对敲诈勒索的掮客、贪婪的放债人或暴虐的地
174 主的神学家，从政府尽力压制个人的贪婪和阶级冲突的措施中看到社会极其需要加强团结，并且要求国君加强对上帝所憎恶的经济放肆行为的处罚。政治家关心不要在起维护秩序作用的宗教中看到请愿，以及找到对付那些威胁说要摧毁宗教的贪欲和野心的防止方法，并且要以适合于布道的理由暂时增强世俗刑罚的威胁。与二者相似，宗教所关心的不仅是个人得救。它是对社会责任的承认和复杂而统一的社会的共同生活的精神表现。对二者而言，国家是一种远远超过因物质需要和为了政治便利而创立的制度。它是精神义务的世俗表现。它是一种存在于个人灵魂和所有基督徒被认为是其成员的超自然社会之间的联系。它不仅依赖于合乎

实际，而且要根据上帝的意志。

胡克的著作是那种极似天主教的、极富于理性的、极庄严的哲学的古典的表达。它意味着一个人陷入了一种迂腐的、急躁的和褊狭的然而不乏严厉的贵族倾向的气质。而这种气质属于所有热爱某一未必明智的观点甚于他们自己快乐的人，这在劳德的布道和活动中表现出来。劳德思想上的局限性和实践中的失策无须再强调了。如果说他的恶习使他无法与他那个时代最强大的力量妥协，他的优点却没有使他成为那个时代的成功者，历史对他并不比对他的对手更加仁慈。但是，一种对于在一个很大的社会所有各方面的因素基本一致的深信，一种对公共职责尊严的崇高意识，一 175 种对于卑劣的自私自利的个人贪欲和派别利益的极度仇视——这些品质并不属于普通人的人性要求加以极大提防的弱点。而劳德不仅充分地而且过多地拥有这些品质。他对于一致的崇拜是一种盲目崇拜，他对派别的憎恶是一种迷信行为。教会和国家拥有同一个耶路撒冷，“共和国和教会是聚合性的团体，它把许多人构成一个整体；双方如此密切地结成一体，以至于教会这一方除了在共和国之中便无法存在下去；不但如此，非常相似，同样一些在世俗领域组成共和国的人，在精神领域则组成了基督教会”。[63]私人利益和公共利益交织在一起无法解开。而宗教承认了这种统一体。统一的基础是公正：“如果国王和行政长官不执行判决，如果寡妇和孤儿有理由大声反对‘正义的王权’，那么上帝将不会保佑国家。”[64]

就那种渗透着关于社会是一个由不同部分组成的有机体，政府的主要目的是维持由不同动机使得一些集团反对另一些集团、

一些人反对另一些人的各种社会运动或个人的合作的观念的倾向来说，它所表现的看来不是抑制不住的生活中的能量，而是来自无底深渊的小声抱怨。首先要被驱除的恶魔是政党，因为政府必然“无法容纳任何私人事务”，而“政党总是为了私人的目的”。[65]第二个恶魔是自私自利，它导致个人为致富和提升而斗争。“并不存在什么个人的目的，但是在这些或那些事情上，它将与公众利益发生冲突；并且，如果获得利益，尽管是通过为狄安娜建造一座神殿而这样的，那么即便以弗所为之哗然，却与它毫无关系。”[66]对劳德来说，他从中懂得服从、忠顺、为了团体的利益而甘心牺牲个人利益的政治道德，就像基督徒信奉的宗教许多方面与私人生活和职责
176 一样；而且不像今天渴慕社会统一的那些人，他已准备去净化那些反对接受这些观点的富人和有权势之辈，就像他向下贱的人布道一样。侈谈纯洁而做法却不公正完全是虚伪的。人生来就是社会的成员，宗教使他为他的同辈服务。拒绝承担义务会被看作像政治上的无神论一样的罪行。

“如果有谁如此沉溺于他的私人事务，以至于忽视了公众的和国家的事务，那么他就缺少爱国意识，而他自己对于和睦和幸福的愿望都是徒然的。因为无论他是什么人，他都必须生活在共和国之中，生活在基督教会之中。”[67]对于拥有这种事业的人来说，经济个人主义很难比宗教上的非国教派更少遭人嫌恶，因而对它加以抑制正是极明确的职责；因为双方看来都与共和国和基督教会连成一体的社会的稳定难以相容。因此，很自然，劳德在社会政策问题上的言行似乎可以看作表示赞成由威权主义国家来控制经济关系的强烈偏执，这在查理一世个人统治的十一年中达到了顶点。

当时处在这样一个时刻，部分是由于继续保护农民和维持食物供应的传统政策，部分是因为财政活动不那么规范，政府比通常情况下更加积极地折磨人口在减少的地主。枢密院对于农民乞求保护或救济的请愿给予同情的考虑，1630 年发布的给英格兰中部五个郡的治安法官的指令，要求他们归还最近五年间圈占的全部土地，理由是它们导致人口减少，而这在饥荒年代特别有害。在 1632、1635 和 1636 年任命了 3 个委员会，并且向巡回法庭发布了关于反对圈地的特别指令。总而言之，在全国的某些地区，按照政府的指令，一些规定用来种草的土地得到开垦。在从 1635 年到 1638 年的四年中，大约有 600 名罪犯被提交枢密院，对他们罚款 5 万 177
镑。劳德对采取这种政策表示了真心的同情。他在一封对圈地表示厌恶的私人通信中的态度引起了克拉伦登和缓的抱怨，由于大主教“有点过于纵容人口减少委员会”的倾向，而使他自己失去人心。[69]劳德自己是委员会中一个积极的成员，并且很不耐烦地蔑视诉诸普通法的地主势力。在他潦倒之际，他的敌对者提醒他在对圈地的地主处以罚款时毫无必要以尖锐的谴责刺伤人。[70]

阻止圈地和人口减少只不过是一般政策的一个组成部分，一个未受劳德所说的“议会辩论的吵嚷之声”妨碍的慈善的政府，通过这种政策努力用公平的压力使大人物和小人物都去履行社会义务，并且防止一种为了私人获利的下意识的欲望去牺牲公共利益的做法。伦纳德小姐曾经描述了枢密院专心致力于确保充分的食品供给和合理的物价、对贫民的救济以及在某种程度上还有工资问题。昂温教授则指出它试图保护工匠不受商人的剥削。[71]在 1630 至 1631 年。它发布了修订的《伊丽莎白女王训令全书》，指示治安法官要履行监督市场和控制价格的职责，任命了一个枢密院特别委员会作为济贫委员会，它后来成为一个分设的委员会，并发布了一部法规以更好地实施济贫法。在1629、1631和1637年，它采取步骤以确保东盎格利亚纺织工人工资得以提高，并把一个臭名昭著的支付实物工资的雇主囚禁在弗利特街以示惩罚。温特沃思作为北方委员会的主席保护了那些投资利益受到哈特菲尔
178 德·蔡斯让资金外流威胁的平民，并且致力于坚持严格实施法典对毛织业的规定。[72]

这种行动即使在很大程度上明显受到四面受敌的政府利益的刺激，却诉诸像劳德那种冷淡地看待富有者阶级，并且和劳德一样相信，大卫家族的神圣使命是要教育顺从民众“为了公众利益献出他们自己”的人。因此，当星室法庭对一个囤积谷物者处以罚款时，发现他利用这个时机陈述说，被告人一直在进行“极有罪的欺诈，说是先知来访，当着贫民的面以一种非常有力的措辞”指出，饥荒不是由上帝造成的，而是由那些“残酷的人”造成的；[73]或者在它对治安法官施加压力——很明显未必不会成功——促使东盎格利亚呢绒布匹商提高纺纱工人和织工的工资之时，参加枢密院的议程；或者在1631年1月任命的贫民救济委员会林肯郡小组委员会任职，便不会感到惊奇了。[74]

劳德在回答塞伊和塞莱勋爵的攻击时说：“一个主教可以在许多人聚集在那里对有争议的问题进行讨论的法庭或枢密院会议上布讲福音，这比许多承担责任的布道者更能说服人。”[75]已经放弃了由其来控制社会的意向的基督教会从其信条对国家实施的原则并非全无影响这一事实中得到某种补偿。在经济事务中，个人自

由发展的历史追随着在更加重要的宗教领域中其发展走过的多少
有些相似且并非毫无联系的路线。一种把宗教作为私人或个人事 179
务的观念，直到一个世纪以后人们把宗教自由通常看作国家规定的宗教自由而不是个人按照他的意愿崇拜上帝的自由之时才出现。把经济自由看作一种自然权利的主张，在一个仍保留着宗教措辞，并且时常还真诚地用宗教来解释社会制度，超自然的约束力渐渐地合并到以国家理性和公共权宜之策为基础的原则之中的时期结束时才出现。“耶路撒冷……并不支持城市和国家……也不支持圣殿和教会，而是同时支持双方。”[76]基督教会在把维持公共道德与一个不够格的政府勤惰无常的活动等同起来之时，就把它的大厦建筑在沙滩上。它并没有要求用预言家的天赋来预见伦敦城的衰落势必会导致摧毁伦敦圣殿骑士团的圣殿。

三、个人主义的成长

尽管直到长期议会的召开，一个教派仍在继续坚持传统的经济伦理，但过去那种诉诸与其相异的一代人的声音在增强。这种曾经使宗教处于所有世俗事务之上的社会理论比它作为其中一种要素的综合表述更长久，并作为一种古代碎片残存到个人主义日渐发展的时代。在这个时代，共同道德的观念，像主教和副主教制订的教会戒律变成了它的宗教一样，遭到人们的反对。存在于流
行的实践和仍然具有基督教会训诫意味的东西之间的冲突，几乎 180
是从 1550 年到 1640 年那个时期的经济文献最常见的问题；它是众多的这类冲突的原因。无论基督教会会说什么，在信仰时代的

真正全盛时期，人们已经在通过贷款获取利润，并且规定市场应当实行的价格。不过，除了在大的商业中心、罗马教廷和世俗政府的上层财政中，他们临时为了适应紧急情况所需或是利用时机进行的交易，一直是小规模的并由个人来进行。在16世纪英国正规情况下偶然使用的尚属新生事物的方法，现在却融入伊丽莎白统治后期发展起来的工商业文明的肌理，而且，它随后大规模的扩张成为英国社会的本质特征和风格。五十年以后，哈林顿在一篇名文中描写了都铎王朝为土地所有权的民主化所毁灭的封建贵族已经在为资产阶级的共和国开辟道路。[77]他对于内战前经济变革的暗示可以加以更广泛的运用。在伊丽莎白时代看到资本主义在纺织业和矿业中持续地发展，与之相连，对外贸易极大增长，合股公司大量涌现，某种类似于储蓄银行的机构建立后掌握在放债人手中，而受到安特卫普的衰落和政府自身财政需要的帮助，在伦敦，一个拥有包括投机、期货交易和套汇业务在内的几乎拥有现代技术的金融市场成长起来。未来属于随着这个世纪后期商业扩张而拥有财富和影响的阶级；而它的宗教和政治抱负在两代人之后推翻了君主制。

一个有组织的金融市场具有许多优势。但是，它并不是一个进行社会伦理和政治责任感教育的学校。本质上非个人行为的金融业，事关机遇、安全和风险，在所有众多的原因中作为一种情绪
181 的溶媒，既为基督教会的教义所促进，也为把精明的讨价还价看作是“欺诈”的邻居之间的社会相互关系的需要所促进。在宗教改革以后的半个世纪中，由于货币贬值、战争和以无法承担的条款签约的外债引发国际市场上英镑暴跌，外汇的状况困扰着政论家和政

治家。通货和信贷问题对他们来说比绝大多数用机械的因果关系来讨论的经济问题更容易解决。正是在日后被经济学家看作是不言而喻和普遍正确的对价格上涨原因和汇率状况的心理学猜测导致的长期争论最先得到平息。

马利纳写道："我们看到第一件事如何推动和促进第二件事，如同一座钟有许多齿轮，被驱动的第一个齿轮推动第二个齿轮，然后是第三个，等等，直到最后推动机械敲响钟；或者像一种压力进入一个狭道，在那里最先被它推动的是紧靠它的那个，随它之后被动的又是靠近第二个的。"[78]现代实业精神很难加以十分适当的描述。保守主义作家谴责它鼓励了残酷的个人主义，但是，不用说，他们的谴责正如他们的辩护一样是无关紧要的。警告说"人的诡计无法在全能的上帝面前隐藏"，很可能使那些贱买贵卖的乡村商人或那些借出 90 夸脱小麦却拿走 100 夸脱的典当商人心中产生忧虑。对于一个大呢绒商人或者对于像帕拉维奇诺、斯皮诺拉或托马斯·格雷欣这样的管理着政府在安特卫普实业的资本家来说，持这种观点是很愚蠢的，而掠夺性利润显现的不是坏的道德而是坏的实业。像他们那样搬入一个可以取得贷款的社会，不是为了应对某个不幸的邻居一时的困难，而是不太有顾忌的商人进行 182
的有利可图的投资，他们为自己谋利益并希望其他人也这样做，他们很少赞同反映他们周围构成乡村英国传统的村庄或城镇邻里小圈子里极为自然的相互帮助精神的原则。

他们不用正式去阐述任何经济个人主义的理论，他们可以利用他们的影响反对传统的束缚，反对布道者和民众运动试图把博

爱和“良心”的原则用于大规模谈判的一般机制，努力使国家政策与他们的经济实践一致起来，这是他们根据经验得出的自然的答案。制定法规来阻止自私自利的乡绅造成的人口减少，这在伊丽莎白统治末年议会下院中得到持自由贸易论点的议员的支持，在1597年通过的最后一道法令明确地允许为了使土地养息可把它作牧场使用。[79]总之，从这个世纪中叶开始，由市政自治团体和政府规定价格的做法已受到较为进步的经济理论家的怀疑，而到这个世纪末，它引起了抱怨，认为它削弱了对农民种植谷物的激励。其后果与它的打算完全背道而驰。[80]随着市场的拓宽，对于经营羊毛和谷物的掮客的控制尽管在理论上强制推行，但在实践中却表现出明白无误的被中断的迹象。格雷欣抨击对高利贷的禁令，并且一般来说坚持要求那些根据他们劝诱而认购公债的金融家应免受法律程序的伤害。[81]他恐怕无法再做其它什么事，因为伦敦城的情绪取决于在威尔逊的《对话》中提到的那些商人的情绪：“什么人如此发狂地自己不持有金钱而任意挥霍？或者说有谁会不尽其所
183 能使他自己的钱用得更好呢？”[82]在这样一种原则的影响下，人们在其进程中离完全实现契约自由的日子已不太远了。

所有这些中最有意义的是，经济利益是求助于政治理论，当它最终为洛克加以体系化时，它要证明，干涉财产和实业的国家摧毁了它自己存在的权利。1604年下院的一个委员会宣布：“所有自由的国民对他们的土地，同样对他们自由经营的产业，以及对那些用于自己和赖以为生的商业拥有继承权。商业是所有各行业中主要的和最富有的行业，它在很大程度上比所有其它行业更重要，英国人民的自然权利和自由反对它落入少数人之手。”[83]通过这个过

程，没有完全包含在成文法中的自然正义作为一种权力来源被可以表达自然正义也可以不表达自然正义的成文法取代，这与它被一种由关于经济平等的客观标准构成的社会理论所否定很相似。自然法一直被中世纪作家作为一种对经济自私自利的道德限制加以援引。到了17世纪，一场有意义的革命发生了。“自然”变得不是为神的命令而是被人的欲望所控制，而自然权利则被那个时代的个人主义援引为一种用来证明应当允许自私自利自由地发挥作用的理由。

这些实际生活的迫切需要和思想变化产生的作用，在国家政策的反复中可以看出来。到了1571年，经过下院进行的一场反映了那个平民反对在二十年前取胜的理论家而认定不应当把乌托邦式的道德强加给商人的辩论后，废除了1552年法案，该法案禁止一切利息，这在《圣经》中好几处明显提到是极其可憎和讨厌的罪
恶。[94]只要利率不超过百分之十，对利润的强索便不构成刑事罪，184
然而它仍然是对债务人开放的，在他认为适宜的事件中，要是采取民事诉讼程序来重新索回任何超出本金的收入，则会危及他未来发展的机会。从国家来说，这种对高利贷有限的宽恕，当然会受到宗教舆论的反弹。国王是基督教会的最高统治者，而这对于一个比它的首领更讲究忠诚的教会来说是不容易的。即便没有法律的保护，适度的利益无论如何都是合法的，并且很难谴责根据一道议会法令来校正的罪恶程度的恶行。客观的经济科学通过政论家的参与，以讨论价格上升的形式、货币市场的机制、贸易平衡的形式，正在开始其使人觉醒的事业。它不是去表明一种道德，而是向那些对其运行感兴趣的人分析如此生成利润的力量。由于加尔文沉

溺于利润，传统教义的批评家会争辩，宗教本身是用一种不确定的语言来发表意见。

这种发展不可避免地影响到神学家讨论经济伦理使用的语调，而甚至在 16 世纪结束以前，尽管他们并没有梦想去放弃对过度的讨价还价的谴责，他们却给它加上一些限制性的条件。布林格所写的《几十年》在他死后十年间出版过三种英文译本，1586 年的教牧人员代表和主教会议要求所有下级教士人手一册并研究它，它指出了一条**中间道路**。正像任何中世纪作家对于他所憎恨的贪婪和罪恶不肯妥协一样，他谴责所有旧的折磨贫民的暴虐的契约。但是，他与绝大多数前辈相比，则较能容忍经济动机，并且
185 同意加尔文的意见，即在把利润作为高利贷谴责之前，有必要既考虑贷款的条件，也考虑一下借款人和贷款者的地位。

直到内战，严谨的宗教观念学派继续固守着传统的理论。保守主义神学家利用了 1571 年法案条文宣布的“所有为上帝的法律所禁止的高利贷者都是有罪和可恶的”，他们议论说，法规实际上没有任何改变，而国家把它交给基督教会以预防讨价还价，为了实践的便利，它不想适应这种禁令，但它并不鼓励且拒绝强制推行，它服从这样的原则，即一个小心谨慎的教区牧师在他得到保证说付给他的钱来自地租而不是来自资本的利润之前，拒绝接受他的职位。[85]但即便这样，也还存在困难。金厄姆的教区牧师遗赠了一头母牛给“已经有一至二年以每年 4 先令的工资干劲十足地被雇用”的伯福德的贫民，这笔钱用于帮助他们。但是，这种安排有它的为难之处。母牛已经死了，而这头公共所有的母牛“极像因事故和管理不善而腐烂”。[86]难道贫民不清楚如果卖掉母牛他们会得到

多少钱，所以把它卖给先前雇用他的那些人，而把获得的相应的利益用于贫民。这是高利贷吗？难道这是投资于商业以此向类似寡妇和孤儿那样自己无法进行贸易的人提供收入的高利贷吗？如果取得地租或分享商业利润是合法的，那么从贷款中要求得到一笔收入又算是犯了什么特别的罪呢？为什么一个自己很可能是穷人的债权人应该**免费**出借一笔款子，以此使钱落入一个使用垫款囤积大量羊毛或者在交易中进行投机的富有的资本家的口袋呢？

对于这样的问题，自由派的神学家回答说，关键的不是禁止借钱生息的法律条文，而是在经济事务和其它事务中遵守基督教博爱的惯例。他们的反对者诉诸《圣经》文本和教会法，论证说高利 186
贷不仅在程度上而且在类型上有别于像地租和利润那样的报酬之处在于，在道德上已无可非议地证明，它们总的说来不属强夺，并且坚持说，高利贷应当被解释为“从贷款中取得的任何超过本金的东西”。关于这个主题的著作卷帙浩繁。但是，几乎在它们问世以前就已过时。因为，无论神学家或道德家谴责的是所有的利益，还是某些与基督教伦理相对立的利益；他们意见不一致的前提是经济关系属于最终为教会控制的领域。经济事务作为一个受伦理指导的部门，像它们其它部分一样，要由信仰的标准来评判；不管国家可以对意志薄弱的人类作出怎样的让步，某些经济道德标准牵涉到基督教的所有成员；不管他们可能是谁，基督教会当局的作用是在采取行动时要使人们了解他们的社会义务——这样的信条仍然是所有宗教思想派别共同承认的基础。准确地说，这种社会理论的整体概念完全是以已经丧失信用的宗教为基础的。当相互竞争的权威对正确解释经济伦理进行争论时，双方的侧翼都遭到成

长着的认为经济学是一回事而伦理学是另一回事的强大的世俗观念总体的阻击。

高利贷作为各种强取豪夺的总称，在关于交易中的“良知”问题的所有辩论中居于首位，而这些问题只是商业文明的兴起摆在仍然以《圣经》、教父和经院哲学家为本的基础教会社会理论面前的众多问题的一个例子。通过引证《圣经》和教会法学者而加以装
187 饰的大量著作被撰写出来以作答。它们中许多是博学的，一些几乎是易读的。但是，甚至在它们问世的日子里，它们是否使除作者外的任何人感到满足仍值得怀疑。真实的情况是，除了它真诚地坚持商业事务必须服从道德法则外，表达这种要求的实际伦理习俗在努力追赶 17 世纪商业英国完全不同的现状的需要。

在所有政治问题中最要紧和最困难的，是决定国家道德与个人道德之间的差别。在国与国的关系上出现的问题很常见。但是，由于运用同一种道德标准去决定那些只涉及个人的事情与决定那些影响到大量群众的事情在本质上完全不同，它在经济生活领域中很难以一种不那么精确的形式出现，一旦它有了广泛交错的联系，那么这个个体就不再是孤立的生产者，而是一个群体。如果按照马基雅维里的方式认为，对商业用一种准则而对个人生活用另一种准则，那就是为决心在其面前退却的毫无顾忌的放荡打开了大门。如果说根本不存在什么差别，只是要提出一种只有少数人在实践中感到困难，并准备保证不变的加以应用的原则，那么附带说一句，使道德观念本身属于一种几乎难以忍受的牵强附会，会使它丧失信用。在实践中多愁善感导致的结果，是过于经常地对各种极为低级的现实政治（*Realpolitik*）作出激烈的反应。

随着16世纪金融和国际贸易的扩张，基督教会遇到了这个问题。假定我应当像爱我自己一样去爱我的邻居，在现代大规模组织的条件下仍有待于解决这样的问题，即准确说明谁是我的邻居，以及在实践中我又该怎样严格有效地把我的爱给他呢？对于这些问题，传统的宗教说教无法做出任何回答，因为它恐怕甚至根本不 188
理解它们会被置于何种地位。它曾把一切事务看成个人行为的一个范例来看待，而把涉及个人责任的经济关系道德化。在一个金融、世界市场和工业资本主义的组织者都非个人化的时代，它的传统的社会信条已经无法提供详细的内容，而仅仅是重复旧说。而这时，为了更加有效，他们应该考虑从头开始，并用新的活泼的术语作系统的陈述。它曾经尽力保护农民和工匠反对放债者和垄断者的压迫。而面对着以工资为收入的无产者问题，它除了毫无意义地按照传统观念重复雇主要履行对仆役的责任、而仆役要履行对雇主的责任外，无法做更多的事。它曾经坚持人人皆兄弟。但是，它并没有向它指出，由于在17世纪正在开始发展的新经济帝国主义的结果，英国商人的兄弟是被拐卖到美洲做奴隶的非洲人，或是被剥夺了土地的美洲印第安人。或是那些从他们那里以难以维持温饱的价格买下他们的棉布和丝绸的印度工匠。宗教还没有学会，在经济生活的事务中没有任何道德原则能够存在的情况下，通过紧紧抓住使人满意的公式，来安慰它自己，并克服把它的道德原则付诸实践所出现的困难。但是，对于牵涉到在未来发挥越来越大作用的为经济目的而建立的大规模的人的团体提出的问题，从牧师那里发展起来的具有传统形式的社会原则是提供不了什么指导的。它们在实践中无力为它们在理论上被放弃做好

准备。

它们被抛弃了，因为从整体上说它们应当被抛弃。基督教的社会学说不再有价值，因为教会本身不再思考。一旦内战造成的
189 混乱消失，经济行为的能量和经济思想中现实主义的才智这些品质将构成17世纪的特征。当人类要在使人兴奋的活动与被束缚在一个枯萎的众多生命枯竭的学说的表述之间作一种选择时，它会选择前者，尽管其活力具有兽性而它的才智很有限。在培根和笛卡尔时代，从突然迸发出来的喧嚷的使人感兴趣的事情和热切的思想中，而首先是从处于萌芽状态的经济投机中，产生了像政治算术那样的新科学，英国国教的社会理论从现实世界转到对教义的细心研究，这个教义最初的作者恐怕会像他后来的拥护者那样对现实的影响无动于衷，但它恐怕从未得到系统的阐述。它很自然地被推到一边去。因为它已经成为可以被忽视的，所以它被忽视了。

这种缺点是根本性的。这使得它自己在那些没有发生过宗教改革、没有发生过清教运动和没有普通法的国家里对它的权利感到嫉妒，并且渴望消除基督教会的自负。但是在英格兰，所有这三种东西都存在；并且，从16世纪最后二十五年开始时起，试图强制推行传统道德的基督教会当局不得不开始考虑根本否认它们有权行使司法裁判权，最重要的是用司法干涉经济事务的权利的倾向。并不只是平民存在着人所熟悉的缺点，教区牧师对于商业更是一无所知，“要神学家告诉人们什么样的契约是合法的，什么样的契约是不合法的并不简单”。[87]更重要的是，至少还存在着普通律师与宗教法规部分的对立。在1605年，班克罗夫特向枢密院抱怨

说，法官致力于限制宗教法庭对遗嘱案和婚姻案的司法裁判权，并且宣称自从伊丽莎白即位以来发布了500道以上的禁令来中止坎特伯雷的宗教裁判上诉法庭的诉讼程序，只有不到二十分之一能 190
被认可。[88]两年以后，一位民法和教会法论文作者写道："按照目前的情况，没有哪种司法权知道它自己的范围，而是一种司法权侵犯了另一种司法权，那样子就像在英格兰和苏格兰的争议地。"[89]宗教事务高等法院的司法权同样受到侵犯。结果，宗教法庭的上诉或是送交它或是送交委托法庭。从16世纪后期到1616年科克被撤消在高等法院的职务，法官根据诉讼中止令经常把诉讼程序延搁在宗教事务高等法院或释放囚禁的罪犯。例如在1577年，他们根据一项人身保护令释放了一名为宗教事务高等法院收监的犯高利贷罪的犯人。[90]

所有这一切中最重要的是一种否认由主教和副主教实施宗规原则的教会理论发展起来。在宗教改革之前两个世纪，教士的道德权利越来越难得到俗人欣然默认。随着伊丽莎白统治时期在商人阶级中有其基础的充满活力的清教运动的兴起，其管辖范围已占了居民的相当大一部分，与嫌恶它的居民数量差不多。他们对它的反感当然有着比它在特殊场合对经济事务的干涉更为重要的基础。但是，不可避免的结果是他们对传统的教会信条的全部原则持轻蔑态度，对它的特殊用途也失去信任。并不是清教对于社会关系表现出极大的疏忽。相反，在清教的早期阶段，它至少在理论上赞成，像在商业和娱乐活动中那样，个人生活要保持极严格的纪律。但是，它拒绝作为一种通过它在事实上执行这种纪律的反基督教机构而存在。1571年下院讨论高利贷法案，提到教会法时 191

遭到了抗议，因为教会法对这件事的规则已被取消了，“它们可以遵循，但不应当更多地被回忆”。[91]在下两代人中，反对这种制度的情绪在持续地增长；当法院冒险采取革除教籍手段时，完全被人们所蔑视；[92]而到了17世纪30年代，在劳德制度的影响下，怨言四起，预示着有掀起一场飓风的危险。随后召开了长期议会，两院都严厉谴责教士干涉民事事务，立法取消了宗教事务高等法院，剥夺了普通宗教法庭的刑事审判权，并且最终随着主教制度的取消把它们完全扫除干净。

佩恩写道：“由于教士们过多干涉俗人的事务，好景不长。”[93]在复辟以后，骑士党和圆颅党都承认，这种情绪成为教条。它不可避免地不仅反对长期以来在任何情况下一直是虚弱的教士的实际权力，而且它反对把它看作牵涉劳德曾称为“基督教团体”的经济自身利益加以控制的整个宗教概念。继承了早期传统的桑德森和杰里米·泰勒的著作有力地重申了这样的观点，即基督教徒受到它的表述为平等交易和怜悯邻人的关于生活准则的教义的束缚。[94]但是，关于具有自身权威的基督教会拥有可以把它作为一种准则用于经济领域实际事务的独立的社会价值标准的观念逐渐削弱了。其结果并非马上也不只是具有一种意图，而是不可避免地在商业行为和有组织的社会关系中暗中否定了宗教的意义。这种驳斥关于宗教具有推进任何与它自己相区别的社会理论的权利的
192 态度使它自己成为最暴虐、最具破坏性的理论。可以把它称为冷淡主义。

变化在内战前已经开始，它在复辟时期，更多的是伴随着光荣革命而完成。在18世纪，把英国国教会的教义看作是社会伦理几

乎是多余的。因为它没有作出特殊的贡献，并且，除了少数异常者外，作为一个独立的道德权威其标准可以与社会惯例完全对立这种基督教会的本质观念已经被抛弃了。

一种它自己没有任何哲学的制度不可避免会去接受偶尔流行一时的东西。在某种程度上，确定18世纪社会思想格调的是在复辟时期逐渐成熟的新的政治算术，正像英国自然科学在最初的伟大时代，即牛顿、哈雷和皇家学会的时代，不是从宗教和道德中而是从物理学中汲取其所希望的灵感。它仍然主要是与洛克的名字联系在一起的政治理论，但有数以百计的模仿者加以通俗化并使之贬值。社会不是由具有多样化功能、通过它们与一个共同目标联系而产生的相互义务彼此联合起来的各个阶级的共同体。与其说它是一种有机体，不如说它是一个合股公司，其中股份拥有者的义务是加以严格限定的。他们加入公司是为了通过永久不变的自然法确保已经属于它们的权利。作为一种便利的工具而不是出于超自然的约束的国家，其存在是为了保护这些权利，通过维持契约自由为他们自由地发挥作用留有充分的余地。

这些权利中最重要的是财产权，而财产权虽不完全属于却主要属于拥有社会有形物质“资本”的较高等级的人们。那些没有向公司认捐的人，尽管在道德上可以要求他们的上级发善心，在法律 193
上却无权要求分享一份利润。从此，一种非常细致的措辞把几乎所有处在贵族、乡绅和自由持有农以下的人士都称为“穷人”，而众所周知，穷人分成两类，即那些劳动是为了改善他们自己处境的“勤恳的穷人”，以及那些为自身生存而劳动的“懒惰的穷人”。从此便无休止地讨论是否可以从“生产者”或“不生产”阶级中划分出

一类“勤勉的穷人”——以及他们是不值得还是真正值得他们的保护。从而愤慨地驳斥那种认为任何种类的公共政策都会导致改善他们命运本质的联想。“恐怕很容易回答，在什么地方能够在没有金钱却有穷人的情况下充分保证财产权……正如那些人不应当饿死一样，他们同样不应得到任何值得节存的东西”；穷人“除了他们治标而不治本的要求之外，没有什么东西能够由于更有用而使他们兴奋”，“要实现社会幸福，就必须使最大多数人像穷人一样不幸”。[95]这些从1714年印刷的一本书中引述句子并非典型。但是，它们是狂风大作最初的迹象。

在这样一种环境中，温度自然是很低和很稳定的，而且，热情如果没有丧失道德，那么也是一种谬误的思想和错误的经验。宗教思想也不能免于这种影响。基督教会不仅像国家一样继承了革命的遗产，就像它重造了它的阶级组织和经济不平等一样，它也重造了一种贵族社会的特征，并且过于经常地把在实行了半个世纪以上的政治民主，以后仍然作为英国人特有恶习的那种卑贱地从属于财富和社会地位的习惯理想化，以至于无法把它们当作一种优点。仍然有意义的是这样的事实，除了某些集团和某些问题外，它接受了流行的社会哲学并接受了对它的教诲。政治理论落在宗
194 教土壤上的时代，已经处于宗教思想不再是傲慢的主人而是听话的学生的时代。像引人注目的教规那样，重申基督徒关于独特生活方式的观念具有无比的力量，或是像卫斯理就《金钱的用处》所作的布道那样，提出抗议那种例外，它们只是加深人们对于一般默认的传统伦理的印象。流行的宗教思想可以公正地描述为通过节俭来调和的道德，并且有时会被一种对下级富于感情的怜悯所减

缓。正是社会哲学固有的对应物推翻了目的论，它取代了类似于为经济动机的重力和滑轮所推动的具有自我调节的机制，对于这种理论来说，它把社会看作因其共同目的从属于一种宗教意图而联合起来、由不同阶级构成的有机组织。

这样一种强调明显相互冲突的利益在经济上相融洽的态度，为用道德伦理来判断是非留下的余地很小。事实上，对改革派来说资料是非常丰富的。仅仅留意在1720年达到顶点的放荡的不道德的金融行为这种早期商业资本主义现象，出自一种很可能指望甚至会震动18世纪不那么过于敏感的良心的心理。两个世纪以前，富格尔家族就曾受到讲道者和神学家的谴责；而且，与策划南海泡沫事件的人相比，富格尔家族恐怕较为清白。在现实中，宗教观念完全不为悲惨景况所动。传统的社会伦理是在一个较为单纯的时代产生的；在由银行业、船运业和合股公司组成的商业的英国，它像是并且被称作是哥特式的异端。在复辟以后，它平静地败落了。放高利贷者和囤积垄断者从主教的账簿上消失了。在1658年初版而下个世纪被人们广泛阅读的称为《人的全部职责》的通俗指南中，[96]恐吓取财和压迫仍然扮演着有罪的角色；但是坦 195
白地说，限制这种行为的尝试被放弃了。如果布道者还没有公开把他们自己与18世纪作家用“商业是一回事，宗教是另一回事”表达的自然人的看法等同起来的话，那么，对他们之间很可能发生的冲突表示沉默，暗示了一种完全不同的结论。事实上，富于特征的信条是一种如同经济道德没有给宗教教化留下余地的东西，因为它抢在后来亚当·斯密在他著名的关于看不见的手的论述中集中表述的理论之先，它在经济私利中看到了上帝计划的实施。塔克

副主教写道，“民族商业，好的道德和好的政府只不过是由上帝设计的总体计划的一部分”，而沃伯顿很不友好地评论他说，宗教是他的商业，而商业是他的宗教。

很自然，由于完整的伦理是与商业道德一致的，根据这种看法，它不必为了教会而去坚持商业伦理。只要没有发展到近视的政府颁布干涉它的法令这种程度，现存的秩序始终是自然秩序，而根据自然建立的秩序便是由上帝建立的秩序。在这个世纪中叶，绝大多数受过教育的人士大概会发现蒲伯的诗句中表述了他们的哲学：

> 这样，上帝和造物主构建了总框架，
> 自爱与合群是一回事。

不用说，这种态度再一次排除了对于制度的吹毛求疵的考察，而留给基督教仁爱的只是那些可以保留博爱的生活领域，因为恰恰是那些部分属于正常的人伦关系之外的广阔领域，在那里，对个人利益的宣传提供了一种十分充分的行为动力和准则。因此，正是在
196 可以对那些伤员和非战斗人员提供援助而不是鼓舞生力军的领域，基督教会想到通过社会工作去欺骗人。在 18 世纪，它的特征表现在对贫民的救济、对病人的照顾以及建立学校等方面。尽管它对于较为贫穷的阶级精神上的幸福表现了真诚的多少有点甜言蜜语的关心。这鼓舞了福音教派的复兴，但它放弃了具有批判色彩的基本的脑力劳动以及对理性主义和人道主义的建构。

有时人们会对基督教会在按照传统用不是很适当的措辞即

“工业革命”来指称的重大经济改革时期无法更有效地起鼓舞和指导作用表示惊奇。它无法给予鼓舞和指导，是因为它无此能力。毫无疑问，要解释它的沉寂，须指出存在着特别的外界状况——纯粹的愚昧和无能力，政治经济学推断的学说，以及 1790 年以后对于所有受法国鼓舞的人道主义运动的恐惧。但是在试图解释它的态度时，应当较少注重当时的特殊环境，而较多地注意承认现存阶级关系秩序的普遍情绪，而在任何更高级的法庭面前都无须辩白，它使宗教不是作为它的批评者和责难者，而是作为它的止痛剂、辩护者和苦力。根本不存在任何倒退到变态的野蛮行为。那种认为基督教会拥有独立的价值标准而社会制度要受它检验的观点已经被放弃了，在战斗开始前很久恐怕就已经投降了。使得一般人觉得早期工厂制度恐怖无比这种精神上的愚昧，并非一种新奇的东西，而是持续了一个世纪的习惯。

197 第四章　清教徒运动

于是主就和约瑟同在，他就万事顺利。

《创世记》39:2(丁达尔译本)

到16世纪末，宗教理论与经济现实相脱离早已十分明显。但是，在此期间，就在宗教理论内部，一种新的成体系的观念正在成熟，它注定要使所有传统的价值观发生革命性改变，并且要用一种新的富于洞察力的见解来改造整个关于社会义务的视野。在一个能力大大扩张、而基督教会对其自身却难以把握的世界里，在作为前兆的两代人的喃喃细语之后，掀起了清教运动的巨大风暴。森林被压弯；橡树被突然折断；既非冬天又非春天，干树叶被大风吹得到处都是，非常狂暴却又富有生机，极冷酷却很敏感，对思慕和悔恨作出奇怪的表示；像是一个居住在象征着拖延的米设和象征凶险的基达的民族被折磨所发出的声音；在喇叭嘟嘟的声响中，在武器的撞击声中，把雕刻好的作品交给圣殿，对上帝十分恭顺而对平民表现出傲慢，那些身为圣徒的军人横扫战场和看台，他们的长袍在血泊中拖过。

当泰坦家族化为尘埃时，周围变得极度寂静，在18世纪文学奥古斯都式的平静中，听到一个声音在说，从“纯粹商业观点”来看，宗教自由有着相当的优点。[1] 有证据表明，一个新世界已经出现。在这个新世界产生于神秘主义者的幻象、预言家的热情、著名
的或不为人所知的英雄的焦虑和苦恼以及世俗的雄心和庸俗的贪 198
婪之中；在这里由于“全面专横的政策”不再存在，由于财产得到保护、契约不受侵犯、行政机构驯服听话，实业家审慎的投资有可能得到有利可图的回报，所以，赞美成功人生的墓志铭，引诱着那些在梦中不是追求成功而是渴盼做一个甘愿光荣失败的殉道者或圣者的年轻人。

一、清教和社会

在英国，源于加尔文学说的主要流派有三支——长老派、公理会和一种关于上帝和人的本质的学说，如果说这些流派彼此间有共通之处的话，那就是它们一个比另一个传播得更广泛，更具有渗透性和有潜势。在同源的这三个支系中，第一支是最老的一支，它曾在伊丽莎白统治时期引起某种轰动，从苏格兰人那里又得到某种睿智的浇灌，它本来是可以成为国教会的，然而其基础很薄弱，至少从它本意来说，它所希望的是使其对教义的陈述像青铜雕塑般的坚固，而不只是去感动人。至于第二支，由于它坚持每个基督教会有权把自己组织起来，并且坚持所有教会都有不受国家干涉的自由，就像在旧世界一样，它在新世界也留下一种关于市民自由和宗教自由的不朽的遗产。第三支是清教，它不限于一个教派。与那些日后分离出来的教派相比，安立甘宗很难说完全代表它，它所确定的不仅有关于神学和教会管理的概念，还有政治抱负、商业

联系、家庭生活和有关个人行为的细节（*minutiae*）。

清教精神的成长、胜利和转化是17世纪极为重要的运动。清
199 教不是在都铎时期从罗马教会分离出来的，它是真正的英国宗教改革运动，而且从它反对旧秩序的斗争中，具有近代特征的英国明白无误地出现了。但是，正如它在高层级的公共事务中取得巨大成就一样，它在政治尚搭着可怜的脚手架的内心世界所取得的成就同样是巨大的。可能像一个感情上冷冰冰的人因为受到逸出其视野的广大群众支持，而且有一种使游客敬畏的高傲的尊严一样，清教给教会和国家带来的革命，比它在人的灵魂上造成的革命要逊色。它学会在议会的嘈杂声和战斗的咆哮声中，在幽静的夜晚大声呼喊口令，像雅各与天使格斗时，在他逃走之前要求上帝保佑他。

> 我们不该用暴力，
> 对待这样一个尊严的亡魂。*

在班扬和福克斯的神秘主义中，在克伦威尔忧郁郁闷的思索和旺盛的精力中，在弥尔顿象征胜利的镇定之中，在一个只求自己享乐而放弃信仰的世界中，"不动摇，不被人引诱，不怕威胁"，留下其后代能够用尊敬或嫌恶的心情去观察明暗的深度，但它很浅的吃水线却无法用铅锤检验。

各种类型的特征就像一面棱镜，它那富于变化的明亮的颜色不过是汇聚的单一光束的散乱的反射。如果说历史学家很难弄懂清

---

* 语出莎士比亚《哈姆莱特》。用朱生豪译文。

教在内心和精神上的皈依，那么他会经常看到它外部明显的表征，并且，在市场和会计室中见到的，一点也不比在学生的寝室和被选定的祈祷者的集会上见到的更少。因为对于蔑视外观很好看的圣礼的清教徒来说，现世的磨难本身就是一种圣礼。像一个为了驱除反复出没的恶魔而不断地努力活动的人一样，清教徒通过发动上至上天下至地下的每一种力量，以此拯救他自己的灵魂。他纯粹靠精 200
神传播的能量，不仅改造了他自己的性格、习惯和生活方式，而且改造了家庭和教会、工业和城市、政治制度和社会秩序。由于他意识到自己不过是一个从空幻的生活匆忙转向来生的异乡人和香客，他的灵魂从空虚而极度冷淡地沉溺于来世的梦境转到对物质的嫌恶，而去研究面对上帝、灵魂、得救和下地狱这些极重要问题精神上的极度苦闷。一位清教徒在谈到他信仰的变化时说，“它使这个世界对我来说像一个既没有生活也没有爱的躯壳。而且它摧毁了那些富于雄心追求学术声望的欲望，那是我幼年时期便产生的罪恶……它使我确立了我的研究方法，从那以后我从中得益匪浅……它促使我首先去寻找上帝的王国和他的公正，绝大多数时间我的思想集中在一件必须做的事情上，并且首先决定对我最终极目标”。[2]

清教徒被其“终极目标”的意识压倒，他们一细想到它就无法平静。被最杰出的经院哲学家称为至高无上幸福的对上帝的期待，对罪孽深重的人来说是一种极大的幸福。他们必须不仅沉思上帝，而且要通过他们在这个已经交给黑暗势力的世界上的劳作来荣耀上帝。“通往天国的道路正经过这座城市，在那里这个繁盛的集市被保存下来；而愿意到天国去却不愿经过这座城市的人必须离开这个世界。”[3] 为了完成这一庄严的旅程，尽管危机四伏而且有魔鬼骚扰，他却甩掉一切拖累，用所有的武器装备自己。在必要时，娱乐活动、书籍、甚至与朋友的交际都必须抛弃；因为最好是负重伤、休息并永生，而不是用双眼盯住不灭之火。他像巴克斯特和福克斯一样，在这个国家搜寻一条可以用生活一词来指谓的拯
201 救他灵魂的道路。他从他的牧师那里寻求的不是解除责任，而是教诲、勉励和警告。早期清教运动中很有启示的一个插曲即预言，是为了启蒙、为了教育、为了理智的宗教生活而发出的一代人饥饿的呼喊；而且，恰恰是因为“布道太多酿成了派别纠纷，而祈祷太多导致了虔诚”，[4] 这个世界的权力拉起他们用羊皮纸做的百叶窗去堵住从清教徒布道坛上刮起的风暴。他把他的生活理性化、系统化并用纪律加以约束；“条理”是在这个世界听说有卫理公会教派的前一个世纪清教徒流行的用语。这使他的事业真正成为一种精神工作，因为要他去劳动的地方也是主的工作场所。

他感到，“他比世界上所有的人更担心会使上帝不快”，[5] 他生来就是一个共和主义者，因为他在地球上不作为主人拥有任何一块土地。如果能服从和遵从国家权力和公国君主的权位，那么很好；如果不是这样，他们定被磨成尘土，上帝的选民在他们的废墟上建立起基督的王国。而最终所有这些——祈祷、苦役和宗规、控制自己和他人、屈辱和死亡——对于拯救一个灵魂来说是太微不足道了。“此外，我看到有一条甚至通过天堂之门走向地狱的道路，同样也有一条从毁灭之城到地狱的道路”[6]——这些可怕的词语缠住了他，好像他正临近他的末日。有些时候它们撕裂着他的心。更常见的是，天恩甚至对那些罪魁祸首也大量存在，它们坚定他的意志。因为正是意志——组织起来、强使其守纪律并使其受

鼓舞，全神贯注地默默做礼拜，或者尽量使用非自然能，但总是意志——才是清教的本质，并且，为了强化这种意志并组织起来，巨大的宗教热情的武库被动员起来。清教徒就像被它的内力压缩的钢弹簧，它的反弹会粉碎一切障碍。有的时候它拉得过紧，而当它的被束缚的能量释放出来时，就会伤到它自己。

它在那里倾听着天使喘息，而各个社会等级的人士从贵族和
乡绅到“在织机前放上一本书或相互教育”的织工都会感到，随着 202
它的呼吸，他们的心脏快要从嘴里跳出来了。[7] 但是，如果宗教热情和道德热诚并不受阶级和收入这样的世俗分类的限制，无论如何，经验证明存在着某种环境，在那种环境中他们能比其他人更勇敢地发怒，并且，由于人既是精神的又是肉体的，所以，不同类型的宗教经验适应了不同社会和经济环境（*milieux*）变化的需要。对当时人来说，清教精神选择的位置对于那些具有经济独立性、受过教育和对其地位感到骄傲的人来说，立即表现为决心过他们自己的生活而不是去屈从世间的上峰，同时，对那些由于性格懦弱或经济上未能得到帮助、比起他们自己来不那么坚决、不那么有力和缺乏掌控能力的人，则多少带有点傲慢的轻蔑态度。这类人便是在那些随着与城市生活和新的思想潮流接触而使封建精神被削弱的地区的乡绅。最引人注目的尤其是东部诸郡自由持有土地的“自恃精神高贵、不愿屈从于任何人”的约曼（*yeoman* 自耕农）。而最重要的是这些城市里由于纺织业和制铁业的分散而部分工业化的乡村地区的商人阶级。

有人在 1645 年描绘布里斯托尔状况时写道：“国王的事业和党派在那座城市里得到两个极端派别的偏爱；一派是富有的有权

势的人士，另一派是最下贱最低等的人士；但却为真正的最好的公民即中等等级所唾弃。”[9] 厄舍教授对 17 世纪最初十年在任何地方都是清教教义标准传播者的这些阶级的清教牧师的分布做的统计学估计认为，在 281 名知道姓名的牧师中，35 人属于伦敦和米德尔塞克斯，96 人属于诺福克、萨福克和埃塞克斯这三个制造业
203 集中的郡，29 人属于北安普顿郡，17 人属于兰开夏郡，而只有 104 人分布在这个国家的其余地区。[10] 这个现象如此引人注目，致使当代人的评述专注于比社会学家的概括更深刻的精神方面的意义。巴克斯特写道：“这些绅士绝大多数是佃户，还有绝大多数是被称为贱民的最贫穷的居民，他们确实追随着乡绅为国王效劳。站在议会一边的是（除了他们自己外）绝大多数郡里的小部分（如某些人认为的那样）乡绅、自由持有农和中等类别的人士；特别是在那些依赖毛织业一类制造业的自治城市和郡之中。”他用与较大的商业中心持续交往所产生的自由化影响来解释这一事实，并且举出法国的例子，在那里“商人和中等人士都是教徒”。[11]

最突出的例子当然是伦敦，它曾资助议会军，并且一直持续到革命时期，是典型的“反叛城市”，它选出了 4 名不信奉国教者进入 1661 年的王党议会，派出它的市长和副市长陪伴拉塞尔勋爵把《排斥法案》从下院送到上院，在长老派被放逐后很久仍保护长老派牧师，照顾拥护宗教宽容的辉格党，并且在 1681 年爆发的动乱中庇护了辉格党的领袖。但是几乎在所有地方都可以看到同样的事实。一个怀有敌意的批评家写道，清教的发展“依靠（作为煽动叛变的派别的发源地和温床的）伦敦，及其遍布王国的贸易，以它的商品把这种世俗的不良影响传递和推广到我们所有城市和自治

体，并由此毒害各郡”。[12]在兰开夏郡，从事纺织业的城市城镇——“兰开夏郡的日内瓦”——像从环绕着的罗马天主教汪洋大海中升起的清教岛屿。约克郡、布拉德福德、里兹和哈利法克斯；中部地 204
区、伯明翰和莱斯特，西部的格洛斯特、汤顿和英格兰西部纺织业都市埃克塞特，都是清教运动的中心。

工商业阶级与宗教激进主义认同，确实成为英国国教徒和保王党持久的话题，它们从对方的缺点中都找到别的使其相互不信任的理由。克拉伦登严厉地批评了“那些拥有大多数公司的宗派情绪和炫耀其财富的人的骄傲情绪”；[13]而且，在内战以后，自治城市的政治势力和宗教势力双方有一代人之久对此持怀疑态度。牛津主教警告查理二世政府不向他们表示任何支持，理由是“商业界的联合”成了“如此多的派别和骚乱的温床”，而且，“我们以往的悲惨的使人心烦意乱的事情”“主要是这些商业机构策划的”。[14]佩皮斯冷冷地评述那些回到他们在伦敦商业区教堂的英国国教士所遭到的怒视。甚至有这样的说法，那些廷臣为伦敦大火而欢呼，认为是神意为削弱这个不满的中心而造成的。[15]

1660年以后政治算术变得时髦之时，它的实践者则为最近半个世纪的经验和作为17世纪欧洲经济学教师爷的荷兰的榜样所推动，以近代社会学方式去调查商业进步与民族精神的其它方面的关系。他们坚信，冷淡、不动感情、对于极力鼓吹的神职人员的极度厌倦，并不是缺少某种温和的讥讽的提示和对主教、长老派的调查分析，而是从中推导出了不同的结论。使他们的分析成为热门话题的问题是宗教宽容。他们对其精神意义毫不感兴趣，而是从下列事实中找到了称赞它的实际理由，即那个充当清教运动

领导者并且克拉伦登法典使他们在这一运动中作出重大牺牲的
205 阶级，同时也是领导商业和工业企业的阶级。他们认为，这种解释很简单。一个农民社会在它的宗教方面可能是同质的，正如它在经济活动方式上完全不统一一样。只是当它能自由地吸收来自大量不同来源的成分，并且当这些因素中每一种都自由地追求它自己的生活方式——在那个时代是同一件事——并去实践它自己的宗教时，一个多侧面的商业社会才可以避免持续的阻力和障碍。

正如笛福观察到的，英国人善于改进一切东西，但没有任何发明，英国的经济组织长期以来一直非常灵活地吸收了从阿尔瓦手下逃出来的佛兰德织工和被法国驱逐出来的胡格诺教徒。但是，传统的教会体制并不都同样好打交道。它不仅发现了外国的流浪者，还发现了国内出现的难以理解的分裂教派教徒。劳德逆转了伊丽莎白时代枢密院的政策，这一政策非常典型地认为贸易的多样性比宗教统一更为重要，他被外来的定居在梅德斯通、桑威奇和坎特伯雷的工匠所烦扰；[16] 直到 1689 年，每当试图强迫其遵奉国教时，问题则重复发生。“挤满监狱的绝大多数人是有财产的小商人和居民，呢绒商被迫离开他们的住所，而他们雇用的成千上万男女工人则开始挨饿。”[17] 辉格党对于托利党政策的灾难性后果的控诉，使人想起了法国的总督描绘的南特敕令废除后到处可见的灾难的图画。[20]

当经济利益和强制遵奉国教政策之间的冲突如此公开时，宗教迫害时期原则上已经结束，正处在经济进步的锋线上，宗教迫害已无法与繁荣并存，因而对于当时的经济学家宣布医治弊端的原则便无须惊奇了。一位小册子作者对这个问题写道,"大自然的每种法则"不仅"明确地反对基督教福音书的所有原则和规则","它 206
本来可以雇用相当于我们现有居民十倍的人口,现在则通过压迫和驱赶最勤勉的劳动者使人口骤减,以使我们国家枯竭的方法加害于我们民族的商业和生活安宁"。[19]

坦普尔在他对尼德兰联省共和国冷静清晰的研究中找到了他们成功的一个原因,这就是除罗马天主教徒以外,每个人都可以从事他中意的任何宗教活动。[20]曾用约翰·德·威特的名字发表其惊人著作的德·拉·库特也作过同样的评述。[21]配第在指出英国最繁荣的城市是非国教徒最多的城市之后,举出了欧洲还有印度和奥斯曼帝国的例子证明,当经济进步能与任何宗教相容时,作为它的载体的阶级将总是由占少数的异端构成,他们"承认的观念与那些在公众中已经确立的观念完全不同"。[22]1677 年,一位小册子作者写道:"天主教对于商业的态度存在一种固有的不当,而新教则相反,它们的热情越高,它们对商业和工业越是嗜好,而饱食终日则被视为不正当……英国对国内的兴趣在于通过克服城乡一切障碍推进实业,并制定有助于此的法律,使它毫不困难地达到这个目标,特别是给予所有信奉新教的非国教徒以思想自由,而否认天主教徒有这种自由。"[23]

如果说经济学家因为宗教宽容政策有利于此而为之拍手叫好,那么托利党对商业阶级的不信任则因为他们不遗余力地要求宗教宽容而加剧。斯威夫特对属于同一种讨厌的教义的准则"宗教对于新教徒应当不加区别"以及"在一切场合应当选择金钱利益 207
高于土地利益"的政策提出指责。[24]甚至到了 18 世纪后期,"长老

派、银行家和其他团体的陈腐的嘲笑仍然充斥在那些被莫莱勋爵称之为像博林布鲁克那样的政治骗子一类的政治家的小册子中。”[25]

“中等等级”、“中等阶级人士”、“中等类别”——这些社会分层当然包括了在经济利益和个人地位方面的极大差异。但是在内战前的清教形成时期，有两个原因妨碍了这一措辞的形式，而只是形成了它今天的思想走了味的代用词。首先，除了某些特别的工业区，很少有大规模生产，而且更没有众多的没有财产而挣工资的无产阶级。因此，典型的工人通常仍然是小老板，他们持续地在织机前或熔铁炉前劳作。巴克斯特在对基德明斯特的描述中论及他们的地位，在那里，“这些工匠从来不很富有，……城镇的治安法官中很少有人年收入在 40 英镑以上，而且大部分人收入不到这个数目的一半；在二十年间这个行业只有两三名最富有的工匠收入在 500 镑到 600 镑之间，而他可能因为碰上一个麻烦的债务人而突然损失 100 镑”。[26]他们与运气好的商人和呢绒布匹商在富裕程度上有差别，这些人在经济和社会习惯上很相似，在他们之间只存在程度上的差别，而不是性质的不同。在工业世界中，在地区与地区之间的垂直划分比阶级与阶级之间水平的裂隙要深得多。由于他们拥有自己的工具并且控制着他们自己的业务，这些似乎完全可以描写为具有独立性的人士，构成了一个比在资本主义社会占人口比例大得多的部分。

第二个事实甚至更具有决定性。实业阶级作为国家的一种力
208 量，由于仍然十分年轻，因而有待意识到不仅因为他们的出身和教育，而且因为他们的社会习惯、职业纪律、激励他们的道德生活的

整个氛围不同于被他们认为代表邪恶的宫廷和代表挥霍浪费的贵族，他们自己具有特殊的宗教和政治见解，已构成了类似于分离的等级。这种分离——仅此而已——在英国比在除瑞士和荷兰外的任何其它欧洲国家持续的时间都要短。到 17 世纪后期，部分是由于平民的斗争引起革命的结果，更多地恐怕是由于商业和金融业财产的再分配，先前的竞争者作为财阀统治下有钱的双方努力达成妥协。地主乡绅越来越多地把他们的儿子送进实业界；“极为温顺但很会说谎的商人”当然期待着从破产的贵族手中购得地产。乔治时代的英国对于像伏尔泰和孟德斯鸠那样感到惊讶的外国观察家来说就像是一个资产阶级的乐园，在那里，顺遂的商人很容易就把徒有贵族虚名但已很贫穷的人推到一边去。[27]

无论如何，这是内战造成的大分化的结果，并且大体上在温和的光荣革命以后达到其顶点，在这个发展时期，清教和商人阶级尽管十分强大，却还没有取得 17 世纪以后他们具有的那种统治力量。他们总是顾盼不远的过去，当时他们迅速上升到繁盛的地位，甚至被猜疑是一种外来利益出现，使用卑鄙手段来达到反社会目的——在一个井然有序的共和国中没有这种利益存在的空间，它一直受到保守主义的政治家斥责。他们生活在这样一个时代，在这个时代，政府受到一种不堪忍受的夸张原则的反复教育，既多管闲事、毫无效能而又十分奢侈，它的每一种手段和谋略对于冷静、
谨慎、坦诚的人士来说都极其令人厌恶。当寻求名声不好的廷臣 209
和轻浮的地方乡绅给予抵押贷款或更换贷款契约时，诽谤他们是暴发户（*parvenus*）、放高利贷的人和吸血鬼。甚至在 17 世纪后半

叶，食利者和金融家的影响仍然继续使政治和经济理性感到不安和妒忌。一位擅长于描写放债的清教徒资本家的小册子作者愤怒地写道："正是靠这种策略，他们废除了所有向国王、基督教会交纳的什一税、赋税和济贫金（这是给受损伤的良心的一种极好的强心剂）；他们拒绝了所有与有形的地产相关的义务和担任官职的义务；他们摆脱了对国家效忠和对私人忠诚的所有誓约和联系……他们由于经营精明取得俗界的喝彩，并且由于致富顺利和虔诚在精神上也很愉快……而对于处于衰微惨状的他们的对手提出目光短浅的指责，他们把许多贵族和乡绅置于彻底的附庸地位（就像他们贫穷的公簿持有农一样），他们丧失了名誉、缺乏公正、并且常常用他们最大胆的见解保护他们自己。他们通过全神贯注于现金和信贷，实际上决定着土地价格和市场规则。他们通过控制准备金，也控制官方机构来施加广泛影响……他们装饰和扩大他们自己的巢穴即他们的公司。"[28]

颇具尊严的上院议员对骑士新贵的抗议以及贵族（*moblesse*）反对平民（*roturier*）的这种悲叹，对于在一个世纪中感到失去权势和威信的保守的贵族来说是很自然的，他们只能像通常所做的那样，听任他们的竞争者与他们共同拥有权势和威信，以保持其地位。有其自身虔诚的政治观念的实业界，则逐渐把实际权力掌握到自己手中作为报复；他们讥诮地问道："如果绅士不愿过奢侈生活的话，商人又怎么会兴旺呢？"[29]并且，作为一个强有力的成功的阶级，并且就其智能来说并非毫无顾忌的阶级，对于那一代对伦敦
210 城的新的专门知识一无所知并且无力在商业事务管理中确定道德与不道德界限的懒惰的阶级，表示了愤愤不平的蔑视。他们过去

的胜利、目前的实力、对未来的信心，他们的自信以及他们与其软弱无力的邻人的差别，就像一个铁楔与黏土做的灯泡的差别一样，用近代语言来说，使他们具备了阶级意识。像近代无产阶级一样，不管他们个人如何悲惨，他们目前如何失望，他们感到依靠不可抵挡的力量的不可避免的进步，滚滚向前的事业必然会胜利一样，清教徒资产阶级了解，对付选民的地狱之门已没有效力。上帝使他们的事业顺利成功。

这是一面有着奇异魔力的镜子，每个意识到它的特点并已醒悟其命运的等级社会组成部分在等待着一个时刻，争斗的尘埃或成功的魅力遮掩了他的视线。在那个令人心醉的镜子中。它看到了具有使人心旷神怡的诱惑力本身的原貌；因为它所看见的并不是它本来的样子，而是它在人类眼睛中和它自己心中它应该具有的模样。封建贵族已经看到并且发现一个由忠诚、骑士气概和荣誉组成的世界。君主制或者劳德和斯特拉福德期待着它；他们看到一个民族为从一个道貌岸然的和父权制的君主制产生的丰富的物质繁荣和精神启示而祈祷——一个民族“加强并修饰……国家的富裕……教会的繁荣……商业发展到这样的程度，以致我们和基督教界换了个位置……除了他们储藏在这个王国的仓库中的东西，所有外国商人找不到任何东西”。[30]在一个遥远的日子，工匠和粗工在寻找并找到了一批同志，那时他们该知道，有了友谊就能生存，缺少友谊就会死亡。对于17世纪初期的中等阶级来说，他们在崛起，但还没有取得胜利，清教便是这面魔镜。它所显现的是一幅严肃得有些粗暴的图画，然而并非没有冷静地加以净化——这 211
是真挚、热诚、虔诚的一代，不屑于欢愉，劳作严守时间，坚持不懈

地祈祷，节俭并带来繁荣，对他们自己和他们的使命充满庄严的骄傲，确信勤奋的劳作会使上帝满意，这些人像荷兰的加尔文教徒一样，他们取得的经济上的成功和他们坚韧不拔的新教信仰一样著名——他们是“有思想、节制和勤劳的人，他们相信只有勤劳苦干才能对上帝履行其职责”。[31]那时微风拂面，镜子模糊不清。过了很久，才有人再度提出质疑。

二、神圣的宗规与贸易的宗教

清教是英国中等阶级的教师。它增进他们的美德、净化而没有根除他们共图一时方便的恶习，使他们坚定不移地确信：在美德和恶习背后站立着全能的上帝的庄严而铁面无私的法律，没有他的先见之明，锤子敲不到铸件上，数字写不到账册上。但它是一所奇异的学校，它只教一课。清教有力的、持久的和深刻的社会反应不能用它培养了个人主义这样一个简明的公式来总结。马克斯·韦伯在他有名的文章中阐述了这样的论点，加尔文主义以它的英国形式孕育了资本主义，特勒尔奇、舒尔茨—盖弗尼茨和坎宁安作出的同样解释加强了他们不容忽视的权威性。[32]但人的内心包含了不可思议的矛盾，它作为富于活力的不相容之物同时并存。当枯萎的生物组织躺在我们手里时，我们却无法把握它附着的精神。

212 就像每个人在精神上既信天主教又信新教一样，每个人既是社会主义者又是个人主义者，既是权威主义者又对自由入迷。带领他们共同行动的群众运动也是如此。在清教内部既有保守主义和传统主义因素，又有革命因素；既有铁的纪律约束的集体主义，又有无可救药地刺激人类的个人主义，既有有利于收藏这个世界果实的朴素节俭，又有欲使一切事物常新的实足鲁莽。长期的共同培养使它们的不一致被掩盖起来，在内战的熔炉中他们分化了，长老派和独立派，贵族派和平等派，政客、商人和乌托邦主义者都以迷惘的眼睛注视着这些曾被他们当作朋友一起散步的怪物。然后，光辉和幻影消失了；常人俗物的力量占据优势；金属在模具中冷却了；清教精神失去它的光辉和幻影，最终置于同样受尊敬的庄严的坟墓。但是，社会哲学的每一种因素像其它因素一样充满生命力，斗争不是在拥护一种观念的清教与持另一种观点的国家之间展开，而是在清教自身精神中对抗的倾向之间展开。问题是抓住它们之间的联系，弄清楚导致它们兴衰的原因。

人们一直说，“清教的胜利扫除了对使用金钱的一切限制或指导”。[33]它清除的是现存国家机器强加的东西，这是事实；1640 年以后，宗教法庭、高等法院、星室法庭都不再起作用了。但是，如果说它打破了劳德的教会和斯特拉福德的国家的戒律，它确实是这样，但这不过是建立它自己的更加严厉的纪律的一步。或许它在被经济个人主义诋毁的同时也被宗教宽容诋毁，它的组织计划的主要原则在于给商业事务和精神活动以无限制的自由。把伊丽莎白即 213
位到内战这一世纪的任何时期的清教徒视为经济或社会放纵之友，就像绝大多数除了在高利贷这件事以外，他们以难以容忍的明察秋毫的态度嘲弄他的批评者一样，是极不妥当的。

实际上，神圣的宗规是订立誓约的清教徒的真正方舟。法国、英格兰和苏格兰的约书亚们论述了它的紧迫性，这让日内瓦的摩西感到震惊。诺克斯写出它的苏格兰版;卡特莱特、特拉弗斯、尤德尔也写文章来阐述它。班克罗夫特撰文揭露了现存教阶制的严重危险。[34]“宗规”一词隐含“教会政府指导”之意,建立它是为了“按照错误的性质,通过教会的批评纠正教会的劣迹”;[35]而清教徒长老监理会16世纪的活动表明,依靠公众良心的压力实施的生活规则的概念最终借助于精神惩罚来推行,是其体系不可缺少的部分。伊丽莎白统治之初,伦敦分离教派的信徒说,它们的目标不仅要“自由和纯洁”地传播福音,也不仅在于纯洁圣礼的宗教仪式,而且要“使宗规而不是不洁的教会法更合乎神圣全能的主耶稣基督的言语”;[36]他们打算提出比言语更多的指导。班克罗夫特暗示,一位信徒犯了罪时,长老首先警告他,然后把他逐出教会,这是通行的做法。保存至今的一个这类教派的记录本证明了他的说法。[37]

16世纪末以前,所有这些早期运动都烟消云散了。但是,这一概念在长老派中扎下根,并且在教会管理体系中重新出现,在威斯敏斯特会议中,傲慢的苏格兰国教会全体大会的代表在埃拉斯
214 图派为右翼、独立派为左翼的斗争中的努力没有取得确实的胜利。高等法院、担任圣职的所有人的世俗审判权和宗教法庭本身的废除,留下一个真空。对此难以忍受的贝利写道:“亨德逊先生已准备了一篇短文,要求我们的教会要有宗规。”[38]1646年6月,缺乏热情的议会接受一项条例,它是经过了三年无法忍受的冗长的辩论后,在会议所属教会管理与宗规委员会会议上提出的,它要求停止犯诽谤罪的成年人的职务。独立派讨厌它,议会对它很冷淡,他们不打算承认长老会的神权。这一体系从没扎下深根,至少在伦敦

是如此。人们未看到由长老或长老监理会进行审判的例证。另一方面，在兰开夏郡一些地方，总而言之，这一体系直到1649年仍在积极地起作用。肖氏（Mr. Shaw）认为政治环境的变化，特别是军队的胜利使它未能在更长时期起作用。[39]

包含所有道德行为问题的“宗规”，在大量经济关系还几乎没有对非个人结构的那个时代作出自动反应，不过是关于村庄或集市人们的邻居是善良还是卑鄙之类的问题，经济行为自然只是其中一部分。强烈地希望中世纪教会文明观念永恒的加尔文和贝扎，企图让日内瓦成为一种不仅教义纯洁，而且合乎社会公正和商业道德的模式。那些从他们那里吸取源泉的人，在不那么有希望的环境中继续着同样的传统。布策尔在日内瓦的崇拜者认为存在某些比政治家的宗教改革更重要的事情时著书立说，催促那个政教合一的社会对经济生活的每个方面进行重建。[40]英国清教在踌躇片刻之后接受了加尔文经过很多斟酌才赞成的适度谋利理论，但并没有纵容世俗事务以外的其它方面的变化。纽斯塔布诉诸“上帝有价值的工具加尔文先生”的教导，证明惯放高利贷者应该被“逐出人类社会”。斯密使上述的论题具体化。因为信仰清教而失去教授职位的巴罗谴责“富人和那些地位更高的人通过借钱或赠款给高利贷者来设置圈套压迫穷人和处于窘境的人的老一套做法”。伊丽莎白时期清教运动最著名的领袖卡特莱特把高利贷看作“对上帝和他的教会的刻骨仇恨”，要求那些攻击者不得参加圣礼，直到会众对他的忏悔感到满意为止。[41]所有这一切典型地表现在要使教徒满足于一种有节制的竞争和避开富人诱惑的指令中。斯塔布斯写道：“每一个基督徒在上帝面前都清醒地意识到要为家

庭和家属提供保障，可是要使他的过度的关心不要超过其义务的真正的虔诚的范围，……上帝告诉我们，我们不要贪婪和过度忧虑关心，我们不该在今天去牵挂明天，因为满足今天的需要同样是很辛苦的事。”[42]

从基督徒的见地来看，16 世纪上半叶关于社会伦理最有影响的著作是埃姆斯的《论良心》(*De Conscientia*)。它是一部基督徒行为指南，意在为会友提供实践指导，中世纪的《富人和穷人》(*Dives et Pauper*)等著作曾作过这种指导。它已成为标准的权
216 威，被后来的作者一次又一次地引用。由于伦敦主教禁止他传教，埃姆斯在荷兰逗留了二十多年，他在弗兰内卡大学取得神学教授职位。他在这个当时作为欧洲商业之都的国家的社会生活经历，使他严肃得有点冷酷的社会学说更引人注意。他承认在他的时代必然无法区分投资于商业的资本与投资于土地的资本获得的利润，因为人们不加区别地投资于这两个领域，并且，他像加尔文一样，否认利润原则上是为圣经或自然理性所禁止的。但是像加尔文一样，他对他着迷的事情有所保留。他要求借钱给穷人不该收取利息，他认为理想的基督徒投资者作为贷款人应当和借款者分享风险，并且要求只能“根据花钱者花钱时上帝赐福于他的程度收取公平的利息”。他关于价格的教诲也很保守。“希望贱买贵卖是常事(正如奥古斯丁所观察到的)，但它是一种普遍的恶习”。禁止人们销售时超过政府当局规定的最高价格，但他们可以以低于它的价格出售，因为对它作出规定是用来保护购买者的；在没有法定最高限价的时候，他们必须遵守市场价格和“谨慎公正的人员”的裁决。他们不得趁个别买主急需之机从中获利，禁止他们过誉他

们的商品，禁止他们仅为弥补损失而抬高价格。[43]清教徒对圈地问题的言论同样很激烈。[44]

这样的宣教不仅反映出教士虔诚的学究式想法，它得到一些悔罪情绪的共鸣；它在会众的行为中留下了一些痕迹。如果说迪尤斯成为比通常更强烈的进取意识的无力抵御的牺牲品，他也是在公共事务中起不可忽视作用的人物；迪尤斯不仅把烧毁他父亲房屋的火归于神对不义之财的天罚，还在遗嘱中写道，为避免可鄙 217
之物的玷污，必须为他女儿安排生计，不是按固定的即掠夺性的利率投资，而是通过购买土地或年金。[45]16 世纪 80 年代在德达姆那里遇到的长老监理会（*classis*）在一定程度上关心仪式问题，教会管理问题，使用礼拜日的权利问题，还有 16 岁男孩在教堂是否可以戴帽子，凭什么标记来发觉女巫一类的重大问题。但它也讨论采取什么措施控制流浪汉；劝告会友限制他们与“最神圣的行业”（制衣业）的交易；劝告城市确立普及教育方案，对于那些父母太穷以致无法负担学费的孩子，通过教会筹款来资助他们；鼓励每一个富裕的家庭应该在他家中资助 2 名（如能力有限则 1 名）他的“处事正派，职业名声很好”的贫困邻居。[46]在威斯敏斯特会议精心设计的冗长的因恶意中伤和臭名昭著的罪名而不得参与圣餐礼的违犯教规者的名目中，不单有醉汉、咒骂渎神者、崇拜和制造偶像者、送递决斗书的人、在主日跳舞、赌博和演戏者、信巫师巫婆者、算命者，而且有更邪恶的沉溺于勒索、圣职买卖和受贿者。[47]兰开夏郡伯里的长老监理会（*quantum mutatus*）把这些经济过失看得很重。在经过相当的辩论之后，于 1647 年确认“高利贷是可耻的罪过，对顽固不化者应该中止教职”。[48]

有教养之士急切地从礼拜堂赶走货币兑换商，使人们与上帝更接近。“上帝给你荣誉，让你取得权力并得到信任，他期待你不
218 辜负这种信任；你每天都在接近坟墓；你停留在永生的边缘；你一息尚存；因此，用你两倍或三倍的决心，热情地去做善事……懒散的官员安然老死多么可怕！用什么来酬劳懒惰的官员？难道不该惩罚那些在主面前不断进行破坏的人？”[49] 在那个特别的年代，索尔兹伯里主教正是用这种语言要求威尔特郡法官关闭四家酒吧。显然，法官关闭了它们。

试图以客观标准把社会道德明确化，只是在神权国家中才有可能；而且，尽管它口若悬河，但在恶魔之子归来砍倒它的小树林并废弃它的灵场之前，占统治地位的僧侣集团在事实上已经让位。在一个不信奉国教者的权利还未完全得到承认的年代，它遭到失败是一种幸运，因为这是宗教宽容的胜利。无论如何，它意味着宗规向在巴本议会时期达到顶点的以国家行动推进改革的意图让步。法律改革、婚姻改革、金融改革、监狱改革、对债务人进行救济等改革方案在议会委员会中相互竞争；这时在议会之外，激进派对社会和经济特权大发牢骚，这些言论直到宪章运动时期才又听到。对克伦威尔的保守观点而言，这些言论好像纯粹是无政府主义。从基督教会强制推行的一直作为早期加尔文主义特征的道德法规的观点转变为清教运动后期的经济个人主义，事实上是通过独立派的民主鼓动而实现的。由于憎恨整个教会戒律的约束和强迫服从的机制，他们努力通过政治行动来达到同样的社会和道德目的。

219 变化是巨大的，假如英国社会民主运动有唯一的源泉的话，那么这个源泉将在新模范军中找到。但是，这个概念含有系统地表

述经济道德方案的企图——这一理论使生活的每一方面都处在同一个包容一切的宗教穹拱的庇护下——它是如此根深蒂固，以致只能通过政治变革才能击碎，或者通过经济发展进程的大量侵蚀才能驱除。尽管它始终是作为一个异乡人和逗留者从真实世界被驱逐，它仍然存在于观念世界中，它的拥护者在该世纪后半叶对它作了更为详细的阐述。确切地说，是因为他们知道这一概念必须通过教导、布道传达给他们的听众，否则就毫无用处。在这些阐述者中，最博学、最实干和最有说服力的是理查德·巴克斯特。

巴克斯特在基德明斯特怎样努力将可行的教导传达给他的会众呢？他自己曾告诉我们："每星期四晚上，我邻居中最有上进心的人有机会在我家聚会，他们中一人重复布道，然后他们提出对布道的任何疑问，或任何其它关于良心的问题，我解答他们的疑问。"[50]就形式和内容二者而言，他的《基督徒指南，或实践神学和良心问题大全》是本值得注意的书。它本质上是把清教的《神学大全》和《道德大全》合二为一；[51]它的论述方法直接来源于中世纪的《大全》，并且也许是那类著名《大全》最有权威性的英文样本。正如巴克斯特在他的导言中解释的，它的目的是解答良心实践问题，使神学知识变成严肃的基督徒的实践。它分成伦理、经济、教会和政治四部分，它的目的是建立基督徒用伦理学判断是非的准则，它十分详细和准确，能为人们处理与各类人的关系如律师、医生、校长、军人、主人和仆役、买者和卖者、地主和佃户、放债者和借 220
贷者、统治者和臣民提供实际的指导。它的部分材料来源于宗教改革前后的作者关于类似问题的论文，巴克斯特有意继承这一伟大传统。但首先它是现实的，它的方法给先前他试图回答的他的

许多会众提出的问题提供了表面上说得通的解释。它的目的不是以权威来压倒人，而是通过诉诸基督徒读者共同的启蒙意识来让人信服。因此，它不忽视如东印度公司在遥远的市场经营着贸易、商业普遍地建立在信贷之上，金属制造是大规模工业因而要求提供大量资本、并给明智的投资者打开利润之门，地主和佃户的关系因伦敦大火陷入混乱等等这个世界实际发生的事实。它并不忽视由商业生活提供机会使道德品质成长。它的起点是复辟时期的商业环境，它的学说是为“罗马或伦敦、而不是为蠢人的乐园”设计的。

巴克斯特对他那个时代现实的承认使他学说的内容给人以深刻的印象。因为每个人都承担道德责任，给经济行为提供一个用伦理判断是非公式的这种企图明显地暗示，经济关系只是被看作人类行为的一个部门，而不是作为道德评判对其无关紧要的无生命机制的结果。因此，巴克斯特拒绝承认那种通过证明个人行为是不可控制力量的结果来为个人开释的、省力的二元论。他坚持基督徒出于他的信仰必须承认一定的道德标准，这些标准在经济
221 活动领域像在其他人类活动领域一样具有强制性。以通常的反对理由来看，宗教与商业没有任何关系——“每个人都将获得他能获得的，只有购者留心(*caveat emptor*)才是最安全的”——他明确回答说，基督徒并不接受这种处世方法。不管法律的界限在哪里，基督徒首先考虑的是上帝的法则和公众的幸福。因此，他自然不会以牺牲别人为代价去赚钱，而一定的商业利润收入从一开始就对他关上了门。“掌握过分的垄断或商业，势必使你从公众或大多数人的损失中致富，那是非法的”。

但是，基督徒不仅要避开独占者、囤积者、联合起来囤积居奇的组织者实行的明显的敲诈。他还必须用一个人从事公共事务的精神去从事他的商业；他在处理他的商业事务时，必须使他的邻居与他同样获益，并且，如果他邻居是穷人，则为邻居利益的考虑要超过为自己利益的考虑。他不该“以低于它所值的价格来获取他人的货物或劳动”。也不该“利用人们的无知、错误或急需对他们进行勒索”，为他自己的商品谋求高价。当物价由法律规定时，他必须严格遵守法定最高价格；当价格未规定时，他必须遵从公众意见的估价。如果他发现一个买主愿出高价，他“不可利用他的便利或要求来谋取太大的利益，而要以他乐意的平等、公正、诚实的价格为荣”，因为认为他们的货物真的值任何人愿意出的价格是不正当的规则。如果卖者预知将来价格会跌落，他不该以他邻居的无知来谋利，他必须如实告诉邻居。假如他预知价格会上涨，他可以将他的货物收回，但是，——有一种复杂情况例外——即，如果它“不损害公众利益，假如……囤积的货物是因为它紧缺，卖出去有助于遏制紧缺”。假如他从穷人那里买进，“必须同时保证慈善的 222
公正”；买者必须付给他自己认为所值的足够的价格，而不能让卖者因为不能抵挡他的价格而损失。应该给他提供贷款或以此获取高于真正价值的价格。无论如何都不该掩盖质量方面的瑕疵；假如不幸购得劣质商品，他“不可以像别人损害他那样做，为弥补他的损失……就像他自己的钱包被划破那样而去划破别人的钱包”。巴克斯特认为，商业中的竞争是不可避免的。但是基督教徒不该“出于贪婪的目的”讨价还价，“也不该损害穷人，同时稳健的商人不应该扰乱应遵循的社会秩序”。相反，假如“一个恶毒的压迫者”

给穷人低于他的货物所值的价格，那么，“有责任给穷人商品以实价并使他免遭压迫”。

决定买方和卖方之间契约的原则同样适用于其它经济关系。从给贷款付息的意义上看，高利贷本身对基督教徒并不是非法的。但当放债人不允许借款人获得他的劳作、冒险所得，或贫穷所切实要求的部分……而以借款者的劳动为生时，或者当他不顾借款者的不幸，尽力榨取他的每一磅肉时，或者当按慈善要求免除借贷所要求的利息时，它就成为非法的。老板必须规劝他们的仆役行善；但是给仆役或粗工欺骗性工资，或者得给他的工资低于他应得的工资，则是可恶的压迫和不公正的。[52]作为约曼家庭的后代，巴克斯特“不受贫穷和富裕的诱惑”。他对土地所有者的伦理自然持激

223 烈的看法。值得注意的是，他是在“特别是佃户受压迫的案例”的总标题下处理这些问题的。压迫一词被定义为“损害无法抵抗或维护自己权利的下等人”。“在所有富人蛮横无理地压迫穷人的地方，侮辱穷人，不管对错，强迫他们遵从他们的意志并为他们的利益服务，这太常见了……特别是毫无怜悯心的地主是乡村常见的压迫者的中坚。如果少数人有足够的钱购买一个郡所有的土地，他们认为他们就可以随心所欲地去做，跟他们的佃户强行讨价还价，佃户是他们的奴仆……一个压迫者反基督，反上帝……不仅是魔鬼的代理人，而且是魔鬼的翻版。”像在他对价格的讨论中一样，巴克斯特分析领主和佃户关系时引出的良心问题的要点是，没有人能确保不损害他的邻居而获取金钱。除非在异常特殊情况下，领主不得完全按在市场上吸引人的高度竞争性的地租出租土地，“英格兰普通的佃户早该获得已大为减少的够他们安逸生活所需

的价值，在他劳作之余在家里自由自在地为上帝服务，考虑他们得救的事情，而不需要如此辛劳、忧烦并抑制欲求，致使他们不像自由人而更像奴隶”。他不该不考虑对他的佃户的影响而改进（即圈占）他的土地，或者赶走佃户而不给予补偿，并因此导致人口下降；新来者也不该提供“比他能够支付的或领主完全有理由向他索取地租更多的地租”而剥夺常住佃户的租借地。总之，基督徒应避开“那些妨碍个人履行其义务的无端的、使人困惑的、令人伤感的职责”，他经营商业时应把“避免罪孽比避免损失看得更重”，首先追求他良心的安宁。

在所有这些说教中，现代读者印象最深的是它的保守主义特 224
点。尽管过去两个世纪经济和政治发生了革命，但基督徒信仰的社会道德变化却如此之小！《基督徒指南》问世后几个月，财政部暂停支付在盘根错节的伦敦金融网络上撕开了一个大洞，也给欧洲金融市场造成了一次震颤。但是，巴克斯特尽管不纯粹是好古癖，但他以类似中世纪经院哲学家的口吻论述买卖中的公正、公平价格、合理地租、高利贷之罪，尽管结论不尽相同。他跟如圣安东尼诺一样的已故基督教神学家不同，就像圣安东尼诺与阿奎那不同一样。七年后班扬出版《恶人传》，在他谴责的恶行中有“通常累及商人的压榨之罪，他们全无良心，他们一有机会就掠夺邻居”；小商贩的恶习是“购尽穷人的粮食储备，再以不可思议的价格卖给他们”；高利贷者的贪婪使他们“看着穷人掉入他们的口中”，还有“当铺老板”这样无耻之徒把钱物借给陷入窘境的穷人，用这种或那种诡计一年借贷获得 30、40 甚至 50 镑。当基督教善男信女看着“恶人”在贝德福德的商店盘剥穷人，在他们带上维生之物和凭单启程

去遥远的伦敦城之前，他们记住上帝对折磨和压迫他们的原因的解释，他们回想起琐辖之子以弗仑与大卫和耶布斯人（*the Jebus-*
225 *ite*）阿珥楠交易时的教导，“卖得太贵和买得太贱都是恶行”，[53]雷根斯保的男修士贝特霍尔德四个世纪以前在用德语所作的痛快的布道中说过同样的话：“商业就是商业”，商业活动的世界是自有其法则的封闭结构，这些观念或许比通常认为的更古老，却并不像有时想象的没有痛苦就会赢得胜利。清教和天主教无异议地接受这些将人类所有利益和活动都置于宗教范围之内的观念。清教徒和天主教徒试图完成系统表述用伦理学判断经济行为是非这项基督徒艰巨的任务。

他们对此作了尝试。但他们并不比经常重复其教义的教皇和神学家更为成功，虽其并非总是无意地重复那些教义。他们失败的根源不单在于商业环境更为顽强的抵制造成的障碍，而且像所有意味深长的失败一样，根源还在清教自身的精神之中。美德常被恶行征服，然则当遭到更加富于斗争性的、更有效的或更合意的美德的打击时，它们便彻底地崩溃了，这不单是莠草布满了播下良种的土壤。归根到底，基本的问题不是一种信仰要采用什么样的规则，而是它尊崇和培养什么类型的品格。对于基督徒道德规范而言，它给无数种使买卖双方紧张的罪孽采用的借口提供忠告，清教徒的特点不是提供直接的对立面，而是提供一个光滑的表面，使这些宗教训诫在其上找不到任何持久的立足点。巴克斯特精心设计的基督徒道德是精巧的和纯粹的。但它们好似鸟儿从遥远肥沃的平原衔来的种子，掉到冰河上。种子在冰河上不能生长却也不会腐烂。

“资本主义精神”跟历史一样古老，却不像有些时候所说的，为清教所孕育。但是，在晚期清教的某些方面仍能发现一个主音，这一主音鼓起它的热情，保卫它已经很有力的倾向。乍一看，没有什 226
么比加尔文在日内瓦以无悔的强劲热情所实行的、他的信徒在其他地方以较温和的方式所宣传的巩固的集体主义、几乎军事化的纪律、与对内战后作为英国商界特性的经济进取心一切传统的限制的激烈否定之间的差别更大了。事实上，同样的成分自始至终可见，但它们按不同的比例加以混合，在不同时期呈现出不同温度。像个人性格特征在成熟地表现出来前一直受到压抑一样，清教的倾向直到后来与以社会道德或公共利益名义反对对经济关系加以控制的运动结成潜在的联盟，政治和经济的变化在准备好适合它们成长的环境时才显露出它们自己。这些条件一出现，就不只在英国看到这种转变。在荷兰、美国、苏格兰、在日内瓦本地，在所有国家都一样，加尔文主义的社会理论经历了相同的发展过程。它以成为权威主义统治的灵魂为开始，而以它差不多成为实利的个人主义的媒质时为结束。在16世纪，在社会改革者意在推崇加尔文的经济热情时，他们在英国复辟时期的后继者中如果说有人受人劝诱把加尔文作为经济特许制之父加以谴责的话，那么另一些人则欢呼加尔文的公社对他们的商业进取心和他们自由摆脱对经济道德问题古老偏见的作用。而那些射出精神之箭的人却对它们会落在哪里知之甚少。

227

三、经济美德的胜利

一位深知精神工作辛苦的人写道："一束光照在黑暗的地方格外明亮。上帝保佑照亮我心中的黑暗。"[54]上帝对个人心灵的启示是所有信仰的核心，清教神学的本质不仅要成为这样的核心，而且要剔除所有杂质和无用的一切，只剩下神秘的以共同信仰为基础的团体作为全部内外实在。唯有神恩能拯救人，而神恩是上帝直接赐与的、无须任何世俗机构作为中介。上帝的选民无法通过他们自己的任何行动召唤它；但他们能通过修身养性获得它，并且在得到它之后珍藏它。假如他们专心致志独守长夜不受任何打扰，那就算尽了最大努力。像一位工程师，为引导汹涌而来的潮水的冲击，筑水闸拦住它赖以倾泻的所有河道；像一位画家，为使光线看得清楚，将所有光线没有照到的部分涂暗；清教徒通过专注和克制的巨大努力使他的内心与上帝之音发生共鸣。为赢得一切，他放弃了一切。当世俗的支柱被摧毁时，一种精神竖立在上帝面前。通过一种减少的过程获得无限。

从某种角度看，全神贯注于这种无比热情的体验的不仅有宗教和教会体系，而且包括整个人际关系领域，整个社会制度网络，表明了他们的理想主义的价值和他们对人的无限创造力的渴望，在一束新的冬日之光里展现了他们自己。精神之火在炉中熊熊燃烧；但是清教徒除非是一位诗人或圣人，透过他的心灵之窗，好似观看一幅没有春天气息的风景。他看到的是可怕的冰冻的荒野，
228 起伏不平，在大雪覆盖下好似坟墓——孤独的星空下为哀痛的树

枝遮盖的荒野。他必须独自穿过这片荒野。没有人能帮助他:没有传教士,因为只有选民才能理解上帝话语的精神;没有教会,因为可以找到的教会都被摈弃;没有圣事,因为圣事只用来增加上帝的荣耀,而不是用作在精神上培养人;甚至没有上帝本身。因为基督已经为选民而死,造物主的威严将在对除有创造力的人之外的所有人没完没了的诅咒中显示出来。[55]

他过着面对敌方边境的战士的生活。他在精神上遇到了第一批美洲拓殖者身受的那种危险,背后是海,前面是未驯服的荒漠,周围云集着野蛮的敌人。在那里,天主教徒和英国国教徒发现了像是对世俗感官世界献祭那样徘徊着的隐身人,一束非尘世的然而却美丽的熟悉的神的闪光照到他泥污的罩衣,清教徒为失去的天堂、沉沦于罪恶的万物而悲叹。当他们把社会看作一个人们按照契约分成不同等级和阶层的不可思议的整体,但因参加共同的基督教生活而享有荣誉之时,他看到存在于苏醒的精神与异己的冷漠的敌对世界之间的惨淡对立。在他们尊崇庄重的秩序的地方,凭着慈善工作、节日宴会、教堂祷告和仪式结成的伙伴关系将过去与现在、人与人、人与上帝编织在一起,他以痛恨的态度对待败坏人类正义的行为。总之,在他们感到满足的圣礼中,他使其灵魂从深陷的罗网中解脱出来。

> 我们获得的不过是我们给予的,
> 在我们生活中唯有上帝存在。

他常常谴责外部秩序不高尚,最终因为他的谴责使它并且最终使他自己更不纯净。

229 那些离开他们的伙伴孤独地寻找上帝的人，除非三倍地防备追求的危险，很容易发现是魔鬼而不是上帝的面孔和他们自己的脸有令人困惑的相像。清教徒的道德自足激励着他的意志，但它也侵蚀着他关于社会共同责任的意识。因为，假如每个人的命运都取决于他和他的创造者之间的私人交易，那么还有什么人类干涉的余地呢？作为耶稣的仆人，尤其是耶和华的仆人，他把上帝尊崇为最高审判者而不把他作为值得爱戴的圣父，他不是出于对误入歧途的同胞的情感而感动，而更多地为对那些“对幸运无动于衷的”该遭天罚的人的愚昧忍耐不住的义愤所感动。一个为自由而牺牲手足之情的精神贵族，从他对个人责任的理想化中提炼出一种个人权利理论，经过世俗化和概括，成为世界上迄今所知最有力的炸药。他还从那里提炼出一套把传统的基督教美德几乎完全颠倒过来的道德价值观，由于它切实可行，他把它作为一种动力带进日常的商业和政治生活中。

尽管行为无助于自由得救，它却是他已经具有天赋的一种证明，作为一种手段被否定的东西，又被看作结果重新采用。而清教徒由于意识到他是一个被确定的和被选中的人，他自己投入实际活动时有一种可以消解所有怀疑的神通广大的能量。一旦从事实务，他便以其全部无情的逻辑，既带去他的教义的优点，也带去其局限性。他受上帝之召去他的工作场所劳作，马上获得活力和体魄，使他在战争和商业拼搏中不可抵挡。他相信性格决定一切，而不管环境怎样，认为被遗弃的穷人，不是需要可怜和救济的不幸

230 者，而是需谴责的道德沦丧者，而财富不是怀疑的对象——尽管像

其他天赋一样可能被滥用——而是对能力和意志胜利的祝福。他经过自省、自律、自制的锻炼，是注重实践的苦行者。他不是在修道院，而是在战场、在账房、在商场取得胜利。

这种气质当然包含不同类型的性质和着重点，在作为清教精神大本营的中等阶级和商业阶级那里找到它的社会喉舌，“他们由于勤奋和美德而受尊敬”，[56]弥尔顿称之为启蒙和进步的倡导者。我们如此习惯于将英国看作经济进步杰出的先驱，以致我们容易忘记直到晚近它才起这样的作用。这种作用在中世纪属于意大利人，在16世纪属于西班牙帝国统治下的尼德兰，17世纪属于联省共和国，最重要的是荷兰。

莎士比亚和培根的英国就其经济组织和社会外观来看，在很大程度上仍然属于中世纪，津津乐道于维持习惯的消费标准，而不是为未来积累资本，贵族蔑视经济效能，农民在组织起来的混乱的、实行敞田制的村庄中耕作维生，还有一个虽然在成长但数量很小并存在戒心的保守的工匠群体。在这样一个社会中，清教像酵母一样使整个大众人心骚动。它穿过稀疏松散的编织物，就像克伦威尔的铁骑军穿过鲁珀特混乱的骑兵队。至于在爱尔兰，异质的因素不可能同化，结果是创伤在三个世纪中溃烂。在英格兰，它立即起了一种刺激和兴奋作用。清教有它自己的社会行为标准，部分来源于明显属于商业阶级的利益，部分来源于有关上帝本质和人的命运的概念。这些标准跟英格兰社会残存的相当多的封建 231
主义因素以及威权国家的政策形成尖锐的对立，它的不同成员根据它递进的等级制的社会观念在父权制君主制的压力和保护下维持着他们传统的地位。清教的影响削弱前者，清教的直接攻击推

翻了后者，它成为为最终在革命中胜利的商业文明开辟道路的潜在力量。

旨在推翻教会统治的宗教激进主义的抱怨与憎恨以宗教或社会政策名义对个人私利加以限制的经济激进主义紧密结合。这种抱怨因伊丽莎白统治初期更加褊狭的宗教派别的观点而加剧。[57] 17 世纪的作家重复着一种控告，在从事商业事务时，清教意识失去了它的审慎，而他们中某些人受到需要对此作出历史解释的现象的冲击。他们通常抓住作为榜样的是清教神学家沉溺于适当的利息这一具体问题，通常倾向于认为这是处理疏忽的表现。由于玛丽女王迫害的结果，如此生动的故事便开始了。[58]逃到大陆的避难者无法在异邦开展商业。为生活所迫，他们投资而以利息为生，谁能抱怨他们在如此神圣的事业中所犯的轻微过失？后来的作家们美化了这幅图画。他们的论点之一认为，解散修道院时期财产的重新分配和该世纪中期商业的扩张导致信贷活动巨额增长。加上附着于贷款谋息之上的恶名——“一种狡诈的该禁止的做法”——不仅流行于天主教徒和国教徒中，而且流行于与不那么小心谨慎
232 的“宗派”成员相互勾结的诚实的清教徒中。由于政治上的失望，他们转向放债，他们未敢冒险在理论上为它辩护，却在实践上保护它。“这并非改变信仰的丑事，作为权宜之计，尽管高利贷的名声绝对邪恶，然而对寡妇、孤儿和其他虚弱无力者来说（这里主要包括被迫害的圣徒）是可容忍的，因为靠它获利是出于生活所迫”。很自然，加尔文关于适当获利具有合法性的教义受到这些伪君子以开心的欢呼表示的欢迎。“几位他们自己要求被看作第一等级的孤儿之热忱的牧师忠告说，它对于会友就像把一夫多妻制用于

土耳其人一样。”[59]它不仅是对适当的利息的辩护，而且断言清教徒现出了原形。清教徒自己也抱怨主动的严酷交易冷酷无情，对穷人极为苛刻，这跟未改革时教徒的实践正相反。1653 年一位清教徒写道：“罗马天主教徒可能会跳出来与这个时代的许多人为敌。他们在坏的原则上比基督教徒在好的原则上走得更远，这是一件可悲的事情。”[60]

这些历来就被政治小册子作者看作是历史。真实的历史少些戏剧性，却有更大的意义。从一开始，加尔文主义就包含两种成分，加尔文自己融合了它们，但留下了未来不和的种子。它马上给予商业企业精神全心全意的认可（*imprimatur*），更早一些的道德家对它表示怀疑，并以宗教法官的戒律加以限制。在日内瓦这个把加尔文主义作为信条的很小的同质城市，第二个方面占支配地位；在英格兰多面的生活中，那儿有无数冲突的利益平衡着它，而且在那里长期以来在政治上很薄弱，第一个方面占支配地位。然后，在 16 世纪后期和 17 世纪初期，出现了商业和金融扩张的高 233
潮——公司、殖民地、纺织业中的资本主义、矿业中的资本主义，金融业中的资本主义——加尔文时代还在保守的政治家控制下学步的英国商业阶级，现在已爬上高位，而且极其富足，得意之极。

随着清教运动复苏，这两个因素自然地分离。从未适应英国环境并且沉默而不受注意的集体主义和半共产主义见解突然出现在人们面前，最后一次以共和国时期民众请愿的形式引起商人和地主的讨厌和恐怖。适合于商业世界的个人主义成为清教的突出特征，它刚一来到，便在成为一种政治力量的过程中立即被世俗化，并致力于和解的事业。它所注目的不是试图在人间建立一个

“基督的王国”，而是通过解除对于社会和个人两方面的义务来建立一种关于个人性格和行为的理想。它的理论很严格；它的实践结果则是自由。

在英国特定的社会和政治条件下，这种变化是不可避免的。胡克已经指出，长老派信仰与英国社会的分层是不相容的。[61]假如到17世纪初日内瓦的市议员抛弃了加尔文体制中的宗教集体主义，那么，无论加尔文主义的神学引起他们怎样的注意，都不可能指望在一个贵族的和正在成长的商业国家中，地主和资产阶级会对包含了加尔文主义的社会学说表示好感。在斯图亚特最早两个国王统治时期，经济利益和政治理论从相反方面有力地吸引他们。在威尔逊的《论高利贷》中，一位商人指出：“商人的行为不得被教

234 士和其他人反对。”[62]在引起历史学家注意的都铎王朝控制的精巧表象背后，一种个人主义的运动已在稳步发展，它通过限制圈地、控制食物供应和价格、干预金融市场、规范工资契约和学徒制这些反映陈旧经济关系的传统政策以反面表现出来。在17世纪最初四十年间，基于权宜之策，商业和有产阶级在整个心怀奢望但无效率的经济温情主义制度下变得越来越难以驾驭，在社会共同体的同一层面中，存在着极为激烈的宗教和经济不满。清教以它在工商业活动中表现出的理想化的精神力量，把孤立的不满的溪流汇合起来，以宗教的和社会哲学的尊严锐气向前推进。

因为它不单是倡导关于神学和教会管理的特定教义，而且包括了社会生活各个方面利益和意见的会战，清教运动与国王发生了冲突。事实上，像最有历史影响的思想一样，清教的社会和宗教方面是分不开的；它们作为一个计划的不同侧面，既对支持者也对

反对者呈现自己。“所有这些交织着贫穷的朝臣、傲慢的侵占别人权利的教士、窃贼似的设计师、淫猥的贵族和乡绅的观点……无论谁，只要他坚持听完一次举止和谈话温文尔雅的布道，或参加任何这样的善事——他们便都成了清教徒。”[63]这不是一种理论上的冲突——系统的理论上的个人主义在复辟以后才产生——而是经济利益和不相容的关于社会权宜之计的概念之间的矛盾。

查理一世政府犹豫地奉行的经济政策与1661至1685年柯尔 235
贝在法国发展起来的具有更不妥协形式的体系有某种相似性。它赞成一种人为的由国家扶持的资本主义，这种资本主义是依靠特权赐予和向愿意支付费用的公司创办人作出让步，并伴随着一套精巧的国家控制制度的资本主义，如果说它部分地为对公共利益真诚的关心所驱动，它常常很容易沾染上丑恶的金融臭味。它的特点表现在特许权的赠予；王室恢复了在伊丽莎白统治时期伦敦城曾反对的对于汇兑业务的垄断；按照精心设计却不现实的法规强行采取行政行动控制纺织业，并且在遏制粮食投机；对圈地的地主、支付实物工资的雇主、逃避经评估规定的捐税的商贩、忽视执行济贫法的法官的制裁中表现出来。这些措施与临时性的建立乡村粮仓、把某些工业转入王室手中，甚至与呢布生产事实上的国有化结合在一起。[64]

斯特拉福在写给作为清教徒的劳德的信中说：“人民国家的真正天才在民事和宗教上总是领导他们反对官方对他们下达的命令。”[65]反对所有这些使经济活动变为政府及其依附者的获利工具的企图——就是要反对国家时断时续的保护农民反对地主、保护工匠反对商人、保护消费者反对掮客的努力——它贬损和遏制的

利益越来越顽强地进行反抗。人们注意力通常集中的税收问题事实上只是争论的一个因素，它更深刻的原因存在于不相容的哲学
236 的冲突。清教徒商人看到他的生意被授予独占权的贫穷廷臣所毁灭，诅咒劳德和他对教皇制度的奉承。清教徒金首饰商和金融家发现他们经营的金锭掮客生意由于王家交易所这个古老机构的重新建立而遭到打击。下院作出的确认把专利权授给霍兰勋爵的决议，以及禁止未被授权的人从事金银交易的法规引起不满。清教徒放债人受到高等宗教事务法庭的惩罚，并且抱怨主教干预世俗事务。清教徒呢布商饱受好管闲事者之苦，还得听白厅派来的人教他们做生意，当威尔特郡的劳动者把比通常更为讨厌的王室特派员扔进埃汶河时，他们谨慎地不去观看。而当内战到来时，他们聚集到议会。乡村的清教绅士遭到防止人口减少委员会法令的侵扰，他们以召开长期议会会议为报复，清教徒商人看到国王一方面从他们公司榨取金钱，另一方面鼓动朝廷中为营利而干涉他人事务者通过违反特许令去侵犯它们的专利权。清教徒议员投资于殖民地事业，并对商业政策持有与政府不同的想法。商业阶级对他们的能力和智慧充满自信，为他们的胜利而骄傲，对教会和国家干涉商业事务和财产权深感不信任，尽管他们在贸易活动中依赖于富于战斗性的重商主义，甚至在内战前就已大半转变为行政无政府主义，这成为随后一个世纪社会政策的法则，他们的要求通常是
237 在这样的背景中提出的。商业事务应当留给商人处理，不受过时的道德的干涉和公共政策错误论点的阻挠。[66]

作为这一运动最显著特征的经济利益与伦理影响相分离，是和宗教传统尖锐对立的，不经过一次斗争无法使它自己得以确立。

甚至在欧洲商业和金融真正的首都，由于拒绝接纳放高利贷者参加圣餐或授予他们头衔，一场激烈的争论正在展开；只是在乌特勒支大学神学院的全体教授以非凡的热情和机智展开一场小册子宣传风暴后，荷兰和西佛里斯兰政府通过宣布教会与金融问题没有关系，才结束了民众骚动。[67]在法国加尔文派教会中，宗规的衰落引起前一代人的悲哀。在美国马萨诸塞对宗教自由和经济放纵都冷酷无情的神权政治，由于像罗得岛和宾夕法尼亚这样新的州的兴起，它的基础被削弱。它们的宽容、个人主义和功利主义倾向注定要把本杰明·富兰克林可贵的公共意识作为它最好的代表。[69]1709年，格拉斯哥正处在商业企业成功爆发的前夜，一位苏格兰神学家写道："鄙人以为，我们太宠爱商业，以致忽视更有价值的利益的罪过将被写在我们的判决书上……我确信上帝会对我们的商业皱起眉头表示不满……因为它占据了宗教的位置。"[70]

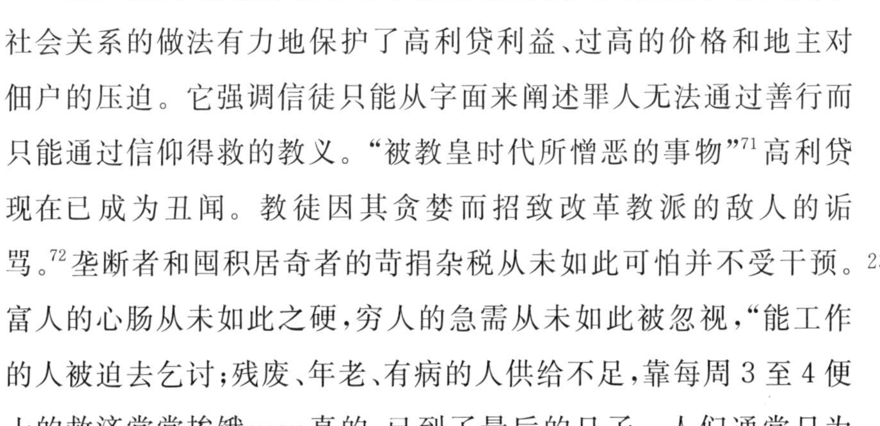

在英格兰，清教作家和神学家召唤的把绝对的经济标准用于社会关系的做法有力地保护了高利贷利益、过高的价格和地主对佃户的压迫。它强调信徒只能从字面来阐述罪人无法通过善行而只能通过信仰得救的教义。"被教皇时代所憎恶的事物"[71]高利贷现在已成为丑闻。教徒因其贪婪而招致改革教派的敌人的诟
骂。[72]垄断者和囤积居奇者的苛捐杂税从未如此可怕并不受干预。 238
富人的心肠从未如此之硬，穷人的急需从未如此被忽视，"能工作的人被迫去乞讨；残废、年老、有病的人供给不足，靠每周3至4便士的救济常常挨饿……真的，已到了最后的日子。人们通常只为他们自己考虑。有些人以宗教形式设立这些问题，却没有宗教的权力"。[73]

但是，这些言辞出自那部分盼顾过去的清教徒。那些向前看的清教徒看到，经济企业迅速成长的精神跟他们自己的心情并非不一致，欢迎它作为盟友。加尔文对现实的迫切需求作出的合理让步，在他较晚的一些后继者那里表现为率直地把商人生活理想化，把它看作是为上帝服务和灵魂的训练场。抛弃对经济动机的怀疑，像中世纪神学家的特征一样，它是改革者的特征。清教在它的后一阶段在经济权宜之计的要求下给它加上了道德神圣的光环，而宗教义务和商业要求以未预料到的妥协结束了它们长期的疏远。它的发言人指出，一门心思考虑经济利益，对灵魂确实存在危险。不管怎样，敌人不是富足，而是有时附着在富足上的坏习惯，它对于过分专注于追逐利润的警告，加上对那些不大受偶发的限定性条件影响的主要趋势的强调和说教，越来越成为一种事后空谈。简单地说，它坚持认为，如果受到神的威胁，赚钱并不是危险的事或其它什么，而且人们能够、也应该为增加上帝的荣耀而推进它。

239 要求沟通鸿沟的观念产生于清教神学的核心。它可以用典型的经常使用的短语“一种天职”来表达。[74] 建立宇宙合理秩序是上帝的事，而它的计划要求每个人应当为上帝的荣耀而劳作。这里既有宗教的天职也有世俗的天职。基督徒的首要职责是了解和信仰上帝；他只有靠信仰才能得救。但信仰不单单是宣誓表白，像闲扯街的多话那样，他的“宗教是高谈阔论”。唯一真正的信仰是产生效果的信仰。“在末日审判时，人们将依据他们的效果受审，而不凭他们说的，你相信吗？你是空谈家还是实干者呢？”[75] 基督徒第二个职责是在实际生活中劳作，在这里，第二个职责要服从第一个职责。一位清教神学家写道："上帝的确要求每个男人和女人……从事这个世界上的某种特定职业来为他服务，既为他们自己也为公共利益……世界的伟大统治者已给每个人指定了合适的位置和处所，不让他在规定范围外活动，假如他不去看守自己的葡萄园和照管自己的实业，他将迷失方向。"[76]

它根据反复强调的作为神意交给他的世俗义务，不从世界上引退，而自觉承担商业职责是宗教和道德中最崇高的美德。"托钵僧会和那些仅为他们自己和他们形式上的信仰而活着的僧侣，从未做一件有助于他们的生存或人类幸福的事……却自信地夸耀他们的事业是完美的；实际上，他们的事业还不如最穷困的补鞋匠，因为他的工作也是上帝赋予的天职，而他们的工作什么也不是。"[77]这个观念并不是什么新东西。路德把它发展为一种反对禁欲主义的武器。但是对路德来说，由于他对经济事务持大主教的 240
看法，天职通常被看作由上帝安排的个人生活的状况，不服从它就是不恭敬的反叛。在清教神学家嘴里，它不是辞职的邀请，而是投身只有到死才能结束的长期战斗的号角。"世界就是他们面前的一切"。他们不仅要在天主感召下（*in vocatine*），而且要通过天主感召（*per vocationem*）苦心求得救赎……天职不是个人出生的条件，而是在上帝指引下每个人自己出于深深的庄严的责任感独自选择的费劲和吃力的事业。"上帝给人这样做的理由，他应当首先思考，然后选择，再付诸实行，没有经过仔细考虑权衡可靠的理由，就选择或确定如天职或生活状况这样重要的事情，那是荒谬和愚蠢的。"[78]

清教道德家在一再重复"劳作是祈祷"（*Laborere est orare*）这

一古代箴言时，赋予了新的更强烈的意义。被他理想化的劳作不单是自然强加的需要，或是对亚当之罪的惩罚。它本身就是一种比任何托钵僧团的要求更为严厉的禁欲主义者的纪律——这是一种由上帝意志强加的纪律，它不是独处的纪律，而是准确地履行世俗义务的纪律。它不单是一种物质需求得到满足后被搁置一边的经济手段。它是一种精神目的，因为只是在它那里灵魂才具有生命力，在不再有物质需求后很长一个时期，它仍将作为道德义务继续下去。像新教徒理解或误解的那样，这样理解的劳作跟“善行”完全不同。它们一直被认为是一系列单独的事物，或者是作为对特定罪行的弥补，或者是出于对获取美德的渴望。清教徒所要求
241 的不是个人的值得称赞的行为，而是每个因素都围绕服务于上帝这一中心观念组织起来，一切无关的干扰被排除，所有较小利益都服从于它的宗教生活体系。

他对那种生活的看法在以下文字中表现出来：“如果你不是很直接地侍奉上帝，那就全身心地投入合法的天职要求你做的辛勤工作中去。”[79]为使他的精神生活更加深沉，基督徒必须准备限制精神生活的范围。他“对别人的事业一无所知，但对他自己的事业明察秋毫。他使自己局限于他自己事务的范围，而无须引火烧身……他看出它[世界]的虚伪，并且他学会只相信自己，其他人只是尚未遭受失望的打击”。[80]不该无所事事地休闲；“浪费时间的人是轻视他们自己的灵魂”。[81]宗教必须积极，不能只是默祷。事实上，默祷是一种自我放纵。“忽视这一点[即，体力劳动和精神劳动]而说‘我将祷告和默想’，就好似你的仆人拒绝你安排的最重要的工作，而他自己试图承担那些较小、较容易的部分……上帝已要

求你以这些或那些方式为你日常生计而劳作。”[82]尽管富人能凭他们的财富选择某些职业，特别是为他人服务的职业，富人并不比穷人更有资格免除劳作。贪婪对灵魂是有危险的，但这种危险不像懒惰那样严重。“死水易腐，而劳其体肤、服从于勤勉工作的天职比沉溺于享受而为世人抛弃要好得多。”[83]免遭贫穷是值得称赞的事，选择更有利可图的职业是人的本分。“假如上帝指给你一种合法的、与其他方式相比（不损害你的灵魂或其他）可获得更多的方式，假如你拒绝它而选择获得较少的方式，那么你就错过了你天职的目的之一，并且你拒绝成为上帝的仆人。”奢侈、无节制的玩乐、个人的挥霍浪费在基督徒的行为中没有任何立足之地，因为“花费 242
每一便士……必须遵从上帝的安排”。甚至对亲戚朋友的过分热情也要避免。[5]“对任何人的爱超过理智所允许的范围均属不合理的行为，因为不适合有理性的动物……它常常占据人们的头脑以致妨碍他们热爱上帝”。[84]总之，基督徒的生活必须是系统的和有组织的，是铁的意志和冷静的智慧的产物。读过穆勒关于他父亲的记述的人，在某种程度上会被功利主义不仅是政治教义，而且是道德态度[这样的话]所震动。或许应该指出，功利主义外套与铠甲之间的某些联系是17世纪的清教神学家编造的。

这些适合商业活动的一般性原则在许多旨在从生活的各种关系阐述基督徒行为规则的书籍中得到表达。你大概能从它们的书名《灵性的航海》、《灵性的耕耘》、《虔诚的织工》[85]中作出判断，当时想必存在对指导职业行为的书籍的大量需求。一个典型的样本是理查德·斯蒂尔写的《商人的天职》。[86]作者由于遵从《统一法令》而被剥夺在乡村生活的资格后，在伦敦阿摩里尔教堂担任会众的牧师，度过他的晚年。可以设想，这使他重又认识到他那个时代伦敦城的精神需求，那时清教的英雄时代几乎结束，而宗教狂热已不再是美德。今天就经济伦理学写作论著的人没有一个能就独立店主说些什么，因为这些人是商人群体真正的代表，而斯蒂尔的书在经济重心从富裕的零售商人转到出口商、工业资本家和金融家之前，就对这些问题和资产阶级的前途作出了展望。

243 像巴克斯特一样，他熟悉早期权威关于公平买卖的说教。但他怀疑它的实际效用。关于质量和重量的明显欺诈应当避免；诚实的商人不该在市场上囤积居奇，或仅仅为增加他的财富而同时从事两三种职业，或者压迫穷人；他也不该追求“超过合理所得的部分”，或者“依赖把别人作为摇钱树以获利”。但斯蒂尔摒弃各种各样不切实际的关于合理利润的客观标准，如生产成本、生活标准、习惯的价格，这些都是在较早的时期提出的，他的结论是个人必须自己去判断。“在这里正像在其它许多情况下一样，真正的良心必须成为市场的管理员”。

但是，《商人的天职》事实上带有它写作年代的特征，不是说在书的页张中残留的中世纪教义的遗风，而是出于使作者轻易跨越传统的考虑，而像实利主义者一样表现出显示天才的乐观主义倾向的健全的常识。他的主要论点令人感到安慰——即宗教与商业没必要冲突。“谨慎和虔诚常常是真正的好朋友……假如你在恰当的地方留心二者，你在两个世界都能很有收获”。他的目标是揭示怎样达到这一愉快的结果，即充分地、有保留地投身商业为上帝服务，他对用道德来判断经济行为的是非自然没有什么可说的，因为他充满了商业本身就是一种宗教的观念。商人的首要职责是充分了解他的天职,并动脑筋去推进它。“给你天赋的上帝也会说,‘占有它直到我来!’你的力量是天赋的,你的身体各部分是天赋的,你的时间也是天赋的。你怎么能够整天无所事事呢?你的商业是适合你的领域……是你必须看守的葡萄园……你的爱好、你的理解、你的回忆……都寄托在这里。”商业和宗教要求之间的冲
突决非不可避免,它们手挽手地前进。由于幸运的分配,基督徒享 244
有的美德——勤勉、中庸、节制、节俭——正是使商业获得成功的品质,所有这一切的基础是节俭;节俭只是用来限制他的开支,是“教导商人开支不得超过收入”的“上帝智慧”的另一种叫法。工业随之而来,而工业同时是有利的和有价值的。它使商人离开“常去的但常常是无用的小酒店”,把他拽到他的商店去,“在那里他能极自信地等待上帝的出现和祝福”。

假如美德是有益的,那么恶习则有破坏性。坏的公司、投机、赌博、政治和宗教中“荒谬的热情”——这些是导致商人毁灭的东西。事实上,不是宗教被忽视。相反,它“在经常使用的虔诚的突然叫喊声中经受锻炼”。要反对的仅是以宗教崇拜为借口不顾人所必需的事务的非商业习惯。但是,这些错误无论是常见的还是不常见的,恰恰是忠诚的基督徒要避免的,他的确不可以欺骗或压迫他的邻居,但也不必走向另一个极端,即过分正义,或拒绝“利用上帝的神意送到他手上的好处”。正像此后时代所发现的,在社会需要与个人私利之间需要预先设计一种适当的和谐一样,商业的成功本身就证明了神的恩宠,因为它证明了一个人忠实地从事他的职业,同时也证明了“上帝保佑他的商业”。“除了他根据天职所做的事,没有任何事会记在他的账上……[商人]关心的仅次于拯

救他灵魂的事情，是通过履行他的天职为上帝服务，并且将它推进到尽可能远的地方”。

245 当职责如此有利可图时，谋利难道不是一种职责吗？格里普曼先生正直的学生为此发生争论，格里普曼是北方贪财郡求利镇的一名教员。[87]推论固然不合逻辑，却那么吸引人！当戴维·琼斯牧师在伦巴德街的圣玛丽沃诺斯教堂轻率地布道时，他用下面的话反对高利贷：“贪婪的法利赛人听到所有这些事情，他们嘲笑基督，”他在伦敦的事业顿时便结束了。[88]

经济活动的春天在道德家还没有渗透的地区存在着，而认为理论对实践直接起反作用恐怕是荒谬的。但是，假如确认经济环境有利于某种特定的行为，成为普遍赞同的对象的将首先是道德和理智。社会习俗要能被人们以全身心的热情去采纳，不单是容忍它而且要为之喝彩，成为一个民族的习惯并被它的哲学家赞同，则需像具备第一种条件那样具备第二种条件。人们坚持金钱目的、经济利己主义的力量、获利的欲望——这些在各个时代常见，无需强调。有意义的是标准改变了，这样使固有的弱点变成彻底的美德。这最终好像是说一个人可以为两个主人服务，因为世界到处在散播幸福，他可以由一个主人付钱，为另一个主人劳作。一种极力主张企业本身承担起上帝赋予的义务的论点，在指责没有慈悲心的贪婪的观念与热烈欢迎经济进取精神的新观念之间架起一座桥梁。

1690 年出现了一本署名 N. B. M.D.撰写的题为《论贸易》的小册子，[89]它以对贸易平衡的传统观念的深刻阐述而著名，是一个
246 持公允见解的好范例。但该书的作者比该书的论述更有意思。因

为 N. B. 即尼古拉・巴本博士，而尼古拉・巴本博士是通货专家、保险业先驱、土地银行的热心支持者，是那个赞美上帝的巴本之子。戏仿他迷人的姓名编写的讽刺文学中，一个愤世嫉俗的子孙记下短剧《圣徒的统治》中对老底嘉英国人的判词。清教徒强烈反对复辟时期的放纵是最熟悉的陈词滥调。对尘世间的实利主义的反应则更缓慢，更一般，最终也更有意义。廷臣的荒淫在大小商人无节制的经济活动中得到了相称的对应。他们是信徒而不是酒神，他们以一种更加严格的和更有利可图的神性庆祝解除了对过于劳累的理想主义的怀疑，以加倍的热情投身到欣然赞同的赚钱或亏本的金钱热中。

从一个再浸礼派教徒转变为公司发起人，并非像起初人们设想的那样没有突然性。但它却是清教道德家无意准备的。当他们强调不知疲倦地工作是道德义务、工作本身就是目的、奢侈浪费是恶习、强调远见和节俭、稳健的自制和合理计算时，他们创造出一套基督徒行为的理想，它被正式承认为伦理原则，经济理论家则把效率宣传为医治社会混乱的特效药。它很新奇很有魅力。对无数代宗教思想家来说，基督教社会伦理的基本格言似乎表述在圣保罗对提摩太说的话里："只要有衣有食，就当知足。贪财是万恶之根。"现在，世界大门受到炮击，它的保卫者从它的城堡中提出一个新的标准。守备队发现，入侵的经济贪婪的欲望不是敌人，而是同盟者。不仅要满足日常生活的需求，而且要无限制地增长和扩张，这成为基督徒努力的主要目标。不是先前贤哲们已经关注过的消
费，而是生产成为其争论的中心点。不是悠闲和慷慨的仁慈，而是 247
讲究方法的系统的积累，赢得了属于善良和忠诚的仆人的应有的

称赞。以金钱标准考验所有人间关系的精明的、善于算计的商业主义，因为有竞争者需要征服、有利益需要获取而不停息地追求、对社会权力的热爱、对经济利益的渴望——这些不可抑制的贪婪不知从什么时候起就招致圣徒和哲人的警告和唾弃。经过晚期清教净水的洗礼，那些在不那么开明的年代被认为是社会恶习的品格变成了经济美德。它们同时也成为道德美德。世界不是为享受，而是为征服而存在。只有那些征服者才称得上基督徒。从这种哲学看，“怎样施惠于人？”这一问题毫无锋芒。在他赢得世界的同时也使他自己的灵魂得到了拯救。

把经济进步作为自觉追求的目标的观念是几代英国人不熟悉的。在这以前，英国道德家讨论的主题一直是不加约束的贪婪如何危险，而国家政策的主要目标一直是稳定传统关系。它通过把劳作和进取心与为上帝服务等同起来，重新得到承认。在一个世纪内，改变物质文明面貌的巨大力量从这种情绪中吸取营养。对生产甚至大生产——百万富翁和他的不幸的奴仆的卑微的劳作——的崇拜，由于同样咄咄逼人的信条的训导而被视为神圣。

社会发展根据其结论始终落后于它的逻辑而运动，这些逻辑得以应用的日子尚未到来。在其较晚阶段由清教阐述的基督教伦
248 理仍处在它精力旺盛的青年时期。但它扬帆顺流而进。它有一个全神贯注于经济利益的不自觉的联盟，商业政治家热情地称之为商业强权政治（*Machtpolitik*）。这个为了“世界上最美丽的女子——商业”[90]与荷兰竞争的年轻的共和国，当它就经济帝国主义发言时还不到两岁。王家非洲公司发动的争夺商业的“无耻的战

争”是克拉伦登对 1665 至 1667 年与荷兰战争的评判。[91] 五年后，夏夫茨伯里通过叫嚷迦太基必须毁灭（*Delenda est Carthago*）煽动伦敦城反对荷兰。护国政府的战时财政使克伦威尔必须讨好荷兰、犹太人和本国的资本家，而没钱的复辟王朝受那些金饰工联合组织的控制，当贵族蔑视暴发户寡头统治时，作为大洪水以前时代的残存者，财政大臣对他们的贪婪并不感到讨厌。[92]

当时经济思想的进步增强了使经济美德富于吸引力的气氛。在英国取得进步的经济科学，不像在德国一样作为国家行政管理的婢女，也不像在法国完全是哲学家和文人的思索，而是伦敦城实际利益的解释者。除配第和洛克外，它的最杰出的实践者是商人，使他们注意的问题既不是生产也不是社会组织，而是商业和金融——贸易平衡、关税、利息、通货和信贷。复辟以后事实上深受笛卡尔哲学和自然科学进步的影响而兴起的政治算术，给自发的无原则的个人主义打上正统理论的印记。一位作者在给一位新科学最杰出的阐述者的著作写的前言中写道：“知识很大程度上是力
学方面的。”[93] 对自然状况准确的分析、对力量和应力的计算、变复 249
杂为简单、经常的可测量的力量的运用，是那个主要兴趣在数学和物理学的时代固有的偏见。它的目标是“用数目、重量或尺寸来表达自身，只使用争论的观念，只考虑在自然界有明显根据的原因；把那些易变的精神、意见、欲望和特定的人的热情留给其他人思考”。

在这种气氛中，在早期对社会和经济课题的论述中曾占有相当大地位的道德雄辩术现在似乎是古代异端的表述。此外，重商主义者主要的经济信条与清教主要伦理信条有姻亲关系，因为这

种一致不是人为设计的，所以更引人注意。对前者来说，生产而不是消费是经济体系的轴心，消费受欢迎只是因为它为生产能力提供新的市场，这在现代读者来看似乎是奇妙的曲解。对后者来说，基本的美德完全在工业和商业的艰苦劳作中最自然地表达出来。在合股公司兴起之前，成功的实业生活的典型特征是劳动的强度和认真、专心、制度和方法，打破常规的主动精神，在与未来相比时把眼前利益置于次要地位的深谋远虑。斯蒂尔先生对伦敦城会众的建议可以看作是对这些努力的杰出人物的崇高地位的极好辩护。凯恩斯先生在一段才气焕发但欠考虑的演说中把贫弱的女神阿伯斯蒂纳*视作维多利亚时代英国的保护神，它被清教道德家的虔诚之手抹上了禁欲主义神殿质朴的光彩。[94]

这样的说教人们乐于倾听。被立法排斥于参与公共事务之外
250 的不信奉国教者，他们的财产和社会地位使他们投身于由商业和金融提供的另一种职业，因为宗教保佑他们的选择，他们进展得很顺利。假如他们顺应了批评者所赋予的特征——“好发表意见，只相信自己的判断……不后悔，不为任何人摆布……骄傲，认为他们是唯一受上帝宠爱的人，人们中唯一的聪明并有美德的人”，[95]他们在对待教会和国家问题时便处于左翼。那个时代商业巨头的名字提供了一些证据，说明宗教激进主义与商业才干之间有密切的联系。而那个时期有嫉妒心的人轻蔑地称之为“长老派高利贷者”、“虔诚的守财奴”和“敲诈勒索的伊什班(Ishban)”。[96]1661 年当选的 4 名伦敦人不只是充实普通民事机关，他们还是东印度公

* Abstinence，意思是“禁欲”。——译者

司的主管、黎凡特公司的副主管和盐商及呢布商公司的控制者，他们之中据说有两人是长老派，另两人是独立派。[97]在给查理二世政府商业政策问题提供咨询的大商人委员会的成员中，有些人如佩兴斯·沃德爵士、迈克尔·戈弗雷代表伦敦城的极端新教徒，而另一些人如托马斯·帕皮隆和两个霍布伦是在伦敦的法国胡格诺派。[98]尽管与荷兰进行着激烈的商业竞争，荷兰的资本和荷兰的观念在伦敦受到热烈欢迎。[99]乔治·唐宁爵士作为查理二世驻海牙的全权公使，他努力使荷兰银行业方法适应于英国，根据克拉伦登的说法，他作为策划 1665 至 1667 年战争的阴谋家之一，是在萨伦和哈佛的简朴的清教徒中显露头角的，他曾任欧凯上校军团的牧师。[100]迈克尔·戈弗雷将帕特森关于合股金融公司的设想在伦敦城推广，而使它作为意义重大的法律在议会通过的蒙塔古，是一名苏格兰公司的后援人，当孤独的辉格派把海牙作为家园时，他就在那里出没。[101]亚兰顿这个足智多谋的设计者一直是议会军的官员，他的书中有关于荷兰人美德的长篇说教。[102]笛福在他的《英国商人全传》中写下了关于资产阶级的田园诗，他的父母都不信奉国教，他经商失败后开始从政和文学创作之前，本打算做个牧师。[103]阿什顿先生对制铁业令人称道的研究表明，18 世纪最杰出的铁业主通常都是清教的成员。[104]他们中的典型人物是 17 世纪巴克斯特的朋友，“白手起家，每年从铁业中收入 5000 镑以上”的托马斯·弗利。[105]

251

对这一代人来说，使获得财富从一种苦工或一种诱惑转变为一种道德义务的教义是挤狮子之奶。不是宗教被排斥在实际生活之外，而是宗教给了实际生活一个花岗岩的基础。在这种富于经济进取心的热切气氛中，清教伦理与后来和斯梅尔斯的名字联系在一起的伦理有些相似。好的基督徒与经济人并非毫不相似。

四、消除贫穷的新良药

赞美某些品质是含蓄地谴责与之相抵触的习惯和制度。在这种道德还不像今天这样为人熟悉的时代，清教伦理对于经济道德的承认，及时地刺激了经济效率，如果任其发展的话，它会自然地
252 改变人们对社会义务的传统态度。没有任何单一的原因可以解释这种自发的、没有任何教条色彩的个人主义，这在亚当·斯密阐述其基本原理之前的一个世纪里已经成为英国公共生活的准则。伴随着多事之世界各种明显的运动，其中包括：对世袭的威权政府的理想的怀疑；中止中央对地方行政的控制；内战所造成的混乱；商业的扩张以及工业从它已习惯了的中心地区转移等等，要在清教伦理中找出一种促进那个世纪中叶以后社会政策明显变化的力量，恐怕并不是幻想。

这种高尚的教义无法从它自身的阴影中逃脱出来。强调基督教徒在其生活中必须热诚地履行个人职责是多么必要啊！然而，将它曲解为没有任何重要的社会义务超出或高于它们又是多么容易！坚持认为个人应当负责任，没有人能够拯救他的兄弟，宗教的本质就在于灵魂和造物主接触，这是多么正确和必要！但是，从这一真理产生一种错误的联想，即认为社会是没有责任的，没有人可以帮助他的兄弟，社会等级及其后果甚至不是人们可以向上爬的脚手架，倒是某种外在的、异己的或落后于时代的东西，又是何等

容易！这些看法说好是对精神生活漠不关心，说坏是属于杀人的文字领域，属于信赖将灵魂诱入死亡长眠之中的著作的领域。在强调上帝的天国不属于现世时，清教徒总是无法摆脱关于现世不是上帝天国一部分的主张。社会机制和精神生活之间的虚假对立的得意的受害者，将要在以后两个世纪中统治英国的宗教思想，它使宗教在每个人灵魂深处具有最高地位，具有某种冷静地满足于逃避社会的迹象。戴西教授对这种态度评论说，这种方式中“福音 253
教徒诉诸个人宗教与边沁派自由主义者诉诸个人能力是一致的”。[106]宗教和社会利益之间同样的密切关系在 17 世纪清教运动中有甚至更清晰的表现。宗教上的个人主义即便不很合乎逻辑，却不知不觉地导向个人主义的道德观，而个人主义的道德观把社会组织与个人性格相比，贬低了前者的重要性。

解决圈地问题和贫穷问题是重点变化的实际例子。一个半世纪以来，圈地的发展始终是一个棘手的问题，它经常发展为剧烈的骚动。在那个时期的大部分时间里，从 16 世纪 30 年代的拉蒂默到 17 世纪 30 年代的劳德，宗教大师的态度一直是被谴责的对象之一。通过不断布道和散发小册子——更不要说王室委员会的命令了——来反对人口减少。这种呼吁不仅针对政府的政策，而且始终针对宗教。农民和地主在不同程度上都是同一个基督教共和国的成员。在这个共和国里，道德法必须约束腐蚀人的经济利益。在这样一个神秘的团体中，相互间的义务将人们聚集到一起，没有人能够使他获得全部利益，因为没有人可以谋求生活在“教徒团体之外”。

在英国，在曾对地方行政起阻碍作用、担任没有报酬的地方行

政长官职务的乡绅的破坏下，这种原则的实际运用始终是断断续
续的，而且，当长期议会剥夺了君主手中的行政法武器时，它已经
完全停了下来。但是，威斯敏斯特的政治与乡村和自治城镇的政
治不同。在贵族议会党人看来像是要结束革命的事件，在获得胜
254 利的军队左翼看来只是它的开端。在英国民主最早也是最动荡的
时期，穿皮制军服的人将圣经政治学教给他的将军，谈话内容不仅
仅包括政治重建，而且也包括社会重建。平等派的纲领比其它任
何党派的方案更明确地表达了没有特权的阶级的愿望，不仅包括
每年或每两年召开一次的议会，成年男子选举权，根据人口比例重
新分配议席以及取消上院的否定权，而且也包括“你们应当打开所
有圈占沼泽和其它公用土地的栅栏，使他们的圈地只是或主要是
为了穷人的利益”。[107]理论上的共产主义是平等派领导人所反对
的，但却在掘地派请愿中得到了表达，其代表温斯坦莱曾说：“看到
英国普通民众在人民和财力允许的情况下废除了我们的诺曼压迫
者查理……土地现在已经回到了那些曾征服这块土地的人，即普
通大众手里。”只要“我们……仍是有着国王般权力的庄园领主手
中的奴隶”，对国王的胜利就不彻底。[108]

也不只是由于梦幻者或狂热者才使革除弊政的压力保持下去。当把传统权威打得落花流水，看起来像要改天换地的时候，在沉闷的压迫达数世纪之久的地方埋藏的不满开始复活。在英格兰中部的几个郡，农民奋起拆毁令人痛恨的篱笆。在莱斯特，1649年时风传，一个深得人心的运动要拆除附近森林的围栏，市议会开始处理这一事情。起草的一份请愿书罗列了圈地所带来的经济和社会罪恶；提议建立机构来防止这些罪恶的蔓延；组成了一个委员

会，没有它的同意不允许圈地。一位地方牧师被委派将请愿书递交给议会，议会“仍保持一种警戒的目光并竖起耳朵倾听和解决整 255
个民族共同的抱怨”。[109]选出来的城市代言人是多产的小册子作者约翰·莫尔。多年来，他一直以拉蒂默式的激情来攻击使人口减少的地主，尽管不像拉蒂默那样成功。

半个世纪以前，《防止人口减少法令》的通过和王室委员会的调查结果在这些骚动之后接踵而至。但是，自从长期议会召开以来十年间，国家政策对于这种运动的态度已经开始变化。没收、赔偿和战争税已经在财产分配上造成了一场革命，类似的较小规模的革命曾发生在宗教改革时期。伴随着土地的转手，传统关系被动摇，新的利益被创造出来。正如莫尔所抱怨的那样，[110]圈地正在被最终与大法官法庭命令相一致的法律向前推进。不能指望伦敦城的商人和赔偿委员会成员会充满热情地听取一项旨在恢复由国家参与逮捕圈地者的旧政策建议，乡绅已经为此抱怨了一个多世纪，他们中的一些人已经发现土地投机是有利可图的交易。

在这种情况下，改革者倘若发现议会充耳不闻农民的疾苦也就不感到吃惊了。这也不只是变化了的政治和经济环境所致。思想上的革命同样是深刻的。通过阻止圈地以保护农民的政策的理论基础是权力和义务相互交织在一起不可分开的土地所有权的概念。财产不单是收入来源，还具有社会功能，它的使用受社会义务和国家需要的限制。根据这样的原则，在反对君主制斗争中居领导地位的各阶级不能将该斗争停下来。当复辟议会扫除了军事保 256
有制，并以消费税的形式将以前他们自己所承担的财政负担强加给整个国家的时候，它最后的痕迹也就消失了。

这种取而代之并在18世纪几乎成为一种宗教的理论是由洛克表述的，当时洛克将财产权描述为先于国家存在的权利，并认为，“不经本人同意，最高权力不能从任何人手里攫取其财产的任何部分”。但是，洛克仅仅是在政治斗争的压力下推敲了早已成为商人和地主口头禅的思想，加进一种哲学气质。清教运动中那部分人所持的具有社会和政治影响力的社会观，是艾尔顿和克伦威尔在驳斥军队中的民主派时提出的。只有自由持有农真正构成政治主体，只有他们才可以任意使用他们的财产，不受对他们的长官承担的任何义务束缚，也没有征询民众意见的必要，那些平民大众只不过是整个王国的土地上没有固定的利益和份额的佃农而已。[111]

这种观念的变化很自然对农业政策有着深刻的反作用。以前，一项事业为所有热心公益精神的人接受。现在，阻止圈地被怀疑为宗教分裂教派和政治激进派的计划。在1656年，当陆军少将惠利采用一项措施以管理和限制由莱斯特当局提出的圈占公地的计划时，议员马上起而反对，称这项措施将会“破坏财产”，而该法案在二读时就遭夭折。[112]在复辟以后，沿着这个方向发展的趋势更为有力。圈地已经成了农村绅士的嗜好。专家们基于经济原因而
257 为它辩护，而促进圈地的立法也在议会提出。尽管它的技术仍需进一步阐述，但是这种在18世纪起决定作用的态度已经明确化了。

政策的变化非常明显，其原因不仅仅是政治环境使得乡绅有无限的权力，而且，1660年陆续回到他们被劫掠的庄园的保王派乡绅，无意支持查理二世的政府复活查理一世统治时期曾激怒他

们的那种对财产的行政干涉。正是对社会政策的看法发生了变化，而且这种变化不仅仅发生在宗教界人士之中。作为自然法则的对自身经济利益的追求，逐渐被虔诚的教徒认为是在执行作为上帝法令的天佑计划。圈地会增加羊毛和谷物的产量。每个人都深知他的土地最适宜生产什么，让他去自由种植，一般来说可以获得最大的收益。“每个人根据本性和理智，都会去做能够给他带来最大利益的事情，这是一个不可否认的原理……个人的发展将会给公众带来好处”。[113]

这种想法不是由经济学家提出而是由一个大臣提出，很有意义。因为这个论点不仅涉及经济方面，而且涉及伦理道德，当莫尔求助传统道德观念来限制金钱利益时，他招致了一些审慎地把金钱利益视为启迪人的道德的本质部分的人的反驳。穷人为了他们的精神健康——用一个当时非常时髦的字眼——需要“规则”，而规则只有在雇主的监视下才能实施。复辟时期在质朴的道德家看来，穷人首要的也是最易被忽视的优点就是勤勉。共有权就是给那些本应当为雇主工作的人提供一些不稳定的、有失自尊的工作以维持其生计来鼓励无所事事。因此，毫不奇怪，教会教士反对将房子与房子、田地与田地连在一起的罪恶行为的忠告也几乎停止 258
了。圈地很久以来一直作为不人道的贪婪的典型例子。现在则认为圈地不仅仅在经济上是适当的，而且，在道德上也是有益的。巴克斯特尽管小心谨慎——恐怕部分因为他的小心谨慎不同于绝大多数早期神学家——对于“虔诚的人以温和的方式进行的圈地”予以有条件的认可，根据特有的原因，即这类雇主能够在他的雇员中建立一种如果他们为自己干活本来无需遵守的道德戒规。简言

之，问题不在于他们所处的环境，而是他们的身份。如果他们作为农民而失败的话，他们作为基督徒会获得成功。精神陶冶的机会要比单纯的物质环境更重要。在决定人的能力得以启迪的力量中，如果只有物质环境而没有人自身该多好啊！

那种痛惜实行敞田制的乡村未成为一所具有非常朴素的优点以抵制贫穷和贫民救济的学校的情绪，遭到更多毁灭性的批评。在清教铁砧上打铸的新的社会价值标尺没有在任何社会生活领域清晰地显示出来。在构成中世纪英国的所有农民和工匠的小团体中，当上帝带来一个坏收成时，会同时出现饥饿和疾病带来的不幸。孤儿和老年人问题看起来是个人的不幸，而不是社会问题。除了一些有先见之明的理论家暗示需要广泛的世俗制度来应付灾难外，中世纪作者说教的一个显著特点是，他们认为救济穷人主要是那些有财力的人的义务。圣托马斯对这件事的态度是很典型的，他引用并赞成圣安布罗斯对于那些饥饿的急需面包的人所说的很有魄力的话，坚持财产需要管理的思想，并得出结论——不是
259 从陈词滥调中得出的——当事实证明很紧迫时，拒不施舍是一种不可宽恕的罪恶。[114]公众在情绪上已把近乎神秘的魔力赋予贫穷并表现出怜悯，穷人因此可以得到救助，因为穷人是上帝的朋友。穷人充其量不过被认为以一种特殊的直接的方式代表我们的上帝——如朗兰德所说，“在那个领域中，我们的救世主拯救全人类”。——因此，宗教祈祷书的作者有必要对富人未必会憎恨上帝作出解释。[115]即使从最坏处想，人们认为为穷人作的祈祷是有益的。扔一片面包给乞丐，即使同时诅咒一声，有罪的人已从地狱中被拯救。当灵魂在刺人的野蔷薇丛中或在灼热的火焰中作可怕的

旅行时，今天给予的施舍会得到一千倍的补偿。

如果你将衣物和鞋袜奉献，
长夜漫漫，
你坐下，把它们穿上，
主将接受你的灵魂。

如果你不将衣物和鞋袜奉献，
长夜漫漫，
荆棘将刺得你遍体鳞伤，
主将接受你的灵魂。

*　　　*　　　*

如果你将肉和饮料奉献，
长夜漫漫，
烈火将不会使你萎缩，
主将接受你的灵魂。

如果你不将肉和饮料奉献，
长夜漫漫，
烈火将把你烧成灰烬，
主将接受你的灵魂。

黑夜啊，黑夜
长夜漫漫

烈火、冰霜和烛光
主将接受你的灵魂。[116]

260 财富具有社会性曾是中世纪学说的本质，在16世纪时，它被英国神学家反复强调，恰恰是因为那个时代日益增长的个人主义威胁着传统的观念。拉蒂默曾布道说："穷人有权利占有富人的动产，因此，富人应该让穷人占有他的财富的一部分以帮助而且安慰穷人。"[117]当时，精确的经济计算法那种崇高的不偏不倚并没有消失，部分是由于像比维斯那样的文艺复兴时期人文主义者的影响，部分是由于宗教改革派的影响，部分是由于他们自己野心勃勃地要把所有社会行政机构的组成部分都控制在他们自己手中的人的影响。16世纪的政治家开始着手组织一种世俗的贫民救济体系。英国在三代人时间里试图通过警察骇人听闻的残酷的惩罚措施来消除流浪者之后，最终承认造成流浪者现象的主要原因不仅是个人懒惰，而且来自经济贫困。鞭打无法使那些要么流浪要么挨饿的人害怕。结果是公布了强制征收济贫税，要求有劳动能力的人参加劳动的法令。非常警觉地防止混乱的枢密院实施了极为冷漠的司法审判制度，直到内战，这一体系仍然几乎一成不变地执行着。但是，在制定伊丽莎白时代的济贫法时从未想到，它会像18世纪和19世纪初那样，作为解决经济灾难的唯一措施却带来了灾难性的后果。在提供救济的同时，济贫法实际上成了一连串措施中最后的一环——防止驱逐贫民、控制食物的供给和价格、试图稳定就业以及制止在不必要的情况下解雇工人——旨在缓解那些使救济变得必要的力量。除济贫法外，在17世纪最初的四十年，大

量私人慈善机构建立了许多济贫院和慈善收容院，并设立基金以提供就业机会或者援助与商人的斗争。他们还求助于对贫穷持有 261
敬意的宗教。

> 当你生活在世间，它是你的选择，
> 然而，难道你没有栖息的地方？[118]

尼古拉斯·费拉尔在他临死时曾对一位赞扬过他有慈善心的人说："为什么你提起这件事呢？这只不过是对我的付出的一种适当的回报，而不是仅仅散布在这里那里的少数施善。"[119]

在内战的无政府状态中，私人的慈善行为和社会救济都不可避免地处于低潮。在伦敦，慈善捐款比通常情况下更多地被贪污，人们抱怨感化院和慈善收容院的收入大大减少了。[120]在这个国家，四季法庭的记录描绘出一幅混乱的画面：以临时治安警察为代表的机器已被破坏，人们悲叹小偷成倍增长，穷人被置于不顾，流浪者可以随心所欲四处游荡。[121]复辟以后，伊丽莎白《济贫法》在行政上继续丧失作用，二十三年以后马修·黑尔爵士抱怨说，《济贫法》中关于雇工的条款实际上已成了一纸空文。[122]地方当局由于遇到相当多麻烦和开销甚大总是不得人心，随着中央政府停止施加压力，除了在零星的例外的地区，毫不奇怪，各地的地方政府都不再重视它。比管理救济的实际缺陷意义更大的是新的一派意见的出现，这派认为，主张公众救济和私人慈善事业的社会理论从整体上说令人厌恶。

一位小册子作者在 1646 年写道："全英格兰的一般规则就是

262 鞭打或惩罚那些流离失所的乞丐……如此多的法官都来执行那个正当条例的这一条款(这恰恰是公正之处),但就慈善行为而言,他们把提供房屋和适当的场所使穷人就业一事搁置起来。”[123]下院看起来已经意识到抱怨是有根据的。1649 年,它命令乡村治安法官应当根据要求提供法律所需的大量材料,[124]而且几次提到准备把保证陷入困境的人们找到工作的新的立法提交给下院各委员会。[125]然而,这些建议看来毫无结果,伊丽莎白非常适合时代氛围的“使穷人就业”的政策也是同样结果。在承认穷困不是个人缺陷而是经济原因所致的前提下,得出一种推论,即它的受害者应当有社会供养的合法权利,那个时代日益增长的个人主义改变了后来1834 年的改革者用以反对斯宾汉姆兰政策的同样冷淡的怀疑主义。像约伯的朋友一样,它在灾难中看到的不是爱的惩戒,而是因罪恶而受惩罚。结果是,当对流浪者的惩罚激增之时,宗教舆论不再过多地强调慈善的义务,而是强调工作的责任。过去对于没有慈善心的贪婪的警告现在则针对不节约和懒惰。弥尔顿的朋友哈特里布的感情是比较典型的,他说:“上帝的法律说话,‘不劳动者不得食。’这对那些游手好闲的人来说无疑是厉害的惩罚和猛烈的鞭挞……如果人们努力工作,没有人会落到挨饿的困境。”[126]

这种新的态度在 1640 年到 1660 年间贫穷加剧导致的少量公众突发事件中表现出来。在健全的职责原则基础上,通过把利润
263 和爱心结合在一起的团体来处理或解决贫穷的思想被一小批改革家孜孜不倦地传播着。[127]议会接受了这种思想,并在 1649 年通过了贫民救济、就业和惩罚乞丐的法令。根据该法令,一个有权逮捕流浪者的公司建立起来,它让流浪者在接受鞭笞或参加劳动之间

作出选择。而且该公司还让所有其他穷人包括儿童，从事强迫劳动，而不给任何维生的手段。[128]八年以后，到处皆是的流浪者引出了一个极为严厉的法令，以至于人们回忆起一代人之后索尔顿的弗莱彻关于流浪者应当罚作划船苦工的建议。建议规定，因为触犯者无法当场捉到，所以任何流浪者如果无法向法官证明他在旅途中干的是正当的事情，他将被作为一名健壮的乞丐而被逮捕并受惩罚，不管他是否确实在行乞。[129]

反对不加选择的赈济，如同欺骗性的宗教所炫示的宁愿牺牲个性而让位于形式上的虔诚一样，要比宗教改革历史更久远。但宗教改革派却重新加以强调。路德曾将乞丐的要求斥责为敲诈勒索，而瑞士的改革派曾扫除了在教皇制的管理下极为放荡和道德败坏的修道院救济机构的残余。伊丽莎白统治时期的一位英格兰神学家在传教时说："我的结论是天主教徒一切大量的施舍今天被过分夸大了，因为他们不是以爱心尊重上帝的戒律并在内心关注着贫穷带来的不幸，而是当人们活着的时候，作了很好的报导，而在他们死后又被祈祷……这实际上不是施舍，而是伪善的自吹自擂。"[130]商业文明的兴起、反对都铎时期威权主义的社会政策以及清教在中等阶级中的发展，在以后半个世纪汇合在一起，使其教义更具锋芒。经过作为伦理体系核心的以勤勉和自我克制来修炼性 264
格这种传统的训练，清教道德家毫不怀疑好人的后代不管到了什么时候都不会被强迫去乞食，且不会用拒绝行善是缺少道德心的利己主义的托辞，来反驳多愁善感者的穷大方在动机上并不少些自私，而对其对象有更大的腐蚀作用的奚落。斯蒂尔写道："对于那些懒惰的乞讨者来说，如果没有什么人对他们的身体表示愚蠢

的怜悯，如果更多的人对他们的灵魂显示明确的爱心，他们将非常幸福。”[131]最大的罪恶是懒惰，穷人并不是环境的牺牲品，而是他们自己“闲荡、无规律和恶习”的牺牲品。最正当的慈善不是通过救济使他们衰弱而更加不做任何事情，而是改变流浪者的本性，从事救济没有必要，这种主张是把过去对罪恶严厉的惩罚转变为一种责任，而且，停止出于人本性的怜悯的冲动，如果放纵这种冲动，恐怕会使他们试图解除的痛苦继续存在。

少数简单的知识分子的手法要比商人质朴的心理更加古怪，他们将其成就归功于自己独立的努力，丝毫没有意识到存在一种秩序，没有这种社会秩序的间断的帮助和警惕的保护，他们将会成为在沙漠上哀声哭泣的羔羊。个人主义者的情结将部分自信归因于清教道德家的启发，即实际的成功是道德优越感的及时的显示和回报。一位清教小册子作者议论道：“没有问题，但如果财富对他们有用的话，它应当为好人拥有，而不是为坏人拥有，因为善男信女对现世和未来的生活充满希望。”[132]贫穷是过失的证明这一点尽管是对基督教圣贤生活的一种特别的评论，它一直是很得人心的。复辟时期贪婪的富豪集团在获得了巨大的好处以后并不罢
265 休，如果无法从其它地方发现它而是从上帝那儿找到它，它将会得到大声喝彩。

一个把致富看作是无上幸福的社会，很自然地倾向于认为，贫穷在来世当受到谴责，但愿它自己能证明人世间的生活像在地狱一样。教会人士倡导的用以振作精神的关于纵容贫穷会有危险的教义，受到新兴的政治算术学派的欢迎，将它看作是医治社会弊病的特效药。因为如果说道德家的话题是轻易陷入自我享乐会伤害

一个人的品性的话，经济学家的话题就是它会在经济上引起灾难，并招致财政毁灭。《济贫法》是懒惰之母，“男人和女人变得无所事事，并以不干活而躺在教区里就可以维持生计而自豪”。它使人对节俭失去信心；“如果羞辱和对惩罚的惧怕使他们能够挣得日常所需的面包，他决不会做更多的事；当他年事已高，不得不停止劳动而需要有人照顾时，他的孩子由教区托管。”它保持一定的工资水平，因为“它鼓励任性的和性恶的人将他们中意的工资强加给他们的劳工；于是，他们非常顽固地坚持这种推理并为国家打算，当谷物或生活用品很便宜时，他们将不会像工资较高时那样为这么少的工资去工作”。[133]对于那些诅咒济贫税的土地所有者和那些抱怨劳动成本太高的呢布商来讲，现在有一个宗教思想流派令其欣慰地相信，道德本身将会由于二者的减少而受益。

正如19世纪《济贫法》的历史所证明的，除了对待儿童以外，没有任何试金石比那种关心其中途地位下降的成员之不幸的精神更清晰地揭示这种社会哲学的真正性质。对于贫穷问题的这种言论仅仅是这种一般态度的一个例子，常常好像被几乎所有靠工资
生活的人当作共同的地狱。这部分是因为在财富被奉为社会秩序 266
基础的时代，纯粹的劳工似乎不是正式的公民。这部分是由于复辟时期商人阶级对思想和公共事务产生了日益明显影响的结果，商人的本性就是无情的实利主义，这决定了他们会不惜一切代价去征服从法国到荷兰的世界市场，并准备为了他们的经济野心去牺牲其它一切需要考虑的事情。部分原因在于，尽管纺织品的大规模生产已有一个世纪，资本主义工业和没有财产的无产阶级的问题对于了解其本质特征仍然是新东西。即使像巴克斯特和班扬

那样继续坚持过高的价格和不受良心约束的利益是罪恶的作家，都很少将他们的原则应用于工资问题。他们的社会理论是专门为小农业和小工业时代设计的，在这个时代，人际关系还没有被金钱关系所取代，而且工匠、小自耕农与所雇佣的半打散工或劳工在经济上地位差别不大。在一个日益为大呢布商、铁业主和矿业主统治的世界，他们仍坚持过时的主仆类别，而且同样顽固地不关心经济现实，以至于在个体雇主转变为非个人的公司很久以后的20世纪，仍在谈论雇主和被雇佣者。

在《共产党宣言》一个著名段落中，马克思评述说，“资产阶级在它已经取得了统治的地方把一切封建的、宗法的和田园诗般的关系都破坏了。它无情地斩断了把人们束缚于‘天然首长’的形形色色的封建羁绊，它使人和人之间除了赤裸裸的利害关系，除了冷
267 酷无情的现金交易，就再也没有任何别的联系了。”[134]可以发现，1660年到1760年这个时期的英国作家在对雇佣经济学的讨论中，对这一主题作了十分有趣的描述。他们的特点是，对新兴工业无产阶级的态度显然比在17世纪上半叶更严厉。除了白人殖民者对有色劳工的臭名昭著的行为外，这种严厉的态度在近代找不到相似的例子。指责17世纪和18世纪英国的工资劳动者“奢侈、高傲和怠惰”[135]几乎恰恰与今天对非洲土著的指责一样。与荷兰人相比，人们抱怨非洲人更耽于享乐和无所事事，他们在勉强维持生计外没有更多的要求，一旦他们挣得了糊口的钱，就会停止劳作，“他们是如此出格”，[136]他们的工资越高，他们会把更多的钱花在豪饮上；因此，物价高不是坏事，而是幸事，因为它迫使工资劳动者更加勤勉；高工资不会带来幸运，只会带来不幸，因为它只会导

致“每周一次沉湎于酒色”。

当这样的原则被普遍运用时，苛刻的经济剥削被宣传为公共职责也就成为自然的了，除个别例外的情况，这个时期的作家只是在采取什么方法使这种苛刻变得更加有利的问题上存有分歧。波莱克斯芬和沃尔特·哈里斯认为，缩短假日是一个解救办法。大主教贝克莱根据他目睹的爱尔兰的情况建议，“健壮的乞丐……应当抓起来并在数年间罚作公众的奴隶”。托马斯·阿尔科克对工人们如此喜好鼻烟、茶叶和绶带感到震惊，他建议取缔挥霍浪费的立法重新生效。[137]提出改革贫民习艺所的计划的作家不计其数，他们把贫民习艺所作为既进行惩罚又加以训练的处所。所有人都认为，无论基于道德原因还是经济原因，把工资降低下来应当说是非常重要的。阿瑟·扬后来表述了这种主张，当时他写道：“除傻子 268
以外，每个人都知道必须使下层阶级贫穷，否则，他们再不会勤恳工作。”[138]这是复辟时期经济学家老掉牙的口头禅。

当询问慈善家重建奴隶制度是否不合适时，人们不会期待穷人的痛苦伴随着社会对其良心的责备而使他们内心备受折磨。在所有讨论中，与16世纪以来关于贫穷的长期辩论形成鲜明对照的最为离奇的特征是：坚决拒绝承认社会对造成灾难负有责任。都铎时代的神学家和政治家从不怜悯游手好闲的乞丐。但是，神学家始终认为，而政治家只是到了最后才认为，贫穷主要是由经济混乱而造成的社会现象，和蔼的哈里森提出了一个令人十分为难的问题——“向谁讨流这些人血的罪？”[139]——这个问题一直为愤世嫉俗的人所关心。复辟以后，他们的后继者很明显完全没有意识到，除穷人道德沦丧之外还有其他原因导致贫穷。从这个令人感

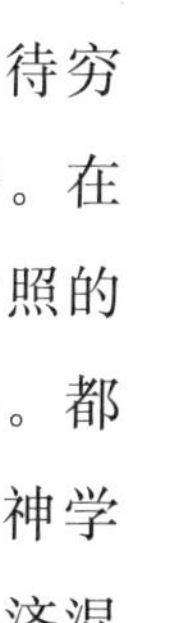

到安慰的信条中得出的实际结论是极其简单和完全可以接受的。不应通过1601年法令去寻找就业机会，因为那样做只会“使穷人更放肆”。围绕着救济权问题，存在着包括在1662年法令中的那样的障碍，当它无法避免时，在济贫院或教养院内进行救济，至于其余的，则通过降低工资增加对劳动力的需求来解决。

救济的实施的救济不全然是救济，而是使人们不敢接受救济，这个商业时代的伟大发现尚有待功利主义哲学家予以证明。那种认为贫穷不是经济环境所致，而是济贫法委员会在1834年所说的“个人的不节俭和恶习”所致的理论已被人们确认，对新的《济贫
269 法》有所启示的对伊丽莎白制度的批判早已得到系统的表述。这种制度的本质在一个世纪以后由一位苏格兰教士极好地表述为“一种关于每个人仅仅因为他存在，便拥有与其他人或整个社会同样的生存权的原则”。[140]查默斯博士对它的攻击不过是清教道德家长期以来攻击的回声。而查默斯博士的观点在纳索·西尼尔[141]着手写那篇文笔华丽、富有影响力而完全不符合历史的报告之前给他留下了深刻印象。该报告在引发了英格兰北部有点像叛乱的事件后，成为19世纪社会政策的支柱之一。

只是阐述清教徒伦理的局限性，而不去强调清教对政治自由和社会进步的巨大贡献是不合适的。民主的基础是精神独立的意识，它激励个人敢于独自站出来反对这个世界的有权势者，而在英格兰，对下层等级的懒惰不屑一顾的乡绅和教区牧师联合在一起，压制了直接针对社会和基督教会的公众的骚动，很可能民主要更多地归功于非国教派，而不是任何其它单独的运动。有进取心、勤奋和节俭的优点是任何复杂而富于活力的文明不可缺少的基础。

正是清教通过把它们与超自然的约束力融合在一起,而把它们从非社会性的怪癖转变成一种习惯或宗教。找出清教精神的杰出代表根本不是难事,在这种清教精神中,作为新思想最高尚的方面的个人的简朴,与它所取代的最高尚的、深刻的与社会休戚相关的意识结合在一起。慈善家弗明和一个多世纪后欧文尊奉为其学说前辈的教友会教徒贝勒斯是济贫法改革的先驱。公谊会在宗教和社 270
会伦理的分离几乎完成的时代,实践了那种允许通过市场来获利、通过坚持问心无愧的义务和处理经济事务时的克制,并且履行给身处困境的兄弟以高尚援助的流行教义。[142]

然而,一个国家一般的风气和特性是不会因它已经进入发展的极好环境这一事实而改变。对清教教义的各种述评各不相同。它是个人的职责,而不是社会的义务。它训练学生通过控制自身来控制其他人,清教能够武装精神勃发的人们,使其把单独与敌对的世界作斗争的素质视为绝顶的光荣,并且放弃了把社会秩序看作是弱者的支柱和灵魂的卡普亚*。它有时认为,发生于1760年以后的工业活动令人吃惊的迸发,在创造了一种新经济组织体系的同时,也创造了一种新型的经济特性。事实上,体现在发明家、工程师和工业巨头身上的这种后来大获成功的理想,在17世纪末以前的英国人中间就已充分确立了。在参与形成它的诸多力量中,可以不无道理地认为,某些并非无足轻重的部分可以合理地归功于强调具有实业进取心的生活是基督徒努力的适当领域,而清教的特征正是获得成功所需要的品质。当宗教的参照物

* Capua,意大利城市,斯巴达克斯起义的发生地。——编注

和它加以的限制已经削弱或消失时，这些品质和人们对它们的称赞继续存在。

第五章　结束语

> 某个人在我第一次布道之后被问道，他那天是否一直在布道现场。答复说，是。他说，请问你对他感觉怎样？他说，玛利亚，正如我一直都喜欢他——他是一个富于煽动性的家伙。
>
> ——拉蒂默：《在爱德华六世国王御前的七次布道》

社会像个人一样也经历了它们的道德危机和精神革命。研究者可以观察到这些大变动造成的后果，但是他几乎不能不带推定就试图去评价它们，因为正是置身于它们点燃的火焰之中，他自己微弱的烛光才得以闪亮。带着富有成效的行动和理性启发的全部庄严承诺，自然主义的社会科学兴起了；基督教会放弃了长期以来被认为是其势力范围的经济活动和社会理论领域；它把获得金钱的欲望从一种危险的（虽然是自然的）弱点转变为哲学家们的宠物和社会的动力。前所提及的那样的运动遍及从宗教改革到18世纪启蒙运动之间骚动不安时代的整个历程。它们的成果汇入近代文明的真正系列。但是，后人站得还是离这些运动的源头太近，以致无法辨别那些细流汇入的海洋。

一个历史时期的政治原则具有相对性是再陈腐不过的口头

禅。但是，社会心理却在一种与时空范畴无关的宁静的环境中一再被过于频繁地讨论，而经济利益始终被普遍地认为好像它们构成了一个时代精神（*Zeitgeist*）不再施加影响的王国。事实上，尽
272 管继承的气质可能会一代代继续下去，但是价值、偏爱和理想的体系，即个人性格发挥作用的社会环境处在持续变化的过程中，从对经济利益在社会生活中地位的看法来说，它在近几个世纪的变化，视野极为广阔，结果轰动一时。作为一种集中的和起系统作用的专门目标，经济目标以及把经济标准确立为社会方略的一种独立和可靠的标准，这在古典时代已十分熟悉，但至少在很大程度上似乎仅在后期文明史较晚的时期才大量出现。给今天的旅行者留下深刻印象的东西方经济观之间的冲突与曾给历史学家留下深刻印象的中世纪和近代经济思想的差异很相似。

造成这场革命的因素太多，以致无法以任何一种简洁的公式加以概括。除了贸易的扩张和新阶级起来掌握政权外，同时还有一个更深一层的、即使不说最引人注目，也是很基本的原因。那就是宗教命令能够传达到的地域的狭窄。那种把不考虑基督教会参与经济关系和社会组织当作一样近代发明的批评意见，在过去的历史中找不到什么证据。需要加以解释的不是这些事情属于宗教事务一部分的观点，而是那种认为它们不属于宗教事务一部分的观点。当宗教改革时代开始时，经济学仍然是伦理学和神学伦理学的一个分支；所有人类活动都被看作是在一个其特性是由人类的精神命运决定的单一系统范围内发生的堕落；理论家求助于自然法则而不是功利主义；经济交易的合法性不大受市场变动的
273 检验，而较多地受来自基督教会传统教义的检验；教会本身被看成

是一个在社会事务中有时掌握理论权威、有时掌握实际权威的团体。

作为以后两个世纪任务的政治思想的世俗化，对社会思考具有深远的反作用，并且，到复辟时期，至少在英国，整个看法已经革命化了。宗教已从单独支撑社会大厦的基石变成了其中一部分，而权利规则的观念则被作为政策的裁决者和行为标准的经济权宜之策取代。人作为一种精神存在，为了活下去，必须适当地把注意力投向经济利益。人有时似乎已成了一种经济动物，不过，如果要采取适当的预防措施确保他的精神安宁的话，那么他就得慎重行事。

其结果就形成了作为现代政治思想部分基础的这样一种看法，它的不稳定的哲学基础以及它呈现出的与前几代人观念的差异则常常被忘却了。它的本质是一种二元论，它把生活的世俗方面和宗教方面不是作为一个较大的统一体中前后相继的阶段，而是作为平行和独立的领域，受不同法律支配，为不同的标准评判，并且经得起不同权威检验的范畴。对于宗教改革最有代表性的思想就像对中世纪的思想一样，一种认为商业事务和社会制度对宗教无足轻重的哲学看来不仅在道义上应受谴责，而且从理智上说是荒谬的。它们所持的第一个前提认为最终的社会权威是上帝的意志，而现世的利益是永恒的精神生活中暂时的插曲。它们陈述了基督教徒的社会行为必须遵从的规则，并且如果环境许可，将制定保证这些规则得以强制实施的戒律。到 18 世纪它们的后继者的时候，信仰无差别论哲学尽管很少被阐述成理论问题，但实际上 274
被当作是一种自明之理，对这种自明之理的责难如果在实际中并

非不道德，那也是非理性的。因为只是在个人心中宗教才具有至高无上的地位，而以规则和制度的形式使宗教具体化会玷污其纯洁性，并降低它的吸引力。因此，他们自然就根据一种令人感到安慰的模棱两可性制定了基督教的伦理原则，并且几乎没有准确地阐明如何把它们用于商业、金融和财产所有权。所以，早期的思想带着怀疑眼光看待的宗教与那些自然的经济欲望之间的冲突通过把它们视为两种人的生活方面而搁置。对于这种斗争，前者把个人灵魂作为它的领域；后者把人与他的同伴在商业活动和社会事务中的交往作为它的领域。假如每一方都恪守自己的领域，和平就有了保证。他们不会发生冲突，因为他们永远不会相遇。

历史是人类能够控制的力量与无法控制的力量斗争和合作的舞台。这些章节所叙述的观念的变化从双方汲取了营养。随着清教革命的动乱和凶险而来的是一种令人眼花瞭乱的经济进取心的勃兴，而物质环境的变化也造成一种审慎的节制好像是真正的智慧和真挚的虔敬之声的氛围。但是内心世界和外部世界均处于变动之中。外部世界的大踏步前进在内心世界引起的同情共鸣已经与对它胜利的欢呼协调起来，而且并没有意识到在宗教要求和一种灿烂的商业文明的诱惑力之间存在着曾使宗教改革时代极其苦恼的那种尖锐的紧张状态。

造成这一状况的原因，部分是人们自然的而非不合理的缺乏
275 自信，这些人意识到，传统的社会伦理信条及其对经济动机不切实际的不信任属于一个逝去时代的产物，但是，他们面对一个更复杂和更易变动的社会秩序的需要缺乏使之更新的创造力，部分是由于政治变革走得太远，以致把英国国教会和占统治地位的贵族等

同起来，因此，当法国社会矛盾尖锐，许多低级教士把自己的命运与第三等级联系在一起的时候，在英国，教会官员很少不对那些可以博取国家统治者好感的社会观点作出反应。这部分是因为就一种重要的观点本身而言，宗教的真正核心是一种精神，它对整个外部环境世界表现出的冷漠不是缺点，而是对灵魂的装饰。它没有受到英国国教优雅的镣铐的束缚，并且由于隐藏在它们背后的杰出的宗规传统，非国教派教会看来已经获得了重申为英国国教会坚决否认的宗教的社会义务的机会。妨碍他们表述自己观点的与其说是其弱点，不如说是其德行中最本质和最独特的东西。基于他们摒弃了人类的努力能够有助于赢得救助和人类的接济可以帮助孤独求索的朝圣者的念头，他们把商业世界和社会看成一个越过它们便可以胜利到达其目的地的战场，而不是把它们作为等待建筑师之手放到天国地基位置上的未经加工的石料。他们并没有想到，国家特性是社会的产物，而社会因为体现了国家特性，所以它是精神的，因此，眼睛有时是被光本身弄花了。

*　　*　　*

为一个时代确信的东西在下一个时代却成了问题。几乎没有人会拒绝赞赏道德法完全渗透其中的伟大的社会构想，它是伟大的宗教改革家的启示，一点不亚于中世纪的杰出人物。但是，为了 276
征服物欲横流的世界，正如需要理解它们一样，至少应该对其走过的曲折道路怀有同样的同情心。恶魔也有权要求礼貌的审问和公正的判决，那些不给他应有权益的人通常会发现，从长远看来，他会通过获取应有的权益和某些更多的东西以扭转局面。常识和对现实的尊重一点也不比道德热忱的精神感化作用小。光明之子用激发出的道德愤怒把经济进取心的每一次新胜利都谴责为财神的又一种诡计，使他们无力从事需要冷静头脑和勇敢胆识的战斗的组织工作。他们顽固地拒绝根据新的事实来修正旧的公式，新的事实使他们处于无力反抗境地，并全部推翻包括真理和幻想在内的他们的整个哲学体系。他们轻视知识，而知识则摧毁了他们。

很少有人在仔细思考有实效的能量和技能所取得的辉煌成就时没有兴奋感，而17世纪后半叶以来，这些成就在改变着物质文明的外观，在这方面，英国是一个大胆的而非谨小慎微的先锋。然而，如果说经济欲望是善良的仆人，它们则是厉害的主人。一旦被一种社会目的驾驭，它们会推动风磨，碾磨谷物。但是轮子旋转的目的依然是一个问题；天真地和不加区别地崇拜经济力量是一种缺乏理性的情绪，时常产生于那些为新的利维坦的魔力而着迷的人之中。其结果就是这样一个人们控制着他们无法充分使用的机制和一个除了无法开动外可以说是尽善尽美的组织的世界。

他称之为理智，据为己用
结果比所有的动物更具兽性。

从理性甲胄中无害地掉出的靡菲斯特*之箭刺穿了这幅没精
277 打采的漫画，在这幅漫画中，它装扮成圣人，以通过一场过于自私和浅薄以致无法确定它的胜利将要达到何种目的的竞赛赢得控制物质环境的进步幻觉，去向他们的追随者献媚。人类也许从大自

* Mephistopheles，歌德所著《浮士德》中的恶魔。——译者

然中强求其神秘之物，又用他们的知识摧毁了自己；当他们还在为被束缚的创造力应当用来为其主人服务的问题发生争论时，他们也许支配了热能和动能精灵，又在无依无靠的挫折中束缚了他们的翅膀。不管化学家会给他们提供生活资料、三硝基甲苯，还是毒气；不管工业是应该挺直弯曲的脊梁还是在重压下垮台，这都依赖于对不可相容的理想进行选择的法则，而在人类支配的文明化设置中，它的代用品并不会增加。经济效率在任何合乎情理和充满活力的社会的生活中都是一种必要的因素，而且只有不可救药的感伤主义者会贬低其意义。然而，使效率从一种工具转变成一种主要目标会毁灭效率本身。在一种复杂的文明中，有效率行动的条件就是合作。而对其努力应达到的目标和判断其成功的标准形成共识，则是合作的条件。

对于目的一致包含着对一种价值标准的承认，通过这种标准就可能确定为不同目标指定的方位。在一个资源有限的世界中，自然只能是对长远而系统的努力作出回报，这样一种标准很显然必须考虑到经济可能性。但是它本身不可能纯粹是经济的，因为经济以及其它利益的相对重要性——例如为了增加闲暇、发展教育或使苦役较为人道而牺牲物质利益是值得的——恰恰就是它所需要弄清楚的。这在总体上必须以人性要求的某种构想为基础， 278
而满足经济需要很明显至关重要，但也同时要求满足其它需要，并且只有在它清楚地了解它们的相关意义后，才能够在合理的体系中组织它的活动。贝克莱主教写道：“无论这个世界想些什么，在上帝面前反省不够的人的精神以及最大的善（*summum bonum*）也许可能创造一个成功的小人，但也必将更加毋庸置疑地创造一

个可悲的爱国者和可悲的政治家。”今天想把进步的希望建筑在爱所激发的知识基础之上的哲学家，也许如他所愿和那位主教没有多大差别。

最显而易见的事恰恰最容易被忘却。现存的经济秩序以及提出的用于重建这种秩序的太多的计划，由于漠视普通人也有灵魂、任何物质财富的增加都无法对侵害他们自尊和削弱他们自由的安排起弥补作用这样一种自明之理而遭到破产。对经济组织的合理估计必须考虑到这一事实，即除非因人性受到伤害频繁引发暴乱而导致工业陷入瘫痪状态，它需要满足的并非纯粹的经济标准。正如在事实上对人与生俱来的欲望的限制在相当程度上已服从一些大的利益集团控制那样，必须承认对它可以加以改进这种合理见解。古典时代的哲学家对自由职业和奴役性职业所作的区别，中世纪所坚信的对财富为人类而存在而不是人类为财富而存在，罗斯金关于“是生活而不是财富永存”的名言，社会主义者强调组织生产是为了服务而不是为利益的论点，只不过是通过一种用来表述人的真正本性的观点来强调经济活动工具性的不同尝试。

就这种本性及其可能性而言，在这些章节中所论述的那个时
279 代的大部分时间中，基督教会被认为坚持一种它独有的概念。因此，它投身于一种不是作为对其教义主体部分善意的评注，而是作为其教义中一个至关紧要的因素，这一教义牵涉到其性格已形成其精神潜能，并由市场商业和社会机制培育或遏制的人的命运，以此对社会理论作系统阐述。教会哲学在去除了当时当地的反常之处之后，决心把道德原则优先于经济欲望的主张作为其中心，后者

在人类的构想中占有一席之地，而且是重要的一席之地，但是正像其它生来便有的欲望一样，一旦被抬高、被纵容、得以膨胀，就会毁灭灵魂，使社会混乱。它的诡辩术就是企图把这些原则转译成一部足以运用于由货栈和农场构成的灰暗世界的切实可行的道德法典。它的宗教法规就是要做一种在实践中经常是堕落的和诡辩的，但就其设想来说并非卑微的努力，把基督教的德行变成一种有关个人性格和社会行为的值得注意的肌理。实践经常是对理论的可怜的模仿，这一点是自明之理，无需加以强调。但是，在一个原则和行为的并不对等匹配的世界中，人们将受其自身的智力及理解力的评判——最终根据他们确定的目标以及达到这个目标的成就来评判。审慎的评论家将根据他的成就而不是他的理想来评价他自己，而他的邻居——无论是活着的还是死去的——都会根据他们的成就同时根据他们的理想来评价他。

从一个时代到另一个时代，环境发生了变化，而对道德原则应用的解释必须随之变化。不偏不倚地研究社会历史实情的很少会否认：恃强凌弱、有组织地去获取经济利益会得到强制性的法律体系的支持，并且被有着端庄帷幔的道德情感和牵强的雄辩术所庇 280
护，这已经成为这个世界迄今所能见到的大多数共同体的生活的一个不变的特点。但是，与基督教信仰创立者的教义完全对立的现代社会的性质，与批评时常指责的例外的失败和反常的愚蠢相比要深刻得多。它存在于大多数改革家几乎带着与现存秩序的捍卫者同样的天真所接受的这样一种假设之中，即获得物质财富是人类努力的最高目标和人类成功的最终标准。这样一种好像很有道理的、好斗的和一旦受到难以忍受的压迫不能用无言的批评对

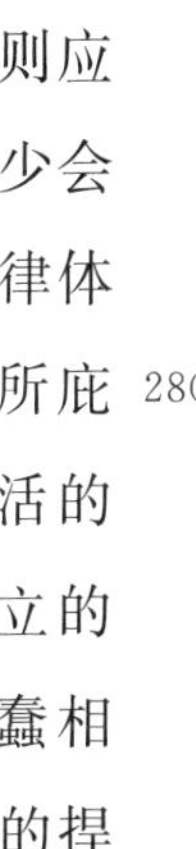

付这种摧毁的哲学，或许会获胜，或许会衰落。可以肯定的是，这种哲学是对任何能够（由隐喻所表达的除外）被称作基督教的思想或道德体系的否定。在对基督教会和作为资本主义社会实际宗教的对财富的崇拜之间达成妥协是不可能的，就像罗马帝国在对教会和对国家的崇拜之间无法妥协一样。

凯恩斯先生写道："现代资本主义完全是非宗教的，没有内在的统一性，没有公益精神，尽管并不总是但通常纯粹是占有者和逐利者的堆积。"资本主义是欲望和价值的完整体系，它把那种由攫取到积蓄，并由积蓄到攫取的生活神格化。现在当它胜利之时，当人们的赞美之声仍然回响在斗士耳边，荣誉仍然未从那些斗士的眉宇间消退之时，有时它好像要使远古不为人知的它征服的物质资源环境带有一种文明遗迹的味道。但它至今尚未学会控制它自身。当这种体制尚处于顺从的和善于讨好的幼稚阶段，在它的成功使之摘掉幼稚的面罩之前，并且当它的真正本性甚至还不为它自身所了解的时候，早期的圣人贤士就提出了他们的警告并加以
281 谴责。神学家和布道者用以表达对贪婪之罪厌恶态度的语言，对现代读者来说恐怕也过于阴暗恶毒了；他们有关商业契约和财产转让的训导似乎可以看作是不切实际的学究式想法。但是鲁莽与怯懦相比更是一种可以允许的缺点，并且当讲话不受欢迎的时候，保持沉默与说得太多相比不易得到人们原谅。也许后世从稳重、品行端正而审慎的佩利那里学到的东西和从痛斥非正义和压迫时有着旋风般的辩才的拉蒂默那里学到的同样多，然而，佩利本人因其高深莫测而被乔治三世看作是一个危险的革命者。

注　释

1937 年版序

1. 提到的某些早期文献可以在随后各章的注释中找到。以下列举一系列晚近的著作和论文并非毫无遗漏，但它对某些对此有兴趣的人士会有些用处：

E. 特勒尔奇：《基督教会的社会学说》（*The Social Teaching of the Christian Churches*）2 卷，伦敦 1931 年（英译本由奥列弗·怀恩译自该书德文版 *Die Soziallehren der Christlichen Kirchen und Gruppen*，蒂宾根，1912 年）；马克斯·韦伯（Max weber）：《新教伦理与资本主义精神》（*The Protestant Ethic and the Spirit of Capitalism*），伦敦，1930 年（英文版由塔尔科特·帕森斯译自德文版 *Die Protestantischaft Ethik und der Geist des Kapitalismus*，载《社会经济和社会政治统计学文献》（*Archiv fur Sozialwissenschaft und Sozialpolitik*），vols. xx（1904）以及 xxi（1905）；以后刊印在《宗教社会学文集》（*Gesammelte Aufsatze zur Religionssoziologie*），3 卷本，蒂宾根，1921 年）中；H. 豪泽（H. Hauser）：《资本主义精神》，巴黎，1927 年，第 2 章（“加尔文的经济观”）。B. 格勒图森（B. Greothuysen）：《法国资产阶级精神的起源》（*Origines de l' esprit bourgeois en France*），巴黎，1927 年；玛格丽特·詹姆斯（Margaret James）：《清教徒革命时期的社会问题和政策，1640 - 1660 年》（*Social Problems and Policy during the Puritan Revolution*，1640 - 1660），伦敦，1930 年；伊莎贝尔·格拉布（Isabel Grubb）：《1800 年以前的教友派信仰和工业》（*Quakerism and Industry before* 1800），伦敦，1930 年；W. J. 沃纳（W. J. Warner）：《工业革命中的卫斯理运动》（*The Wesleyan Movement in the Industrial Revolution*），伦敦，1930 年；R. 帕斯卡（R. Pascal）：《德国宗教改革的社会基础》（*The Socila Basis of*

the German Reformation)1933 年;H. M. 罗伯逊(H. M. Robertson):《经济个人主义兴起的若干方面》(*Aspects of the Rise of Economic Individualism*),剑桥,1933 年;A. 范法尼(A. Fanfani):《 意大利资本主义精神的起源》(*Le Origini dello Spirito Capitalistico in Italia*),米兰,1933 年,和《天主教、新教和资本主义》(*Cattolicismo e Protestantesimo nella Formazione Storica del Capitalismo*),米兰,1934 年(英译本 *Catholicism, Protestantism, and capitalism*, London,1935);布罗德里克(S. J. J. Brodrick):《耶稣会士的经济道德》(*The Economic Morals of the Jesuits*),伦敦,1934 年;贝布(E. D. Bebb):《非国教徒和社会经济生活,1660 – 1800 年》(*Nonconformity and Social and Economic Life*, 1660 – 1800),伦敦,1935 年。论文则有下列诸篇:M. 哈尔布瓦克斯(M. Halbwarchs)的《近代资本主义的清教起源》(Les Origines Puritaines du Capitalisme Moderne),载《历史和宗教哲学杂志》(*Revue d' histoire et de philosophie religieuses*),1925 年 3 – 4 月号和《经济学家和历史学家,马克斯 · 韦伯生平及著作》(Economistes et Historiens, Max Weber, une vie, un oeuvre),载《经济和社会史年鉴》(*Annales d' Histoire economique et Sociale*),1929 年第 1 期;H. 塞(H. Sée),《清教徒和犹太人对现代资本主义有多大贡献?》(*Dans quelle mesure Puritans et Juifs ont-ils contribue au Progres du Capitalisme Moderne?*),载《史学杂志》(*Revue Historique*),t. CLV,1927 年;肯普 · 富勒顿(Kemper Fullerton):《加尔文主义和资本主义》(Calvinism and Capitalism),载《哈佛神学评论》(*Harvard Theological Review*),1928 年 7 月;F. H. 奈特(F. H. Knight):《近代资本主义问题中的历史学和神学问题》(Historical and Theoretical Issuea in the Problem of Modern Capitalism),载《经济和商业史杂志》(*Journal of Economic and Business History*),1928 年 11 月;塔尔科特 · 帕森斯(Talcott Parsons):《晚近德国文献中的资本主义》(Capitalism in Recent German Literature),载《政治经济学杂志》(*Journal of Political Economy*),1928 年 12 月和 1929 年 2 月;P. C. 戈登(P. C. Gordon):《资本主义和宗教改革》(Capitalism and Reformation),载《经济史评论》(*Economic History Review*),1937 年 10 月。

2. 关于马克斯 · 韦伯的生平和个性,参见玛丽安娜 · 韦伯(Marianne We-

ber):《马克斯·韦伯传》(*Max Weber, ein Lebensbild*),蒂宾根,1926年;以及卡尔·雅斯贝斯(Karl Jaspers):《马克斯·韦伯,政治思想、研究和哲思中的德意志性》(*Max Weber, Deutsches wesen im politischen Denken, im Forschen und Philosophieren*),奥尔登堡,1932年。

3. 马克斯·韦伯(Max Weber):《新教伦理和资本主义精神》(*The Protestant Ethic and the Spirit of Capitalism*),英译本,第183页。

4. H. M. 罗伯逊(H. M. Robertson):《经济个人主义兴起的若干方面》(*Aspects of the Rise of Economic Individualism*),第xii页。

5. 马克斯·韦伯:《新教伦理和资本主义精神》(*The Protestant Ethic and the Spirit of Capitalism*),英译本,第26页。

6. 马克斯·韦伯:《新教伦理和资本主义精神》,英译本,第183页。

7. 马克斯·韦伯:《新教伦理和资本主义精神》,英译本,第183页,以及第五章注释118:"恐怕很容易在逻辑上把从新教民族主义产生的具有近代文化特征的任何事物都追根溯源到一种固定的结构。但是,这类事情可以留待那些业余爱好者去做,这些人相信群体思维的统一性,把它简化为一个单一的公式,我用'精神的'(Spiritual)一词来表达几乎无法翻译成英语的德文中的'精神原因'(*spiritualistische kausale*)一语。"

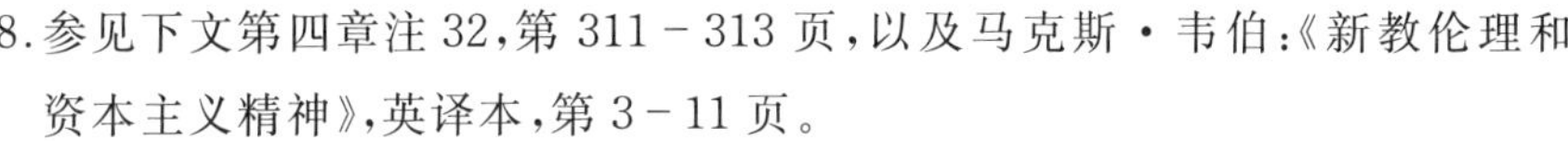

8. 参见下文第四章注32,第311-313页,以及马克斯·韦伯:《新教伦理和资本主义精神》,英译本,第3-11页。

9. 马克斯·韦伯:《新教伦理和资本主义精神》,英译本,第197-198页。H. M. 罗伯逊:《经济个人主义兴起的若干方面》中的一章(第57-87页)扩展了这种批评。对这个问题最好的论述,见布伦塔诺(Brentano):《现代资本主义的起源》(*Die Anfange des modernen Kapitalismus*, 1916)第117-157页,以及《人类历史上的节俭》(*Der wirthschaftende Mensch in des Geschichte*),莱比锡,1923年,第363页以下。

10. 参见H. M. 罗伯逊:《经济个人主义兴起的若干方面》,第88-110页,第133-167页;和J. 布罗德里克(J. Brodrick):《耶稣会士的经济道德》(*The Economic Morals of the Jesuits*),附带纠正了罗伯逊的错误,后者包含了可以找到的英语著作中对耶稣会士经济学说的最好评述。

11. 例如,威斯克曼(H. Wiskemann),《宗教改革时期德国盛行的国民经济观》(*Darstellung der in deutschland zur Zeit der Reformation herrschenden Nationalokonomischen Ansichten*),莱比锡,1861 年;弗里德里希·恩格斯(F. Engels):《社会主义从空想到科学的发展》(*Socialism, Utopian and Scientific*),伦敦,1892 年,导论;阿尔弗雷德·马歇尔(Alfred Marshall):《经济学原理》(*Principles of Economics*),1898 年,第 3 章;W. 坎宁安(W. Cunningham):《基督教和社会问题》(*Christianity and Social Questions*),伦敦,1910 年。(参见下文第 4 章,注 33。)最后一部著作尽管在韦伯的文章发表 7 年之后出版,却没有提及他的文章,也没有提出和韦伯文章类似的论点。

12. 例如,H. M. 罗伯逊:《经济个人主义兴起的若干方面》,第 xi 页。"许多作者利用资本主义在 20 世纪不得人心而运用它们[即归于韦伯的诸理论]以攻击加尔文主义或其他宗教派别"。罗伯逊先生看穿了这帮人中唯有盖伊·福克斯——当然,除我之外——真的敢点火,似乎成了不可宽恕的纵火者,赫胥黎先生,像那个头号共谋韦伯,"对资本主义怀着一种深深的仇恨"。我们和他站在一起"谴责一种挖资本主义社会基础的普遍倾向"(前引书,第 207 - 208 页)。罪行的秘密最终败露。

13. 亨利·皮雷纳(H. Pirenne):《资本主义社会史的诸阶段》(*Les Periodes de l'Histoire Sociale du Capitalisme*),1914 年。

第一章

1. 劳合·乔治在波特马多克(《泰晤士报》,1921 年 6 月 16 日)。
2. 弗劳德(J. A. Froude):"天主教的复兴"(Revival of Romanism),载《对重大问题的简要研究》(*Short Studies on Great Subjects*),第 3 集,1877 年,第 108 页。
3. J. N. 菲吉斯(J. N. Figgis):《从让·热尔松到格劳秀斯》(*From Gerson to Grotius*),第 21 页以下。
4. 洛克(Locke):《关于政府的两篇论文》(*Two Treatises of Government*),下篇,第 9 章,第 124 节。
5. 尼克尔·奥里斯姆(约 1320 - 1382),从 1377 年起任利雪主教。他的《论货币的起源、性质、法权和演变》可能写于 1360 年前后。该书的拉丁文和法文文本由沃罗夫斯基编辑出版(巴黎,1864),其精粹由 A.E.门罗(A.E. Monroe)翻译收入《早期经济思想》(*Early Economic Thought*),1924 年,第 81－102 页。坎宁安在《英国工商业的成长,早期和中世纪》(第 4 版,1905 年)第 354－359 页,对其意义做了扼要讨论。劳伦提乌斯・德・鲁道夫斯的《论高利贷》(*De Usuris*)发表于 1403 年;对其交换理论的简要评述可以在施赖伯(E. Schreiber)的《经院哲学家托马斯・阿奎那的国民经济观》(*Die volkswirtschaftlichen Anschauungen der Scholastik seit Thomas v.* Aquin),1913 年,第 211－217 页找到。圣安东尼诺(1389－1459 年,1446 年任大主教)最重要的著作是《神学大全》(*Summa Theologica*)、《忏悔大全》(*Summa Confessionalis*)和《论高利贷》(*De Usuris*),卡尔・伊尔戈纳(Carl Ilgner)的《佛罗伦萨的安东尼诺的国民经济学观点》(*Die volkswirtschaftlichen Anschauunger Antonins von Florenz*,1904),施赖伯在前引书第 217－223 页,以及比德・加雷特(Bede Jarrett)在《圣安东尼诺和中世纪经济学》(*St Antonino and Medieval Economics*,1914)中,对他的学说作了一些评述。巴克斯特著作的全名是《基督徒指南,或实践神学和良心问题大全》(*A Christian Directory: A Summ of Practical Theologie and Cases of Conscience*)。

6. 参见英文版,第四章,第 206 页。

7. 本维努托・达・伊莫拉(Benvenuto da Imola):《但丁〈神曲〉评注》(*Comentum super dantis Comoediam*)(Lacaita 编),第 1 卷,第 579 页:"为什么放高利贷者通往地狱;而不放高利贷的走向贫穷",转引自 G.G.柯尔顿(G.G.Coulton):《从征服到宗教改革的不列颠社会生活》(*Social Life in Britain from the Conquest to the Reformation*),1919 年,第 342 页。

8. 《阐释书》(*Elucidarum*),第 2 卷,第 18 页,见 J.A.吉尔斯编《兰弗朗克全集》。我在较早的版本中陈述过,为什么《阐释书》的作者不是兰弗朗克,而是欧坦的洪诺留。参见 J.A.恩德雷斯(J.A.Endres):《欧坦的洪诺留:论 12 世纪的精神生活史》(*Honorius Augustodunenisis: Beitrag zur Geschichte des geistigen Lebens im* 12. *Jahrhundert*),1906,第 22－26 页。我感谢 F.M.波威克教授作了订正。参见《圣圭多尼斯传》(Vita Sancti Guidonis),载《圣人传》(*Bollandists' s acta Sanctorum*),9 月号,vol. iv,第 43 页:

“很长一段时间很少买卖活动或没有买卖，人们也不会受到惩罚。”

9. B.J. 曼宁(B. J. Manning):《威克利夫时代人民的信仰》(*The people's Faith in the time of Wycliff*),1919 年,第 186 页。

10. 阿奎那(Aquinas):《神学大全》(*Summa Theologica*),2ª 2 ᵃᵉ,div. I,Q. iii, art. viii。

11. 阿奎那:《神学大全》(*Summa Theologica*),1ª 2 ᵃᵉ,div. I,Q. xciv,art. ii。

12. 卜尼法斯八世通谕《论圣徒》(The Bull *Unam Sanctam* of Boniface,VIII)。

13. 索尔兹伯里的约翰:《论政治原理》(*Polycraticus*)(C.C.J. 韦布编),lib. v, cap. ii[“然而共和政体,就像普鲁塔克所认为的,是这样一个能够让他们获得神圣馈赠而富有生气的机制”],和 lib. vi,cap. x,在那里做了详细类推。关于亨利八世的随军教士,见斯塔基(Starkey):《红衣主教波尔和托马斯·卢普塞特的对话》(*A Dialogue between cardinal Pole and Thomas Lupset*),早期英文经文学会(E. E. T. S.),《特辑》(Extra Series),no. xxxii,1878 年。

14. 乔叟(Chaucer):《帕松的故事》(*The Persoun's Tale*),第 66 节。

15. 《论七宗大罪》(*On the Seven Deadly Sins*),第 19 章,载 T. 阿诺德(T. Arnold)编《威克利夫英文著作选》(*Select English Works of John Wyclif*),第 3 卷,1871 年,第 145 页。

16. 索尔兹伯里的约翰,前引书,第 6 卷,第 10 章:“如果上层成员自己压制次层成员和次层成员对上层成员也享有同等权利,这样上层反过来几乎成为了下层,对整个共和国的财富将是安全和极有利的。”

17. 威克利夫:前引书,第 9、10、11、17 章各处。《威克利夫英文著作选》,阿诺德编,第 3 卷,第 130、131、134、143、132 页。

18. 例如,A. 多伦(A. Doren):《佛罗伦萨经济史研究》(*Studien aus der Florentiner Wirtschaftsgeschichte*),1901 年,第 458 页写道:“人们可能自信地认为:世界历史上可能不存在这样一个时期,在此时期,资本对于无产及无资本的手工劳动占据了天然优势,不论在其最直接的还是其影响最远的结果上,这种优势都存在,这个时期比佛兰德纺织工业的繁荣时期更加冷酷无情,也更加缺乏道德与法律意识。”皮雷纳勾画的纺织业的情景有些类似(J. V. 桑德斯译:《比利时早期民主史》[*Belgian Democracy, its early History*],1915年,第128-134页)。

19. 1298-1299年1月,“在米尔亨德召开了一次木工会议,会上用法人团体的誓言约束木工自己不去遵从由市长和高级行政官颁布的伤害他们技艺的命令”,在随后的3月,“铁匠议会”召开了,建立了公共金库(《伦敦城早期市长庄园法庭卷宗,1298-1307年》,A. H. 托马斯编,1924年,第25、33-34页)。

20. 马丁·圣莱昂估计了巴黎的人数(*Histoire des corporations de Metiers*, 3rd ed.,1922,第219-220、224、226页)。比歇尔给出了法兰克福的人数(*Die Bevolkerung von Frankfurt am Main im XIV and XV Jahrhundert*),1886年,第103、146、605页。他们没有把学徒包括在内,因此数字势必相去甚远。马丁·圣莱昂得出结论说:“可以确定的是,在中世纪(这里不考虑佛兰德的城市)尚不存在一个无产阶级,手工业者的人数几乎还没有超过或者尚未达到手工业主的人数。”(前引书,第227页多处。)需要补充一点,对于佛兰德来说,意大利城市是个例外,无论如何,对中世纪后期的叙述一般来说都缺乏真实性。当时在德国确实已经存在挣工资的无产阶级[见兰普雷希特(Lamprecht):“14到6世纪德国经济和社会变化初探”(*Zum Verstandniss der wirtschaftlichen und sozialen Wandlungen in Deutschland vom* 1, *zum* 16, *Jahrhundert*),载《社会经济史杂志》(*Zeitschrift fur Sozial-und Wirtschaftsgeschichte*),vol. i,1893年,第191-263页],而且,即便在英格兰也出现了无产阶级,尽管规模较小。

21.《警句详解》(*The Grete Sentence of Curs Expouned*),第28章(《威克利夫英文著作选》,T. 阿诺德编,第3卷,第333页)。这一段包含了对各种结社的全面谴责,特别指出,那些“有特殊技艺的人,如石匠和其他人”以及“商人、杂货商和酒店主”,他们“经常一起密谋,购买商品时绝不会超过某一特定价格,尽管他们购进的商品更值钱”(前引书,第333、334页)。

威克利夫的议论非常有趣并且很重要。它表明,(1)这种互助协会是不必要的。无需特别的制度来推动友爱关系,且不说这些制度,团体所有成员也必然会相互帮助:“最值得赞许的是,在这些行会中,每个人都实行上帝倡导的基督教徒共有的友爱关系。”(2)这种结社密谋与社会对立。

这两种陈述都是针对中央集权国家作出的，而且两者都在以后的历史中发挥了重大作用。它们被16世纪的绝对主义国务活动家用来作为控制工业的论据，以取代对行会和城镇起迟滞作用的麻木状态，而它被18世纪的个人主义者作为自由竞争的证据。从威克利夫到杜尔阁、卢梭和亚当·斯密，这条思想线索和国家联系不密切，1792年的《立法会法案》禁止工会（同一阶层或职业的市民，不管什么行业的手工业者和学徒还不能……对其号称一致的利益制定规则），同样还有英国的《结社法》。

22.《凯泽·西格蒙德对神圣罗马帝国等级制的改革》（*Kayser Sigmunds Reformation aller Standen der Heilligen Romischen Reichs*），Goldast印刷，《帝国法令汇编》（*Collectio Constitutionum Imperialium*），1713年，第4卷，第170—200页。它出现的时间大约在1437年。J.S.夏皮罗（J.S. Schapiro）《社会改革和宗教改革》（*Social Reform and the Reformation*，1909）第93－99页对此作了简要讨论。

23.马丁·圣莱昂：前引书，第187页。作者评论说，1270年对巴黎纺织工人划定的最低工资率的标准是恰当的。然而，这个标准似乎过度乐观了。对纺织工人划定最低工资率的事实，不能看作在英格兰，或许还有法国，已经普遍实施的政策的证据，即纺织行业得到特殊待遇，在对其他人限定最高工资率的同时，对纺织工人也规定了最低工资率。实情是，中世纪对工资采取的态度如同对重要得多的价格问题那样，可能就客观的公平标准达成一致，但这一标准并不仅仅反映经济力量的作用。

24.《主教福音》（the Cardinals' Gospel），G.G.柯尔顿译自《布兰诗集》（Carmina Burana），选自《中世纪宝典》（*A Medieval Garner*），1910年，第347页。

25.引自S.加斯利（S.Gaselee）：《中世纪拉丁文选》（*An Anthology of Medieval Latin*），1925年，第58－59页。

26.1248年英诺森四世授予他们"罗马教会特殊之子"的头衔。见埃伦伯格（Ehrenberg）：《富格尔时代》（*Das Zeitalter der Fugger*），1896年，第2卷，第66页。

27.关于格罗斯泰特主教，参见马修·帕里斯（Matthew Paris）：《大编年史》（*Chronica Majora*），第5卷，第404－405页（据该书记载，他是因为谴责了卡奥尔辛家族,“他们在我们的时代是神父和教士……已经被逐出法国,但是他在英格兰仍然得到教皇的鼓励和保护,英国从前没有受到这种侵害”),还有 F.S.斯蒂文森(F.S.Stevenson):《林肯郡主教罗伯特·格罗斯泰特》(*Robert Grosseteste*, *Bishop of Lincoln*),1899 年,第 101－104 页。关于伦敦主教和卡奥尔辛家族,参见马修·帕里斯:《大编年史》,第 3 卷,第 331－332 页。在埃伦伯格书中收集了对全部问题的有用资料,见埃伦伯格:《富格尔时代》,第 2 卷,第 64－68 页。

28.《J.佩卡姆书信集》(*Registrum Epistolarum J. Peckham*),第 1 卷,第 18 页,1279 年 7 月。见柯尔顿:《从征服到宗教改革的不列颠生活》第 345 页的译文。

29.关于教士放高利贷的案例,见塞尔登学会会刊,第 5 卷,1891 年,《诺里奇城民事法庭的司法》(*Leet Jurisdiction in the City of Norwich*),W.哈德森编,第 35 页;历史文稿编委会(Hist. MSS. Com.),《洛锡安侯爵的历史文稿和商务文稿》(*MSS. of the Marquis of Lothian*),1905 年,第 26 页;以及波宁(Th. Bonnin):《奥德尼斯·里加尔迪巡视记录》(*Regestrum Visitationum Odonis Rigaldi*),1832,第 35 页。参见下文注释 86。

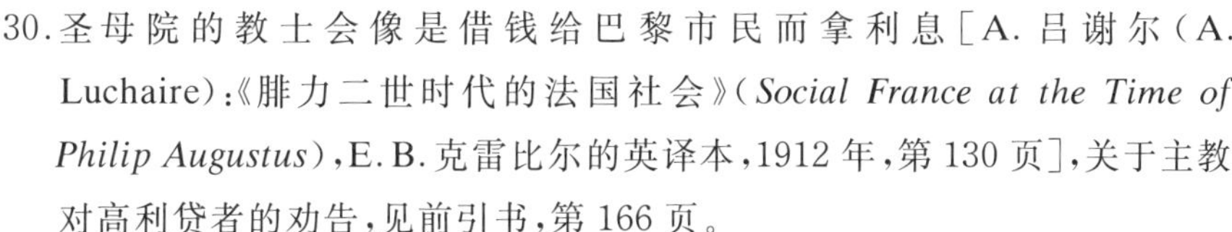

30.圣母院的教士会像是借钱给巴黎市民而拿利息[A.吕谢尔(A. Luchaire):《腓力二世时代的法国社会》(*Social France at the Time of Philip Augustus*),E.B.克雷比尔的英译本,1912 年,第 130 页],关于主教对高利贷者的劝告,见前引书,第 166 页。

31.引自圣贝尔纳约写于 1125 年的一封信,由柯尔顿(Coulton)刊印在《中世纪宝典》(*A Medieval Garner*),第 68－83 页。

32.阿奎那《论王政》(*De Regimine Principum*),lib. ii,cap. i－vii。他在书中讨论了国家的经济基础。

33.阿奎那:《神学大全》(*Summa Theol.*),$2^{a}2^{ae}$,Q. lxxxiii,art. vi。关于圣安东尼诺对同一目的的意见,参见加雷特:《圣安东尼诺和中世纪经济学》(*St. Antonino and Medieval Economics*),第 59 页。

34.格拉西安(Gratian):《教令集》(*Decretum*),pt. ii,causa xii,Q. i,c. ii &1。

35.伊尔格纳对圣安东尼诺的财产理论作了很好的评述,见《佛罗伦萨安东尼诺的国民经济学观点》一书第 10 章。

36.“但即使当一名优秀的立法者处在一个贫穷的国家，他也应该给这些批发商确定零售价格……并给他们和他们的家人提供必要的支持，而且还包括保障其勤奋工作、经历和承担所有的风险，因此批发商自己就能够通过买卖过活。”引自《托马斯·阿奎那以来的经院经济学》(*Die volkswirtschaftlichen Anschaungen der Scholastik seit Thomas v. Aquin*)，第154页。

37.根特的亨利《神学问题辩论集》(*Aurea Quodlibeta*)，第42页b栏。引自施赖伯：前引书，第135页。

38.格拉西安《教令集》(*Decretum*)，pt. I，dist. lxxxviii，cap. xi。

39.阿奎那：《神学大全》(*Summa Theol.*)，$2^{a}2^{ae}$，Q. lxxvii，art. vi。

40.前引书。贸易无可非议，“当人们致力于公共利益时，并不是给国家提供生活必需品，而是追求利润，不是作为目的，而是作为对他的劳动的回报”。

41.朗根斯泰因的亨利(Henry of Langenstein)：《关于买卖协议的双边讨论》(*Tractatus bipartitus de contractibus emptionis et venditionis*)，I，12，引自施赖伯，前引书，第197页。

42.参见第2章，第2节。

43.这些事例由柯尔顿刊印在《中世纪宝典》，第212－215、298页，以及《从征服到宗教改革的不列颠生活》，第346页。

44.阿尔图罗·塞格雷在《商业史》(*Storia del Commercio*)第1卷，第223页举出这些事实。对的信贷和借款，参见多伦(Doren)：《佛罗伦萨经济史研究》(*Studien aus der Florentiner Wirtschaftsgeschichte*)，第1卷，第173－209页。

45.布鲁诺·库斯克(Bruno Kuske)：《中世纪科隆贸易交往史》(*Quellen zur geschichte des Kolner Handels und Verkehrs im Mittelalter*)，第3卷，1923年，第197－198页。

46.早期英文经文学会，《考文垂民事法庭簿册》(*The Coventry Leet Book*)，M.D.哈里斯编，1907－1913年，第544页。

47.威克利夫(Wyclif)：《论七宗大罪》(*On the Seven deadly Sins*)，第14章，载T.阿诺德编：《威克利夫英文著作选》，第3卷，第154－155页。在文中代替“贷款”(loan)一词的是 leeve(leene?)。

48. 这类案例,见《早期大法官庭审记录》(*Early Chancery Proceedings*),Bdle, Lxiv,nos. 291 和 1089;Bdle. xxxvii,no. 38;Bdle. xlvi,no. 307。我在给威尔逊(Thomas Wilson)的《论高利贷》(*Discourse upon Usury*,1925)所写的序言中,对这类案例作了比较详细的讨论。

49. 历史文稿编委会(Hist. Mss. Com.)《洛锡安侯爵的历史文稿和商务文稿》(*MSS. of Marquis of Lothian*),第 27 页;塞尔登学会,《诺里奇民事法庭的司法权》(*Leet Jurisdiction in the City of Norwich*),第 35 页。

50. 阿奎那:《神学大全》(*Summa Theol.*)1[a]2[ae],Q. xcv,art. ii。

51.《论七宗大罪》,第 14 章,T. 阿诺德编,第 3 卷,第 153 页:“律师、商人、行商和餐馆老板不大从事体力劳动,而更多是从事贪婪之事。这是一个标志,因为存在不公正,造成了他们中一些人成为穷人,一些人成为富人。”

52. 例如,埃吉迪乌斯·莱辛努斯(Aegidius Lessinus),《论高利贷》(*De Usuris*),cap. ix,pt. 1:“货物正当的估价,即表示它所涉及的对其拥有者的用处;货物拥有正当的价值,这样表示它能够不被欺诈地出售……每一交易按领主的自由意愿而公正地完成。”让·布里丹(Johannes Buridanus)《对亚里士多德伦理学卷十的质疑》(*Quaestiones super decem libros Ethicorum Aristolis*,v. 23):“因此,如果他如此出让他的物品,就不会亏损而会获利,故不会受到损失。”施赖伯对两个作者都做了讨论(施赖伯,前引书,第 161-167,177-191 页)。布里丹的理论看来特别现代;但是,他“根据共同体的用处和必需”,而不是“按照购买者或出售者的需要”,谨慎地强调价格应当固定下来。

53. 圣安东尼诺(St Antonino),《神学大全》(*Summa Theologica*),pars ii, tit. i, cap. viii, § 1, cap. xvi, § iii。对圣安东尼诺的价格理论的评价,见伊尔戈纳(Ilgner),《佛罗伦萨的圣安东尼诺的国民经济学观点》(*Die volkswirtschaftlichen anschauungen Antonins von Florenz*),第 4 章;加雷特:《圣安东尼诺和中世纪经济学》;施赖伯,前引书,第 217-223 页。他个人感兴趣的地方在于,在考虑实际需要之时,始终在试图维护价格公平的原则。

54. 见《关于买卖契约的双边讨论》,I,11,12,引自施赖伯,前引书,第 198-

200 页。

55. 关于这些例子,见《伦敦城早期市长庄园法庭卷宗》(*Cal. of Early Mayor's Court Rolls of the City of London*)A.H.托马斯编,第 259-260 页;《诺里奇城档案》(Record of the City of Norwich),W.哈德森(W. Hudson)和 J.C.廷吉(J.C. Tingey)编,1960 年,第 227 页。《早期市长庄园法庭卷宗》(*Cal. of Early Mayor's Court Rolls*),第 132 页;威尔逊(J. M. Wilson):《伍斯特纪事》(*The Worcester Liber Albus*),1920 年,第 199-200,212-213 页。征收地租和合伙利润的合法性,在马克斯·纽曼(Max Neumann)的《德国高利贷史》(*Geschichte des Wuchers in Deutschland*)(1865)和阿什利(Ashley)《经济史》中得到充分讨论。参见 G.奥布莱恩(G.O'Brien)《论中世纪的经济学说》(*An Essay on Medieval Economic Teaching*)(1920)和 G.G.柯尔顿:《教会法附论》(*An Episode in Canon Law*),载《历史》(*History*),1921 年 7 月号,对教令《航海者》(*Naviganti*)提出的难题进行讨论。

56. E.A.D.拉斯佩尔(E.A.D. Laspeyres)编:《教皇贝尔纳教令集》(*Bernardi Papiensis Summa Decretalium*),1860,lib. v,tit. xv。

57. 例如,埃吉迪乌斯·莱辛努斯,《论高利贷》(*De Usuris*),第 9 章,第 2 节:"而且未来估价的获益在现在比不上那些当下买卖便能获益,也不能为其拥有者带来用处,所以按照公平的要求,它们估价就应该低一些。"

58. 除非我误解了,奥布莱恩在前引书中看来持这种观点。

59. 《政治学》(*Politics*),第 1 卷,第 3 章最后,1285b。参见 E.坎农和 W.D.罗斯等:《谁说了不生息的金钱?》,载《经济学》(*Economica*),1922 年 7 月号,第 105-107 页。

60. 英诺森四世《教令集五卷注疏》(*Apparatus*),lib. v. "论高利贷"(De Usuris)。

61. 关于意大利,参见阿尔图罗·塞格雷(Arturo Segre):《商业史》(*Storia del Commercio*),第 1 卷,第 179-191 页;而关于法国,见 P.布瓦松纳(P. Boissonade):《中世纪欧洲基督教徒的劳作》(*Le Travil dans l'Europe chretienne au Moyen Age*),1921 年,第 206-209、212-213 页。二书都强调了与教皇的财政关系。

62. 比如,阿尔勒公会议,314;尼西亚公会议,325;老底嘉公会议,372;及其他公会议。

63.《教会法大全》(*Corpus Juris canonici*),格列高利九世教令,lib. v, tit. xix, cap. i.。

64. 前引书,第3章。

65. 前引书,《第六条教令》(Sexti Decretal.), lib. v. tit. v. cap. i, ii.。

66. 前引书,《克莱芒教令》(Clementinarum), lib. v. tit. v. cap. i.。

67. 这一段的相关文字摘自《教会法大全》(*Corp. Jur. Can.*),格列高利九世教令, lib. v. xix, cap. ix, iv, x, xiii, xv, ii, v, vi。

68. H. C. 利(H. C. Lea)编:《13世纪圣赦院仪轨汇编》(*A Formulary of the Papal Penitentiary in the Thirteenth Century*), Nos. xcii, clxxviii(2), clxxx。

69. 潘亚富尔特的雷蒙德:《教牧大全》(*Raimundi de Pennaforti Summa Pastoralis*),见拉韦松(Ravaisson),《各省公共图书馆馆藏手稿总目》(*Catalogue General des MSS. des Bibliotheques publiques des departements*),1849年,第1卷,第592页及以后。会吏总将这样调查:"[教士]是否向他们的教民提供了食品,帮助那些真正需要的人,首先是那些有病的人。慈善工作也建议由会吏总和他的助手去做,如果他无法靠他自己的资源来完成,他应当凭借他的权力并行使他的影响,从其他人那里取得资源来完成任务……对于教区居民的调查将通过教士和那些值得信任的人来进行,如果必要的话,为达到此目的,应当把看来需要在他们中纠正弊端的那些邻人也召集到会吏总面前。首先应当调查是否实行了臭名昭著的高利贷,那些高利贷商人的名声,以及他们放的是何种类型的高利贷,即是否有什么人出借金钱或其他任何东西……他是否拿别人的马来做抵押,按多于马的食物量来计算代价……应当调查是否以低于实物价值的价格购买某种东西,条件是卖主可以在规定期限内赎回,虽然买主知道卖主无力赎回;或者他是否以低价购买什么东西,因为他在收到东西前先付了款,比如尚未收割的谷子;或者是否有谁像卡奥尔人那样,按照惯例而无明确的合同,收取高于本金的还款……甚且,应当调查他是否假借合伙的名义发放高利贷,当他把钱借给另一个商人时,作为合伙人他有所得而不是有所失。还有,他是否在放高利贷时有意造成不良后果[在规定的时间不付款],这并不是说他很快会支付更多,而是说他会获得更多收益。还有,他是否以社会的名义掩盖以实物放高利贷,因为富人在他出借金钱时,没有从穷人那里得到超过本金的金钱,但是,后者同意将在他的葡萄园中劳作两天或类似的事。还有,他在发放高利贷时是否以第三方为掩护,即某人不愿意借钱时,介绍朋友借给他。当已查明在那个教区从事声名狼藉的高利贷时,将他们的姓名记下来,会吏总的职责就是控诉他们,在某日把他们传讯到他的法庭或其他负责官员前,即便没有原告,也可根据公意起诉他们。如果他们被证明有罪,无论是有证据证明他们的罪行,还是根据他们的忏悔,或者根据人证,将用最适当的措施惩治他们……即便由于他们巧舌如簧和施用诡计而无法直接给他们定罪,但无论如何他们作为高利贷者的恶名显然已被确认,……如果会吏总慎重而努力地起诉他们的恶行,他们将很难应付,无法逃脱,如果,就是说……他会给他们带来麻烦或耗费他们的财力,使他们为难和蒙羞,并指定另外的审判时间,那么,通过制造麻烦、耗费金钱、时间和种种困扰,他们就可能会忏悔,接受教规的惩罚。"

70. E.马尔特内(E.Martène)和 U.迪朗(U.Durand):《轶事新编》(*Thesaurus novus Anecdotorum*),1717 年,第 4 卷,第 696 页及以后。

71. 皮科克(Pecock):《对教士的过度谴责造成的压力》(*The Repressor of over-much blaming of the Clergy*),C.巴宾顿编,1860 年,第 1 部分第 3 章,第 15－16 页。他的言辞表明宗教教义所遇到的困难和试图克服困难的企图。"我祈求你……告诉我圣经中哪儿有上百处地方对婚姻的指导,就像在《论婚姻》一书和《基督宗教》第一部分对婚姻的论述……也请告诉我,圣经何处有关于高利贷的论述,就像《补充四块约版》一书的第三部分所讲的;不过,在上面提及的这本书中关于高利贷的教诲太少了,以至于人们无法学到、了解和拥有关于人的适当行为、侍奉上帝以及关于高利贷的相关法律的足够知识,对于读者和学生来说,这些都是必须说清楚的。《新约》中除了《路加福音》第 6 章'若借给他人,就不要指望收回'外,是否还有关于高利贷的论述?《旧约》中对高利贷则是赞同而不是谴责。因此,怎么会有人说《圣经》奠定了关于高利贷的足够的学识和知识或与高利贷相对立的美德的基础呢？怎么会有人说《路加福音》那个人们反复讲的句子充分回答了在人们的日常买卖中需要得到满意解释的所有困惑、怀疑和问题呢？人们很快会发现，对于每个人都关心的这些问题，《圣经》却说得很少，或者根本没有说清楚。《圣经》所说的只不过是禁止高利贷，因此，对此的全部理解便是，高利贷是非法的，但是虽然你相信高利贷是非法的，你怎么知道什么是高利贷，而不去放高利贷呢？以及虽然有些人认为不是高利贷，你又如何知道在生意中何时是高利贷；以及虽然有人认为是高利贷，但在生意中怎么做才不是高利贷呢？"

皮科克对于有必要对《圣经》的教诲进行批评的辩护，事实上是对路德日后的陈述的回答。路德如是说："爱你的邻人如同爱你自己"，足以指导人们的行动（见第 2 章，第 108 页）。对高利贷说教的例子包括在皮科克已经注意到的一些著作中，它们可以从米克（Myrc）的《教区教士指南》（*Instructions for Parish Priests*，早期英文经文学会，E. 皮科克和 F. J. 弗尼瓦尔编，1902 年）、《眼睛的瞳仁》（*The Pupilla Oculi*）和丹·米歇尔的《内心的悔恨》（*Ayenbite of Inwyt*）（早期英文经文学会，R. 莫里斯编，1866 年）中找到。

72.《圣安德鲁大主教约翰·汉密尔顿教义问答集》（*The Catechism of John Hamilton, Archbishop of St Andrews*），1552 年，T. G. 劳编：1884 年版，第 97－99 页。第七条戒律谴责说，"第五，他们所有人都在骗取和攫夺公共财物，由于钟爱他们一己的幸福，而损害他人的幸福。第六，所有放高利贷者从高利贷的获利中产生的罪恶，在于它们违反了这一要求，不是无偿出借他们的商品，而只是出于利益的考虑，违反基督的要求。第七，他们雇佣仆人和工人，却不想给他们付稿酬和薪水，理由是他们理应如此，如同圣詹姆斯所说，罪会受到上帝的报复。第八，他们所有人都在用非法得来的金属铸造货币，这就使得公共福祉受到伤害和损伤。第九，所有商人都按照堕落的和劣质的标准出售货物，如果他们或任何其他人在买卖中使用欺骗性的、伪造的、假的和有问题的量器和衡器伤害他们的邻人，他们就因违背这种命令而犯下了大罪。我们不能宽恕任何匠人不是像他们完全应该做的那样去使用他们的合法技能，而是违背这种要求……所有这些偷偷摸摸无节制地敛财的人，都是些从事欺诈、造假、狡猾的化外之徒，通过他们的商品，他们本可以使他们的邻人避免贫穷和不幸，而他们不这样做。那些人从佃户那里收取过高的租金，过高的费用，或者让他们的茅舍农承担劳役，使佃户或茅舍农处于困境中。那些人嫉妒他走好运的邻居，从他们手中购买或抢夺他们的货物，通过善意的许诺或用欺诈的手段陷害他人，或用其商人的手腕哄骗他人。"这里对不同形式的商业做法的细节的谴责引人注意。

73. 例见马修·帕里斯(Matt. Paris)，《大编年史》(*Chron. Maj.*)，第 3 卷，第 191－192 页。例如，一个教士拒绝为一个被革除教籍的高利贷者举行基督教葬礼，而根据布列塔尼公爵的命令被逮捕并与死者绑在一起被活埋。参见《托马斯·贝克特的历史资料》(*Materials for the History of Thomas Becket*)，第 5 卷，第 38 页。

74. 阿尔杜安(Harduin)，《大公会议文件集》(*Acta Conciliorum*)，第 7 卷，第 1017－1020 页。"在前面提到的这一年[1485 年]的星期三和星期四，即在棕枝主日[译按：棕枝主日，即复活节前的礼拜天，旨在纪念耶稣在受难前骑驴进入耶路撒冷的事件]前，在靠近村庄的地方，就在那乡村的修道院；当着主教的面，且在他的命令下，格沃格尼姆教区的居民，这些签字画押者，承受了沉重的高利贷，名誉扫地了；他们曾为此被召集到大人面前发誓，并按照大人的命令归还所欠之款，这些都是他们以前承认所欠的高利贷，他们也发誓要归还以得清白。承认过高利贷的法维瑞斯的贝兰德走上前来，允诺要归还 100 个古金币；正如他自己所承认的，这就是他所承受的高利贷。"多达 36 个案件用这种方式处理。

75. 维拉尼：《编年史》(*Cronica*)，第 12 册，第 58 章（1823 年，第 6 卷，第 142 页）："但是为了赚钱，任何人不经意发出的涉及对上帝的不敬，或称高利贷并非罪大恶极的言论，以及诸如此类的言论，只要此人是富人，就会被处以重金罚款。"

76.《克拉伦登法典》(*Constitutions of Clarendon*)，第 15 章。"以上对债务的种种抗辩，不管这债务是否因信仰而存有异议，都应上呈国王审判。"

对整个论题，见波洛克(Pollock)和梅特兰(Maitland)：《英国法律史》，第 2 版，1898 年，第 2 卷，第 197－202 页，以及马科维尔(F. Makower)：《英格兰教会制度史》(*Constitutional History of the Church of Eng-*

land),1895年,第60节。

77.《伦敦城早期市长庄园法庭卷宗》(*Cal. of Early Mayor's Court Rolls of the City of London*),A.H.托马斯编,第44,88,156,235页;塞尔登学会,《自治市习惯法》(*Borough Customs*),M.贝特森编:第2卷,1906年,第161页(伦敦),第209-210页(都柏林);M.贝特森编:《莱斯特纪事》(*Records of Leicester*),第2卷,1901年,第49页。关于庄园法庭做出的类似禁令,参见《洛锡安侯爵的历史文稿和商务文稿》(*MSS. of Marquis of Lothian*),第28页和G.P.斯克罗普(G.P.Scrope):《库姆比城堡侯爵领地和庄园的历史》(*History of the Manor and Barony of Castle Combe*),1852年,第238页。

78.《伯顿纪事》(*Annales de Burton*),第256页。威尔金斯(Wilkins),《大不列颠和爱尔兰教会会议》(*Concilia*),第2卷,第115页;《议会卷宗》(*Rot. Parl.*),第2卷,第129页b栏。

79.夏普(R.R.Sharpe)编,《伦敦城书信备查簿》(*Cal. of Letter Books of the City of London*),vol.H,第23-24,24-25,27,28,200,206-207,261-262,365页;Liber Albus,bk.iii,pt.ii,第77、315、394-401、683页;塞尔登学会,《诺维奇城民事法庭的司法》,蒂5页;历史文稿编委会(Hist. MSS. Com.):《洛锡安侯爵的历史文稿和商务文稿》(*MSS. of Marquis of Lothian*),第26,27页。

80.《议会卷宗》(*Rot. Parl.*),第2卷,第332页a栏,350页b栏。

81.R.H.莫里斯(R.H.Morris,):《金雀花朝和都铎朝的切斯特》(*Chester in the Plantagenet and Tudor Reigns*),1894(?)年,第190页。

82.《早期大法官法庭诉讼记录》(*Early Chancery Proceedings*),Bdle.xi,no.307;Bdle,xxiv,nos.193-195;Bdle.xxxi,nos.96-100,527;Bdle.lx,no.20;Bdle.lxiv,no.1089。参见理查森(H.G.Richardson):《作为历史资料的年鉴和控辩卷宗》(*Year Books and Plea Rolls as Sources of Historical Information*),载《皇家历史学会会刊》,4th series,vol.v,1922年,第47-48页。

83.埃德蒙·吉布森(Ed.Gibson)编《英国圣公会法典》(*Codex Juris Ecclesiastici Anglicani*),1761年,第2版,第1026页。

84. 爱德华三世，15 号令，st. 1，c. 5；亨利七世，3 号令，c. 5；亨利七世，11 号令，c. 8；伊丽莎白，13 号令；c. 8；詹姆斯一世，2 号令，c. 17。

85. A. H. 托马斯编，《伦敦城早期市长法庭案卷》，第 1、12、28 - 29、33 - 34、44、52、88、141、156、226、235、251 页。在第 33 - 34 页和 52 页提到发生的铁匠和制马刺匠人的案件。在 15 世纪，行会常常根据宗教法庭的诉讼程序强行实施它的规则。参见威廉·H. 黑尔（Wm. H. Hale）：《一系列刑事案的判例和诉讼记录》（*A Series of Precedents and Proceedings in Criminal Causes*），1847 年，第 36 宗案和第 68 宗案，在这里，违背行会规则的人由代理主教法庭传唤。

86. 《坎特伯雷和约克郡学会》（*Canterbury and York Soc.*），班尼斯特（A. T. Bannister）编：《托马斯·斯波福德的记录簿》（*Registrum Thomas Spofford*），1919 年再版，第 52 页（1424）；以及瑟蒂斯学会，第 138 卷，威廉·布朗编：《约克大主教阁下考布里奇的托马斯的记录簿》（*The Register of Thomas of Corbridge, Lord Archbishop of York*，1925 年，第 1 卷，第 187 - 188 页）："1303 年 5 月 6 日，威尔顿。加顿教堂的牧师，马尔特霍普的约翰爵士洗清其罪名的信件涉及他通过高利贷获利一事。这封信写给基督所有信徒并由他们启封。当加顿教堂的牧师，我们领主马尔特霍普的约翰，代表上帝的荣耀的托马斯，出现在我们面前。在巡视中会使用关于我们因牵涉高利贷而受指责的上述信件，他把这封信带给了布里代尔的乔兰努斯。一个牧师从他那里接受了十年高利贷，每年情况相同，据说在 8 年间，前面提到的乔兰努斯满足了牧师的要求并且给了他钱。副主教在我们要求下来到我们面前，因为他一再拒绝用法律规定的形式合法地涤罪，我们向他乱掷东西。教区牧师为我们曾支持的他自己、她和她原先的牧师、和我们曾经支持的这个等级的其他的牧师表白，在下令举行的教徒腓力和雅各的第六次宴会前的星期五，即主荣耀的 1303 年 4 月 26 日之前，在上文提到的我们的威尔顿庄园里，同一个牧师与领主约翰，教区长，来到了位于约克城堡大门前的约翰、瓦尔姆的约翰和维沃斯普的教区牧师和沃鲁姆的罗伯特、纳夫顿的约翰、阿兰、斯蒂芬和纳夫顿的威廉、德里菲尔德、韦特万、福斯顿等教会牧师以及威夫索普教区牧师面前，他们都是值得信赖的人，前文已提到他们有合法的身份；主教清晰而有效地宣

称，恢复他们以前的良好声誉。我们见证了他在这些到场者面前签署作证。”

87.《早期大法官庄园法庭卷宗》，Bdle，xviii，no. 137；Bdle，xix，no. 2155；Bdle. xxiv，no. 255；Bdle. xxxi，no. 348；同时参见艾布拉姆（A. Abram）：《15世纪的英格兰社会》（*Social England in the Fifteenth Century*），1909年，第215－217页。从这些例子看来，对大法官庭早期诉讼程序的彻底考察很可能表明，甚至在15世纪，关于契约和高利贷的宗教法庭的司法审判，在实践中比某些时候人们所猜测的更重要。

88.瑟蒂斯学会，第154卷，1875（设有牧师会的里彭教堂的教士会法令）包含了法庭处理的涉及契约、债务等问题的100多个案例。该案出于公民权的原因被驳回，发生在1532年。瑟蒂斯学会，第21卷，1845年，《达勒姆法庭的口供和其他宗教诉讼》，第49页。

89. 切塔姆学会，第64卷，1901年，《威利教会法庭的法令全书》（*Acts Book of the Ecclesiastical Court of Whally*），第15－16页。

90.瑟蒂斯学会，第154卷，1875，《里彭教会法庭的法令全书》（*Acts Book of the Ecclesiastical Court of Ripon*），第26页。

91.海尔：《一系列刑事案的判例和诉讼记录》（见前注85），第238宗案。

92.参见第3章，第166页。

93.关于教区，参见阿迪（S. O. Addy）：《教会和庄园》（*Church and Manor*），1913年，第15章，在那里列举了许多例子。关于行会履行银行的功能，参见历史文稿编委会，1887年第11次报告，附录第3部分，第228页（关于自治城市金斯林的文稿），而关于其他贷款的例子，参见韦斯特莱克：《郊区行会和中世纪英格兰》，1919年，第61－63页，威廉·H.特纳（Wm. H. Turner）编：《牛津城档案》（*Record of the City of Oxford*），1880年，第8页，沃兹沃斯编：《林肯大教堂的法规》（*Statutes of Lincoln Cathedral*），第2部分，1897年，第616－617页，以及昂温（Unwin）：《伦敦的行会和公司》（*The Gilds and Companies of London*），1908年，第121页。关于医院，参见历史文稿编委会，第14次报告，附录，第8部分，1895年，第129页（关于伯里圣埃德蒙团体的文稿），在那里提到，出借给一个贫民20先令去买播种的种子。加斯凯（F. A. Gasquet）在《亨利八世和英格兰的修道院》(*Henry VIII and the English Monasteries*),1920 年,第 7 版,第 463 页,引用了(在修道院解散后半个世纪的)修道院放贷的证词;我不知道具体的例子。

94. 布利斯(W. H. Bliss):《教皇书信纪年总目》(*Cal. of Papal Letters*),第 1 卷,第 267 - 268 页。

95. 关于当铺的历史,参见霍尔茨阿普费尔(Holzapfel),《当铺的肇始》(*Die Anfange der Montes Pietatis*),1903 年,对于当铺在低地国家的发展,见埃纳(A. Henne),《查理五世统治比利时史》(*Histoire du Regne de Charles quint en Belgique*),1859 年,第 5 卷,第 220 - 223 页。对于在英格兰建立当铺的提议,见《伊丽莎白朝国内事务文件》(*S. P. D. Eliz.*),vol. cx,no. 57,收录在托尼(Tawney)和鲍尔(Power):《都铎朝的经济文献》(*Tudor Economic Documents*),第 3 卷,第 3 部分,第 6 号和我给托马斯·威尔逊的《论高利贷》(*Discourse upon Usury*,1925)写的序言,第 125 - 127 页。

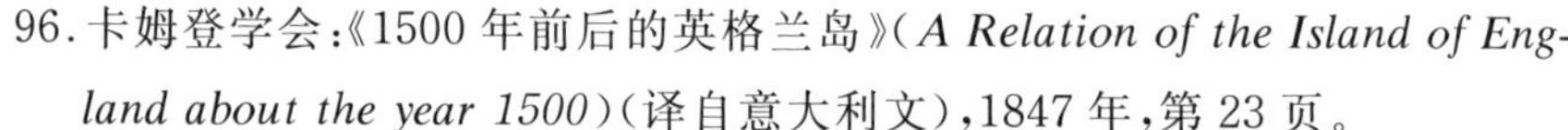

96. 卡姆登学会:《1500 年前后的英格兰岛》(*A Relation of the Island of England about the year 1500*)(译自意大利文),1847 年,第 23 页。

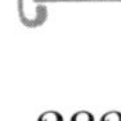

97. 林伍德(Lyndwood),《行省法》(*Provinciale*),副题为《高利贷》(*Usura*),以及吉布森(Gibson):《英国圣公会法典》,第 2 卷,第 1026 页。

98. 皮科克:《对教士过度谴责的压力》,第 3 部分,第 4 章,第 296 - 297 页:"在目前这一过程中,也有基督教徒说,'根据上帝的意旨',夫人也可能进入天国;这就是说,凭借上帝提供和给予的恩典……尽管他仍然有待致富,并且尽管没有这样的恩典他就难以进入天国,很明显,对那些遵循这一点的人来说,上帝不禁止任何人致富;那么,甚至这些人就不该进入天国……而如果它不禁止任何人致富,那么当然任何人支付都是完全合法的;如果他不是发誓要发起到而行之,或者他知道它被至于富人中要经历考研和磨练,他就不应该是自己处于贫穷之中。"它最后提出的使人为难的资格引人注目,因为其余篇章提出了现实主义的常识问题,它暗示这样一个问题:那么谁还敢致富?

99. 特里特姆斯,转引自詹森(J. Janssen):《中世纪结束时期德国人民的历史》(*History of the German People at the Close of the Middle Ages*),第 2 卷,1896 年,第 102 页。

100.托马斯(A. Thomas)编:《伦敦城早期市长法庭卷宗》(*Cal. of Early Mayor's Court Rolls of the City of London*),第157-158页。

101.参见,A.吕谢尔(A. Luchaire):《腓力二世时代的法国社会》(*Social France at the time of Philip Augustus*)(克雷比尔的英译本),第391-392页,引用了雅克·德·维特里的有说服力的谴责。

102.《地志学者和系谱学者》(*Topographer and Genealogist*),第1卷,1846年,第35页。(作者是个测量员,亨伯斯通人。)

103.例见,乔叟:《牧师的故事》,第64-66节。那位牧师表达了正统的观点,"农奴制的前提条件和第一原因是罪恶"。但他主张农奴和领主在精神上平等。

104.格拉西安(Gratian):《教规》(*Decretum*),pt. ii,causa x. Q. li,c. iii,and causa xii,q. ii,c. xxxix。

105.《神学大全》(*Summa Theol.*),1a2ae,q. xciv,act. v,§3。

106.1525年德国农民纲领的一项条款宣称:"那些把我们当作他们自己的财产的人……极为卑鄙,他们认为基督通过洒出自己珍贵的血,已经解救并赎出了我们,包括最低下和最高贵的人。相应地,根据《圣经》首尾一贯的内容,我们应当得到自由。"这个纲领刊印在夏皮罗(J. S. Schapiro)《社会改革和宗教改革》(*Social Reform and the Reformation*),1909年,第137-142页。凯特领导的起义者祈祷,"所有被奴役的人应当解放,因为上帝流出了他自己珍贵的血,解放了他们所有人",转引自布兰德、布朗和托尼合编:《英国经济史文献选编》,第2部分,第1组,第8号文件。

第二章

1.阿克顿1895年6月11日在剑桥大学作的《历史研究讲座》,第9页。

2.维尔纳·桑巴特在《现代资本主义》(1916年,第1卷,第524-526页)提出了事实和数据。参见施特里德(J. Strieder):《对历史上资本主义的组织形式之研究》(*Studien zur Geschichte kapitalistischer Organizationsformen*),1914年,kap. i,ii。

3.登内尔(E. R. Danell):《德国汉莎同盟的鼎盛期》(*Die Blutezeit der Deut-*

schen Hanse),1905 年;尚茨(Schanz):《中世纪后期英格兰的商业政策》(*Englische Handelspolitik gegen die Ende des Mittelalters*),第 1 卷;N.S.B.格拉斯(N.S.B.Gras):《早期英格兰的关税制度》(*The Early English Customs System*),1918 年,第 452-514 页。

4.例如,V.冯·克拉维尔编,P.德·沙里译:《富格尔通讯,1568-1605 年》(*The Fugger News-Letters,1568-1605*),1924 年。

5.E.阿尔贝里:《威尼斯大使在议事会的报告》,第 1 辑,第 3 卷,1853 年,第 357 页(1559 年米凯莱·索里亚诺关于西班牙国王菲利普二世的报告):"这些西班牙王国的财富,这些宝藏,这些西印度群岛人,在多年的法兰西战争中支撑了皇帝的事业。"

6.对安特卫普贸易的最佳描述见圭恰迪尼(L.Guicciardini)《低地国家实录》(1567),(*Descrittione di tutti I paesi Bassi*)(1567),它的一部分有法文译文,载托尼和鲍尔合编:《都铎朝的经济文献》,第 3 卷,第 149-173 页。现代有关安特卫普的最佳叙述,见皮雷纳:《比利时史》(*Histoire de Belgique*),第 2 卷,第 399-403 页,和第 3 卷,第 259-272 页;埃伦伯格(Ehrenberg):《富格尔时代》(*Das Zeitalter der Fugger*),第 2 卷,第 3-68 页;和 J.A.戈里(J.A.Goris):《1488 到 1567 年安特卫普侨商研究》(*Etude sur les Colonies Marchandees Meridionales a Anvers de* 1488 *a* 1567)(1925)。

7.穆廷家族 1479 年在安特卫普开设了一家分行,霍赫施泰特家族在 1486 年,富格尔家族在 1508 年,韦尔泽家族在 1509 年开设了分行(皮雷纳,前引书,第 3 卷,第 261 页)。

8.皮雷纳,前引书,第 3 卷,第 273-276 页。

9.埃伦伯格:前引书,第 2 卷,第 7-8 页。

10.对国际金融关系的一种简要的叙述可以在我给托马斯·威尔逊的《论高利贷》一书写的序言中找到(1925 年,第 60-86 页)。

11.伊拉斯谟(Erasmus):《格言》(*Adagia*);参见《对和平的抱怨》(*The Complaint of Peace*)。

12.关于富格尔家族,见埃伦伯格,前引书,第 1 卷,第 85-186 页。前引书,第 187-269 页,提及其他德国商号。

13. 参见戈里斯，前引书，第 510 - 545 页，在那里全文转引了巴黎神学家的答复；参见埃伦伯格：前引书，第 2 卷第 18、21 页。关于贝拉明，参见戈里斯：前引书，第 551 - 552 页。对在 16 世纪后期和在信奉新教的英格兰，始终必须采用调解经济政策和教会法原则的方式的奇妙描述，可以在《伊丽莎白朝国内事务文件》(*S. P. D. Eliz.*)，vol. lxxv，no. 54（刊于托尼和鲍尔合编：《都铎朝的经济文献》，第 3 卷，第 359 - 370 页）中找到。那个呼吁取消禁止所有利息的 1552 年法令的作者举出了阿奎那和霍斯蒂安西斯以证明，像高利贷这样“诚实而非欺诈的利润”不应当受谴责。

14. 阿什利：《经济史》，1893 年，第 1 卷第 2 部分，第 442 - 443 页。

15. 博丹：《博丹对马莱斯特罗瓦悖论的回复，涉及所有物品的价格和补偿措施》。

16. 参见马克斯·纽曼(Max Neumann)：《德国高利贷史》(*Geschichte des Wuchers in Deutschland*)，1865 年，第 487 页以下。

17. 加尔文的观点可见于他的《往来书信集》(*Epistolae et Response*)，1575 年，第 355 - 357 页和他《全集》中的布道(28)。

18. 布策尔(Bucer)：《论基督王国》(*De Regno Christi*)。

19.《第三个十年》(*Third Decade*)，第一次和第二次布道，载《亨利·布林格的几十年》(*The Decades of Henry Bullinger*)（帕克学会），第 3 卷，1850 年。

20. 路德：《关于高利贷的短篇布道》(*Kleiner Sermon vom Wucher*)，1519 年，载魏玛版《著作集》(*Werke*)，第 6 卷，第 1 - 8 页；《关于高利贷的长篇布道》(*Grosser vom Wucher*)，1520，载前引书，第 33 - 60 页；《论买卖和高利贷》(*von kaufshandlung und Wucher*)，1524 年，载前引书，第 15 卷，第 279 - 332 页；《关于教士反对高利贷的布道》(*An die Pfarrherrn wide den Wucher zu predigen, Vermahung*)，1540 年，载前引书，第 51 卷，第 325 - 424 页。

21.“这里人们必须让那些该死的和教会闭嘴”(埃伦伯格：前引书，第 1 卷，第 117 页多处。)

22. 参见，第 1 卷，第 122 页。

23. 路德(Luther)，《反对掠夺和残忍腐败的农民》(*Wider die räuberischen*

und mörderischen rotten der bauern),1525 年,载《著作集》(*Werke*),第 18 卷,第 357-361 页。

24. 拉蒂默(Latimer):《布道集》(*Sermons*);波尼特(Ponet):《对上院和下院的告诫或警告》(*An Exhortation, or rather a Warning, to the Lords and Commons*);克劳利:《致富之路》(*The Way to Wealth*)和《讽刺短诗》(*Epigrams*),载 J. M. 考珀(J. W. Cowper)编:《罗伯特·克劳利著作选》(*Select Works of Robert Crowley*),早期英文圣经学会,1872 年;利弗(Lever):《布道集》(*Sermons*),1550 年(英文重印本,E.阿伯编,1895 年);托马斯·贝肯(Becon):《欢喜之宝》(*The Jewel of Joy*),1553 年;桑戴斯:《布道集》,第 2 篇、第 10 篇、第 11 篇、第 12 篇(帕克学会,1841 年);朱厄尔:《著作集》,第 4 部分,第 1293-1298 页(帕克学会,1850 年)。转引的不那么为人所知的著作和祈祷文,可见于 J. O. W. 霍伊斯(J. O. W. Howeis):《宗教改革概览》(*Sketches of the Reformation*),1844 年。

25. 加德纳(Gairdner):《亨利八世的书信和文件》(*Letters and Papers of Henry VIII*),第 14 卷,第 357 号。

26. 博絮埃(Bossuet):《论高利贷》(*Traite de l' Usure*)。对于他的观点的叙述,见利弗:《旧时法国的付息贷款》(*Le pret a interet dans l' ancienne France*)。

27.《简述英格兰高利贷的发展及其祸害》(*Breif Survery of the Growth of Usury in England with the Mischiefs attending it*),1673 年。

28. 对这些变化的概述,见兰普雷希特(K. Lamprecht):《理解 14-16 世纪德国经济和社会的变化》(Zum Verständniss der wirthschaftlichen und sozialen Wandlungen in Deutschland vom 14. sum 16. Jahrhundert),载《社会和经济史杂志》(*Zeitschrift fur Sozial-und Wirthschaftsgeschichte*),第 1 卷,1898 年,第 191 页以下。

29. 兰普雷希特:前引书,和夏皮罗(J. S. Shapiro):《社会改革和宗教改革》(*Social Reform and the Reformation*),1909 年,第 44-73 页。

30. 夏皮罗:前引书,第 20-39 页;和施特里德尔,前引书(见注释 2),第 156-212 页。

31. 关于皇帝西格斯蒙德的所谓宗教改革,见第一章,注释 22,关于农民的条款,见前引书,注释 106。

32.关于盖勒·冯·凯泽贝格和希普勒,见夏皮罗:前引书,第 30、126-131 页。关于胡滕,见 H.威斯克曼(H. Wiskemann),《宗教改革时期德国主要国民经济思想的形成》(*Darstellung der in Deutschland zur zeit der Reformation Herrschenden nationalokonomischen Ansichten*),1861 年,第 13024 页。

33.引自雷利(W. Raleigh):《16 世纪英国人的航海》(*The English Voyages of the Sixteenth Century*),1910 年,第 28 页。

34.特勒尔奇(Troeltch):《新教和进步》(*Protestantism and Progress*),1912 年,第 44-52 页。

35.夏皮罗:前引书,第 137 页。

36.参见魏克曼,前引书,第 47-48 页,关于路德的社会理论的讨论,见特勒尔奇:《基督教会的社会学说》(*Die Soziallehren der Christlichen Kirchen*),1912 年,第 549-593 页。

37.路德:《德意志民族的基督教贵族》(An den christlichen Adel deutscher nation),1520 年,见《著作集》,第 6 卷,第 381 页以下。

38.夏皮罗:前引书,第 139 页。

39.路德:《施瓦本农民问题 12 条章程中关于和平的告诫》(Ermahnung zum frieden auf die zwölf artikel der bauerschaft in Schwaben),1525 年,见《著作集》,第 8 卷,第 327 页。

40.《论买卖和高利贷》(Von Kaufshandlung und Wucher),见《著作集》,第 15 卷,第 295 页。

41.《告德意志基督教贵族书》(An den christlichen Adel),见《著作集》,第 6 卷,第 466 页,引自默里(R. H. Murry):《伊拉斯谟和路德》(*Erasmus and Luther*),1920 年,第 239 页。

42.《论买卖和高利贷》,见《著作集》,第 15 卷,第 293-294,312 页。

43.《论基督徒的自由》(Concerning Christian Liberty),见韦斯(Wace)和布克海姆(Buchheim):《路德基本著作》(*Luther's Primary Works*),1896 年,第 256-257 页。

44.《关于高利贷的长篇布道》(Grosser Sermon vom Wucher),载《著作集》,

第 6 卷,第 49 页。

45. 参见,第 1 章,注第 71。

46. 收录于纽曼(Neumann):《德国高利贷史》(*Geschichte des Wuchers in Deutschland*),附录 F,第 618 - 619 页。

47.《论基督徒的自由》(Concerning Christian Liberty),见韦斯和布克海姆,前引书,第 258 - 259 页。

48.《论买卖和高利贷》,见《著作集》,第 15 卷,第 302 页。

49. 茨温利:《论神性和人性的正义,或论神法和民法》;载 R. 克里斯托费尔《茨温利:生平和著作选》,1857 年,第 2 部,第 313 页以下。也见威斯克曼,前引书,第 71 - 74 页。

50. “从交易中比从土地中得到的收益更大?那么,商人的收益来自哪里?你可以说,来自勤奋和努力。”见引自特勒尔奇:《基督教会的社会学说》,第 707 页。

51. 布策尔(Bucer):《论基督的王国》(*De Regno Christi*)。

52. 罗杰 · 芬顿(Roger Fenton):《论高利贷》(*A Treatise of Usurie*),1612 年,第 61 页。

53. 加尔文(Calvin):《基督教教义》(*Instituts of Christian Religion*),由 J. 阿兰译,1838 年,第 2 卷,第 147 页(第 3 册,第 23 章,第 7 节)。

54. 前引书,第 2 卷,第 128 - 129 页(第 3 册,第 21 章,第 7 节)。

55. 杰拉尔德 · 温斯坦莱(Gerrard Winstamley):《给议会和军队的年礼物》(*A New Yeer's Gift for the Parliamemt and Army*),1630 年,托马森小册子,大英博物馆,E. 587(6),第 42 页。

56.《威廉 · 劳德著作集》(*The Works of William Laud*, D. D.),威廉 · 斯科特编,第 6 卷,第 1 部分,1857 年,第 213 页。

57.《论济贫》(*De Subventione Pauperum*)。

58. “对于年长者,我们每年都要对各家进行调查。我们把全城分成若干区,使得每一部分的工作都可以顺利进行。从长老中选出一位主事来审查新的居民。曾经获得认可的,就不再审查;除了需要询问是否家庭和睦,是否与邻居有过争执,是否酗酒,是否偷懒和无知地不参加教堂集会等”(转引自威斯克曼,前引书,第 80 页多处)。关于他谴责不加区别的施舍,参见前引书,第 79 页多处。

59.《论无选择的贫穷》(De non habendo Pauperum delectu,1523)和《论救济的分配》(*De Erogatione eleemosynarum*,1542),见哈根巴赫(K. R. Hagenbach):《约翰·厄科兰巴德和奥斯瓦尔德·米科尼乌斯,巴塞尔的宗教改革家》(*Johann Oekolampad und Oswald Myconius, die Reformatoren Basels*),1859 年,第 46 页。

60. 卡尔·佩斯塔洛奇(Carl Pestalozzi):《海因里希·布林格的生平和著作选》(*Heinrich Bullinger, Leben und ausgewahlte Schriften*),1858 年,第50-51、122-125、340-342 页。

61. 威斯克曼,前引书,第 70-74 页。

62. 引自普里泽夫德·史密斯(Preserved Smith):《宗教改革时代》(*The Age of the Reformation*),1921 年,第 174 页。

63. 加尔文:《基督教教义》,第 4 册,第 12 章,第 1 节。

64. 刊印在保罗·亨利(Paul Henry):《约翰·加尔文生平》(*Das Leben Johann Calvins*),第 2 卷,附录,第 26-41 页。

65. 克里斯托费尔:《茨温利:瑞士宗教改革的兴起》(*Zwingli, or the Rise of the Reformation in Switzerland*),约翰·科克伦译,1858 年,第 159-160 页。

66. 刊印在保罗·亨利(Paul Henry):《约翰·加尔文生平》(*Das Leben Johann Calvins*),第 2 卷,附录,第 23-25 页。

67. 舒瓦西(E. Choisy):《泰奥多尔·贝扎时代日内瓦加尔文基督教状况》(*L'Etat Chrétien calviniste á Genève au temps de Théodore de Bèze*),1902 年,第 145 页。我愿意向这本佳作致谢,本书以下段落的许多史实取材自该书。

68. 保罗·亨利:《约翰·加尔文生平》,第 70-75 页。普里泽夫德·史密斯在前引书第 104-107 页中,F. W. 坎普舒尔特(F. W. Kampschulte)在《约翰·加尔文:他在日内瓦的教会和国家》(*Johann Calvin, seine Kirche und Staat in Genf*,1869)中提出了其他例证。对加尔文体制的残忍性的统计学评价相差甚大;史密斯(第 171 页)说,1542-1546 年,在人口为16000 的日内瓦,58 人被处决,76 人被放逐。

69.诺克斯:引自普里泽夫德·史密斯,前引书,第174页。

70.加尔文,《基督教教义》,第3册,第7章,第5节。

71.舒瓦西;前引书,第442-443页。

72.舒瓦西:前引书,第35-37页。

73.舒瓦西:前引书,第189、117-119页。

74.舒瓦西:前引书,第35、165-167页。

75.舒瓦西:前引书,第119-121页。

76.舒瓦西:前引书,第189-194页。

77.保罗·亨利:《约翰·加尔文生平》,第2卷,第70页注。

78.参见加尔文在《基督教教义》第4册,第1章,第4节对教会的描述:"要讨论有形的教会,让我们用对母亲的赞美之词吧,认识有形的教会对我们是多么有用,更确切地说是多么必要,既然我们获得生命无非是它孕育、生养和培育了我们,并且始终监护和指导我们,只要我们脱离有朽的身体,我们就会像天使一样。我们一生都将是学生,因为我们的弱点而无法离开学校。而且在它的怀抱之外,罪人根本无望得到赦免,也不会获救。"

79. 约翰·奎克(John Quick):《高卢宗教改革期间的教务会议,或著名的法国改革教会国民大会制定的法令、决定、教令和教规》(*Synodicon in Gallia Reformata: or the Ats, Decisions, Decrees, and Canons of those famous Natioanl Councils of the Reformationed Churches in France*),1692年,第1卷,第99页。

80.前引书,第1卷,第9页。"掠夺者和奸商",第25、34、38、79、140、149页(利息和高利贷),第70页(假货和出售拉长的呢绒),第99页(合理的利润)第162、204页;"投资以使穷人获利",第194、213页(彩票)。

81.《宗规书》,收在D.莱恩(编):《约翰·诺克斯著作集》(*Works of John Knox*),第2卷,1848年,第227页。

82. 苏格兰历史学会;《圣安德鲁斯教会会议记录》(*St Andrews Kirk Session Register*),D.H.弗来明编,1889-1890年,第1卷,第390页;第2卷,第882页。

83.威登(Weeden):《新英格兰经济社会史》(*Economic and Social History of New England*),1890年,第1卷,第2部分,此话出自布拉德福德的总督。

84.《温思罗普日记——新英格兰史,1630-1649年》(*Winthrop's Journal* "*History of New England*"),1890年,J.K.霍斯默编,1908年,第1卷,第134、325页;第2卷,第20页。

85.威登:《新英格兰经济社会史》,第1卷,第125、58页。

86.威登:《新英格兰经济社会史》,第2卷,第20页。

87.多伊尔(J.A.Doyle):《在美国的英国人》(*The English in America*),第2卷,1887年,第57页;牛的价格"应当不是根据需求的迫切性,而是根据合理的利润来决定"。

88.罗杰·威廉斯(Roger Williams):《对佃户的血腥迫害》(*The Bloudy Tenant of Persecution*),1664年,第4章。

89.温斯罗普:前引书,第1卷,第315-318页。有关基督徒在商业经营中的一系列类似的行动准则,收入班扬(Bunyan):《恶人传》(*The Life and Death of Mr. Badman*),1905年,第118-122页。

90.我这段文字受益于J.A.亚当斯(J.A.Adams):《新英格兰的建立》(*The Foundation of New England*)。

第三章

1.罗瑟斯(J.Rossus):《英格兰国王史》(*Historia Regum Angliæ*),T.赫恩编。

2.亨利七世第4年,第19章;亨利八世第6年,第5章;亨利八世第7年,第1章;亨利八世第25年,第13章。关于1517年委员会,见利达姆(Leadam):《圈地调查册》(*The Domesday of Enclosures*)。

3.例如,见夏皮罗:《社会改革和宗教改革》(*Social Reform and Reformation*),第60-61、65、67、70-71页。

4.莫尔:《乌托邦》第32页(皮特出版社版,1879年)。"贵族和乡绅,是的,还有某些修道院长,无疑都是神职人士……没有留下任何耕种的土地,他们圈占的土地都成了牧场。"关于一个农奴要求权利的案件,见《星室法庭案例选编》(*Select cases in the Court of Star Chamber*),第123-124页,第118-129页(卡特诉马姆斯伯里的阿波特案);关于公簿持有农向自由佃户的转变,见塞尔登学会,第12卷,1898年,《上诉法院案例选编》,第lix-lxv页,第64-101页。(肯特和阿波特的里普顿的其他居民诉圣约翰案);

据说改变在1471年已经完成。

5. 萨文(A. Savine):《解散前夜的英格兰修道院》(*English Monasteries on the Eve of the Dissolution*),P.维诺格拉多夫编:《牛津社会法律史研究》(*Oxford Studies in Social and Legal History*),第1卷,1909年,第100页。估计在1535年时的净收入为109736镑,而各种来源的净收入为136361镑。这些数额在转变为当代货币时需要乘以12倍。它们代表的总资本价值只能加以猜测,但不会少于现代货币2千万镑。

6. 关于受让人的身份和付款,见萨文的数字,载费希尔(F. A. L. Fisher):《英国政治史,1485－1547年》(*The Political Hsitory of England, 1485－1547*),附录2:贵族支付的低价特别引人注目。最好的研究是:S. B. 利捷格林(S. B. Liljegren):《导致大革命的英格兰修道院衰落和社会变革》(*The Fall of the Monasteries and the Social changes in England leading up to the great Revolution*),1924年,详细说明了投机家的活动,第118－125页。

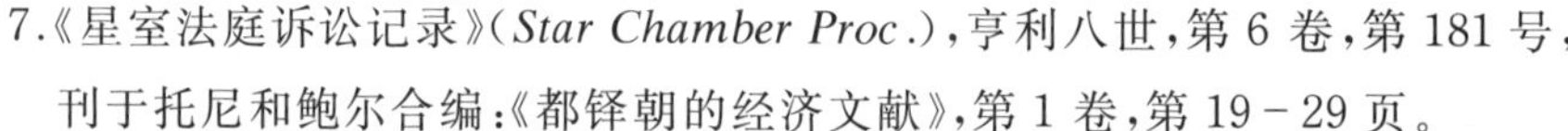

7.《星室法庭诉讼记录》(*Star Chamber Proc.*),亨利八世,第6卷,第181号,刊于托尼和鲍尔合编:《都铎朝的经济文献》,第1卷,第19－29页。

8. 塞尔登学会,《上诉法院案例选编》(*Select Cases in the Court of Requests*),第lviii－lxix页,第198－200页。

9. 引自加斯凯(F. A. Gasquet):《亨利八世和英国修道院》(*Henry VIII and the English Monasteries*),1920年,第lviii－lxix、198－200页。

10. 例如,参见《一个基督徒的皈依》(*The Obedience of a Christian Man*),载丁达尔的《教义问答》,帕克学会,1848年,第231页。该处以早期教会如何对待穷人为例,《致力于英格兰王国繁荣富强的诸策》(*Policies to reduce this Reaime of Englande unto a Prosperous Wealthe and Estate*),1549年,刊于托尼和鲍尔合编《都铎朝的经济文献》,第3卷,第311－345页:"就像我们让自己承受对上帝崇拜无知的后果,即便如此,上帝并不让我们知道如何改革那种种不便之处,在我们关心天国的极度荒芜时,我们确实看到了那些不便之处。……现在对上帝的真正崇拜已经……如此纯洁,如此虔诚地树立,同样可以相信上帝……运用它的威严和恩典连根拔除造成上述衰败和荒芜的种种原因和借口。"

11. 布策尔:《论基督的王国》。

12. 利奇(A. F. Leach):《中世纪英格兰的学校》(*The Schools of Medieval England*),1915年,第331页。他继续写道:"1864年学校调查报告显示,每5625人有一所文法学校与每23750人有一所学校之比,……于我们宗教改革之前的前人谈不上不利。"爱德华时期捐助被掠夺的具体情况,见利奇《1546-1548年英国宗教改革时期的学校》(*English Schools at the Reformation*,1546-8),1896年。

13. 参见《枢密院法案》(*Acts of Privy Council*),第2卷,第193-195页(1548年);为回应利城和考文垂的会员的抗议,行会把两个城市的土地重新授予他们。

14. 克劳利:《致富之路》(*The Way to Wealth*),载《罗伯特·克劳利著作选》(*Select Works of Robert Crowley*),J.M.考珀编,早期英文圣经学会,1872年,第129-150页。

15. 克劳利;前引书,以及《格言集》(*Epigrams*),载前引书,第1-51页。

16. 贝肯(Becon)在《喜乐之宝》(*The Jewey of Joy*,1553)中写道:"他们憎恶像修道士、男修士、教士、修女等等名称,但是他们贪婪地攫取他们的货物。然而,修道士会款待客人,以合理的价格出租他们的农场,兴办学校,培养有良好文学素养的年轻人,而这些人绝不做类似的事。"

17. 托马斯·利弗(Thomas Lever):《布道集》(*Sermons*),1550年(英文经典重刊本,E.阿伯编辑,1895年),第32页。这种变化在以后的布道中重申。

18. F.W.拉塞尔(F.W.Russell):《诺福克的凯特起义》(*Kett's Rebellion in Norfork*),1859年,第292页。关于萨默塞特的政策和乡绅反对他的起义,见托尼:《16世纪农业问题》(*Agrarian Problem in the Sixteenth Century*),第365-370页。

19. 拉提默:《爱德华六世殿前的七次布道》(*Seeven Sermons before Edward VI*)(英文经典重刊本,阿伯编,1895年),第84-86页。

20. 《欢愉和痛苦》(Pleasure and Pain),载《罗伯特·克劳利著作选》(*Select Works of Robert Crowley*),J.M.考珀编,第16页。

21. 《致富之路》,前引书,第132页。

22. 利弗:前引书,第 130 页。

23.《地主的祈祷文》(A Prayer for Landlord),引自《根据国王爱德华六世的命令颁布的私人祈祷书》(*A Book of Private Prayer set for br Order of King Edward VI*)。

24. 培根(Bacon):《论真正伟大的不列颠王国》(*Of the True Greatness of the Kingdom Britain*)。

25. 关于贷款对农民和小雇主的影响的讨论,见我给威尔逊的《论高利贷》写的序言。

26. 参见第 1 章,注释 69。

27. 迪尤斯(D'Ewes)编:《议会日志》,1682 年,第 173 页。

28.《伊丽莎白朝国内事务文件》(*Calendar S. P. D. Eliz.*),vol. cclxxxvi, nos. 19,29。

29. 例如,见阿迪(S. O. Addy):《教会和庄园》(*Church and Manor*),1913 年,第 15 章。对于郊区商业组织的最好的叙述,见韦尔(S. L. Ware):《伊丽莎白教区的宗教和财政方面》(*The Elizabethan Parish in its Ecclesiastical and Financial Aspects*),1908 年。

30. 利弗:前引书,第 130 页。也可参见哈里森(Harrison):《不列颠纪事》(*The Description of Britaine*),1587 年,第 2 册,第 18 章。

31.《对合法使用财富的虔诚的论述》(*A Godlie Treatise concerning the Lawful Use of Riches*),托马斯·罗杰斯从尼古拉斯·赫明的拉丁文本译出,1578 年,第 8 页。

32. 桑戴斯,《布道集》,第 2 篇,第 10 篇、第 11 篇、第 12 篇(帕克学会,1841 年);《喜乐之宝》,载《著作集》,第 4 部分,第 1293 – 1298 页(帕克学会,1850 年);托马斯·威尔逊:《论高利贷》,1572 年;米尔斯·莫斯(Miles Mosse):《对高利贷的责难和定罪》(*The Arraignment and Conviction of Usurie*),1595 年;约翰·布莱克斯顿(John Blaxton):《英国高利贷者,或英国国教最博学、最著名的神学家谴责的高利贷》(*The English Usurer, or Usury Condemned by the Most Learned and Famous Divines of the Church of England*),1634 年。

33. 赫明:前引书,第 11 页。

34. 罗杰·芬登(Roger Fenton):《论高利贷》(*A Treatise of Usurie*),1612年,第59页。

35. 威尔逊:前引书,1925年,第281页。

36. 米尔斯·莫斯,前引书。

37.《伊丽莎白朝国内事务文件》(*S. P. D. Elizabeth*.),vol.lxxv,no.54,收录在托尼和鲍尔主编,《都铎朝的经济文献》,第3卷,第359-370页。

38. 赫明:前引书,第11页。

39. 梅特兰(Maitland):《英国法律与文艺复兴》(*English Law and the Renaissance*),1901年。

40. 引自梅特兰:前引书,第49-50页。

41. 威尔逊:前引书。

42. 杰里米·泰勒(Jeremy Taylor):《开导小信疑惑者》(*Ductor Dubitantium*),1660. bk. iii, par. 30。

43. 莫斯:前引书,题献,第6页。

44. 卡德维尔(E. Cardwell):《教会会议法规汇编》(*Synodalia*),1842年,第436页。

45. 卡德维尔:《教会法改革》(*The Reformation of Ecclesiastical Laws*),1850年,第206、323页。

46.《大主教格林达尔遗稿》(*The Remains of Archbishop Grindal*),威廉·尼古拉斯编,帕克学会,1943年,第143页。

47. 例如,参见肯尼迪(W. P. M. Kennedy):《伊丽莎白朝圣公会的行政管理》(*Elizabethan Episcopal Administration*),1924年,第3卷,第180页。执事长马林斯论及伦敦执事职责的文章(1585年)写道:"此外,无论你是否知晓在你的教区有任何臭名昭著的人被认为或被怀疑是一个高利贷者:或以任何借口或手段直接或间接这样做,都一样。"第184、223页;威尔金斯:《教会会议》,第4卷,第319、337、426页。

48. 卡德韦尔(Cardwell):《教会会议法规汇编》(*Synodalia*),第1卷,第144,308页。威尔金斯(Wilkins):《教会会议》(*Concilia*),第4卷,第509页。

49. 韦尔:前引书,见上文注29,引了几个例子。也可参见《坎蒂亚那古代史》(*Archaeologia Cantiana*),第25卷,1902年,第27、48页(坎特伯雷执事

长的巡视)。

50.《历史文稿编委会第13次报告》,1892年,附录,第4部分,第333-334页(赫尔福德城手稿)。

51.黑尔(W.H.Hale):《若干刑事案件的案例和诉讼程序》(*A Series of Precedents and Proceedings in Criminal causes*),1847年,第166页。

52.《约克郡古代史杂志》(*Yorkshire Arch.Journal*),第28卷,1895年,第331页。

53.《伦敦代理主教训教书》,1618-1625年(H.184,第164、192页)。我要感谢萨默塞特宫(该书收藏地)的芬彻姆先生,他友好地提醒我注意这些案例。其中较短的一个写作如下:

在奥尔德斯盖特外的 圣博托菲, 托马斯·威瑟姆 用独角兽印章签署。	发觉一名放高利贷者以上述 借1镑获2先令的利率,或以高于 这一利率,出借款项1年。甚且 借期更短,利滚利。还记录了 事发的地点和时间等

1620年5月9日,威瑟姆在法官办公室当着首席法官的面,为自己申辩,他自己很少待在家中,把店铺的生意交给雇员,如果出现什么差错,他归咎于他的雇员而不是他自己。他说他会吩咐手下人留心不发生任何虐待行为并用这种方式侵犯别人。他谦恭地祈求法官宽恕而不予起诉,因此法官警告他,无论他本人还是他的手下,都不能再犯错。在受了警告后,法官释放了他。

54.《伊丽莎白朝国内事务文件》(*S.P.D.Elizabeth.*),vol.lxxxv,no.54。

55.关于对这些开支的叙述,见我给威尔逊的《论高利贷》(1925年)写的序言(第123-128页)。

56.理查德·胡克(Richard Hooke):《教会体制的法则》(*The Law of Ecclesiastical Polity*),第8册,第1章,第5部分。

57.《枢密院法案》(*Acts of Privy Council*),第27卷,1597年,第129页。

58.《斯蒂福基文件》(*Stiffkey Papers*),H.W.桑德斯编,皇家历史学会,卡姆登丛书,第3辑,第26卷,1915年,第140页。

59.引自伦纳德(E.M.Leonard):《英格兰早期济贫史》(*The Early History of*

English Poor Relief),1900 年,第 148 页。

60. 对伊丽莎白统治时期交易史的叙述,见威尔逊:前引书,导言,第 146 - 154 页。

61. 参见前引书,第 164 - 165 页;《关于星室法庭案的报告,1593 - 1608 年》(*Les Reportes des Cases in Camera Stellata, 1593 - 1608*),W. P. Baildon 编,1894 年,第 235 - 237 页。后一本书包含了若干星室法庭干预囤积谷物案(第 71、76 - 77、78 - 79、91 页)以及圈地案和劫掠案(第 49 - 52、164 - 165、192 - 193、247、345 - 347 页)的案例。

62.《论英格兰王国的福祉》(*A Discourse of the Common Weal of this realm of England*),E. 拉蒙德主编,1893 年,第 14 页。

63.《威廉·劳德著作集》(*The Works of William Laud*),威廉·斯科特编,第 1 卷,1847 年,第 6 页。

64. 前引书,第 64 页。

65. 前引书,第 89、138 页。

66. 前引书,第 167 页。

67. 前引书,第 28 - 29 页。

68. 冈纳(Gonner):《公地和圈地》(*Common Land and Enclosure*),1912 年,第 166 - 167 页。关于政府在 1629 - 1640 年间的行动,见托尼:《16 世纪农业问题》,第 376、391 页,以及 E. M. 伦纳德:"17 世纪的圈地和公地",载《皇家历史学会会刊》,新刊,第 19 卷,第 101 页以下。

69.《致万灵学院院长吉尔伯特·谢尔顿》,载《威廉·劳德著作集》,第 1 卷,第 2 部分,第 520 页:"我必须告诉你另一件事,尽管我帮了你忙,推迟了听证直到你回来,不过对于事情本身,我无可奉告;部分是因为我极憎恨无论出于任何原因的掠夺,它是这个王国最大的灾祸,对收容所或收容的佃户来说也是恶例";克拉伦登(Clarendon):《反叛史》(*History of the Rebellion*),第 1 册,第 204 页。

70.《查理一世朝国内事务文件》(*S. P. D. Chas. I*),vol. ccccxcix, no. 10(刊于托尼:《16 世纪农业问题》,第 420 - 421 页);《议员日志》(*Lord's Journal*),第 6 卷,第 468b 页(1643 - 1644 年 3 月 13 日)。反对劳德的文章称:"随后塔尔波特先生宣誓证明,无论如何,当法律主张保护土地权时,

大主教确实在圈地和劫掠问题上违反了法律,他吩咐他们'在初级法院去申诉,他们不应当到他这儿申诉';大主教因为他动用不动产而不是通过法律为其申辩,而罚他200镑。"

71. 伦纳德:《英格兰早期济贫史》,第150-164页。昂温(Unwin):《16和17世纪的工业组织》(*Industrial Organization in the sixteenth and seventeenth centuries*),1904年,第142-147页。

72. 里德(Reid):《国王的北方司法委员会》(*The King's Council in the North*),1921年,第412,213页。

73. 卡姆登学会,新刊,第39卷,1886年。《星室法庭和高等法院的案件》(*Cases in the Courts of Star Chamber and the High Commission*),S.R.加狄纳编,第46页。关于任何囤积谷物的案件,见前引书,第82-89页。

74. 托尼:《治安法官对英格兰工资的评定》,载《社会经济史季刊》(*Vierteljahrschrift fur Social-und Wirtschaftsgeschichte*),Bd. xi,1913年,第551-554页;伦纳德,前引书,第157页。

75.《威廉·劳德著作集》,威廉·斯科特编,第6卷,1857年,第1部分,第191页。(回应塞伊爵士和塞勒就主教在民事和庭审中的作用之议案的演讲。)

76. 前引书,第1卷,第5-6页。

77. 哈林顿:《著作集》,1700年版,第69页(《大洋国》)和第388-389页[《立法艺术》(*The Art of Law-giving*)]。

78. 马利纳(G. Malynes):《商业法》(*Lex Mercatoria*),1622年。同样的类比更早曾被用于《论英格兰王国的福祉》(*A Discourse of the Commom weal of this Realm of England*),E.拉蒙德编,第98页。

79. 迪尤斯:《议会日志》,第674页。

80. 对于控制价格的批评,见托尼和鲍尔合编:《都铎朝的经济文献》,第3卷第339-341页,第2卷第188页;以及《斯蒂福基文件》(参见前注58),第130-140页。

81. H.埃利斯:《原始信函》,第2辑,第2卷,1827;信函第182通;以及伯根(J.W.Burgon):《托马斯·格雷欣的生平和时代》(*The Life and Time of Sir Thomas Gresham*),1839年,第2卷,第343页。

82. 威尔逊:前引书(参见前注第 55),第 249 页。

83.《下院日志》(*Commons' Journal*),1604 年 5 月 21 日,第 1 卷,第 218 页。

84 .伊丽莎白第 13 号令,第 8 款;爱德华六世第 5 号和第 6 号令废除,第 20 款;迪尤斯:《议会日志》,第 171－174 页。

85. 欧文(Owen)和布莱克韦(Blackway):《什鲁斯伯里史》(*History of Shrewsbury*),1825 年,第 2 卷,第 364 页多处,第 412 页。

86. 历史文稿编委会,《各处收藏文稿汇编》,第 1 卷,1901 年,第 46 页(布福德镇政府文稿)。

87. 威尔逊:前引书,(见注第 55),第 233 页。

88. 考克:《英国法学原理》,第 2 册,1797 年,第 601 页以下。(坎特伯雷大主教理查德・班克罗夫特提出,在颁布诉讼禁止令时某些被滥用的条款需要加以改革。)

89. 托马斯・里德利(Thomas Ridley):《民法和教会法概览》(*A View of the Civie and Ecclesiastical Law, and wherein the practice of them is streitened and may be relieved within this land*),1807 年,题辞,第 3 页。

90. 亨特利(W. Huntley),《简论教士的过分擅权》(*A Breviate of the Prelates's intoleable Usurpation*),1637 年,第 183－184 页。这里涉及的是欣德案,据说在伊丽莎白第 18/19 年的米迦勒节已经为人所知。至于有关禁令的争议,见厄舍(R. G. Usher):《宗教事务高等法院的兴衰》(*The Rise and Fall of the High Commission*),1913 年,第 100 页以下。

91. 迪尤斯:《议会日志》,第 171、173 页。

92. 例如,参见瑟蒂斯学会,第 34 卷,1858 年,《达勒姆主教区宗教事务高等法庭的法令》(*The Acts of the High Commission Court within the Diocess of Durham*),序言,它表明在 1626 到 1639 年间,当时审理的传统的宗教诉讼案有数百件之多。

93. 佩恩(Penn):《没有十字架就没有国王》(*No Cross, No Crown*),第 1 部分,第 12 章,第 8 部分。

94. 桑德森(Sanderson),《良心的义务》(*De Obligation Conscientiae*),1660 年;泰勒(Taylor):《神圣生活的规则和操练》(*The Rule and Exercises of Holy Living*),1650 年,第 3 章,第 3 部分(关于民约的谈判,买卖公平的规

则和尺度）。

95. 曼德维尔（Mandeville）:《蜜蜂的寓言》（*The Fable of the Bees*），F. B. 凯编，1924 年，第 193、194 页。类似的关于贫穷必要的认识在这个世纪后期在 J. 唐森德神父（Rev.J. Townsend）《论济贫法》（Dissertation on the Poor Laws），1785 年；和帕特里克·科洪（Patrick Colquhoun）《论不列颠帝国的财富和资源》（*Treatise on the Wealth and Resources of the British Empire*，1814 年）中得到表述。如同曼德维尔，两位作者都认为贫穷对于繁荣是必要的，对于文明的存在也是必要的。对 18 世纪作者所说的同样意思的话，见 E. S. 弗尼斯（E. S. Furniss）:《在民族主义体制下劳工的地位》（*The Position of the Laborer in a System of Nationalism*），1920 年，第 4 到第 6 章。

96.《人的全部责任，就在于以平白和熟悉的方式为全民所用》（*The Whole Duty of Man, laid down in a plain and familiar way for the use of all*），1658 年。

第四章

1. 塔克:《简论各人分别在英法经商的有利和不利之处》（*A Brief Essay on the advantages and Disadvantages which respectively attend France and Britain with regard to trade*），1750 年，第 33 页。他的大多数著作都已散佚，对塔克最好的描述见克拉克（W. E. Clark）:《经济学家乔赛亚·克拉克》（*Josiah Tucker, Economist*），载《历史学，经济学和公法研究丛书》（*Studies in History, Economics, and Public Law*），哥伦比亚大学，第 19 卷，1903－1905 年。

2.《巴克斯特遗文或理查德·巴克斯特记述人生最值得回忆的华章》（*Reliquiae Baxterianae* or *Richard Baxter's Narrative of the most memorable Passagesof his Life and Times*），1695 年，第 5 页。

3. 班扬（Bunyan）:《天路历程》（*Pilgrime's Progress*）。

4.《纽卡斯尔公爵传》（*The Life of the Duke of Newcastle*），纽卡斯尔女公爵玛格丽特著，人人丛书，1915 年，第 153 页。

5. 巴克斯特:前引书，第 31 页。

6.班扬:《天路历程》。

7.巴克斯特:前引书,第 89 页。

8.托马斯·福勒(Thomas Fuller):《神圣和世俗的状态》(*The Holy and Profane States*),1884 年版,第 122 页。

9.引自迈耶(S. Meyer):《布里斯托尔回忆录》(*Memoirs of Bristol*),第 2 卷,1832 年,第 122 页。

10.厄舍(R. G. Usher):《英国教会的重建》(*The Reconstrucion of the English Church*),第 1 卷,1910 年,第 249 - 250 页。

11.巴克斯特:前引书,第 30 页。

12.《对这场战争发生原因的有序而清晰的叙述》(*An Orderly and Plaine Narration of the Beginning and Causes of the Warre*),1644 年,第 4 页,Brit. Mus.,托马森小册子,E. 54(3)。我要感谢帕斯卡尔·拉金神父,提示这一参考书。

13.克拉伦登:《反叛史》,第 6 卷,第 271 段。

14.帕克(Parker):《论教会体制》(*Discourse of Ecclesiastical Politie*),1670 年,前言,第 xxxix 页。

15.《克拉伦登伯爵爱德华自传》(*The Life of Edward, Earl of Clarendon, written by himself*),1827 年版,第 3 卷,第 101 页。

16.阿格纽(D. C. A. Agnew):《法国被流放的新教徒》(*Protestant Exiles from France*),1886 年,第 1 卷,第 20 - 21 页。1640 年根枝法请愿指出,由于这些主教的罪行,"所有品行端正的市民受挫毁灭,他们中有众多呢绒商、商人等等。他们遭到牧师剥夺,由于承受过重的负担,被迫离开这个王国到荷兰去,并随声带走了大量的呢绒产品,到他们居留的国家去经商,这使得王国的大宗产品羊毛的贸易额缩小,甚至无法出售,贸易衰落,许多贫民希望找到工作,海员失业,整个国家极为贫瘠"(加狄纳[S. R. Gardiner]编:《清教徒革命的宪法文件,1625 - 1660 年》(*Constitutional Documents of Puritan Revolution, 1625 - 1660*),1889 年,第 73 页。关于伊丽莎白时期相对宽松地对待移民,参见托尼和鲍尔合编:《都铎朝的经济文献》,第 1 卷,第 3、4、11(2)、15 则资料,以及,坎宁安:《近代英国工商业的成长》,1921 年,第 1 部分,第 79 - 84 页。

17.《托利主义和贸易绝不会一致》(*Toryism and Trade can never agree*),第 12 页。利维在《经济自由主义》(*Economic Liberalism*)一书第 12 页错误地将这本小册子归于戴维南特名下。

18.例如,参见马丁(G. Martin):《路易十四王朝的大工业》(*La Grande Industrie Sous le règne de Louis XIV*),1899 年,第 17 章,此处引用了几名监督官的报告;另见勒瓦瑟(Levasseur):《法国商业史》(*Histoire du commerce de la France*),1911 年,第 1 卷,第 421 页。

19.《一封士绅写给乡绅的关于令人憎恶的迫害的信》(*A Letter from a Gentleman in the City to a gentleman in the Country about the odiousness of Persecution*),1677 年,第 29 页。

20.威廉·坦普尔爵士(Sir Wm Temple):《对尼德兰联省共和国的观察》(*Observationupon upon the United Provinces of the Netherlands*),第 5、6 章。

21.《荷兰和西弗里斯兰共和国的真正利益和政治准则》(*The True Interest and Political Maxims of the Republick of Holland and West-Friesland*),1702 年,第 1 部分,第 14 章。

22.配第:《政治算术》(*Political Arithmetic*),1690 年,第 25 - 26 页。

23.《一个热爱国王和国家的人关于英格兰现实利益的陈述》。[我要感谢 A. P. 沃兹沃思先生提醒我注意文中所引的段落。劳伦斯·布拉顿专门指出了同样的观点:"法国人出于他们迷信的宗教习惯(至少要持续)50 天宗教节日,这比我们不得不持续的时间要长;而在不得去做任何事情的每一天中,被欺骗的民众就浪费了 12 万英镑"(《旨在救助、改造和雇佣穷人而草拟的法案摘要》,1717 年)。]也可参见笛福:《对不从国教者的调查》(1702 年,第 18 - 19 页):"绅士们,我们想知道,你们还接受我们的金钱纳入你们赤字的基金,我们的股票将帮助你们进行战争,我们的贷款和信用维持你们的后勤和海军部吗?如果你们想要和我们区别开来,制定使我们无法购买土地的法律,我们就不可能成为自由持有农;那就看你们能否找到资金全部买下我们的土地。把我们迁移到城镇和团体中,让我们自己进行贸易;让我们去梳棉、纺纱、编织、纺织,相互劳作,你就会看到,离开我们,你们将始终处在贫困中。让我们把船开走,把我们的钱从你们的银行中提出,不接受我们的钞票,在宗教事务和民事上完全分开,看看没有我们,你们还能否继续前进。"

24.斯威夫特(Swift):《检察员》(*Examiner*)。

25.博林布鲁克(Bolingbroke):《致威廉·温德姆爵士》(*Letter to Sir Wm Windham*),1753年,第1页。

26.《巴克斯特遗文》(*Reliquiae Baxterianae*),第94页。他接着说:"一般说来,师傅(即雇主)的生活比学徒的稍好(刚够糊口),但这只是因为他们干活儿不够卖力。"

27.伏尔泰(Voltaire):《哲学通信》,第10封;孟德斯鸠(Montesquieu):《论法的精神》(*Esprit des Lois*),第19章,第27节,和第20章,第22节。在达让松(D'Argenson):《论法国政府》(*Considerations sur le Gouvernment de la France*,1765年)中论及了类似的作用。

28.《英格兰高利贷发展的简要概览》(*Brief Surgery of the Growth of Usury in England*),1673年。

29.马斯顿(Marston):《向东去啊!》(*Eastward Ho!*),第1幕,第1场。

30.克拉伦登:《反叛史》,第1册,第163节。

31.配第:《政治算术》,1690年,第23页。

32.马克斯·韦伯:《新教伦理和资本精神》,1930年(英译本由塔尔科特·帕森斯从德文版 *Die protestantische Ethik und der Geist des Kapitalismus* 译出,最初发表在《社会经济和社会政治统计学文献》[Archiv fur Sozialwissenschaft und Sozialpolitik Statistik]第20、21卷,第1期);特勒尔奇:《基督教会的社会学说》(*Die Soziallehren der Christlichen Kirchen*)以及《新教与进步》(*Protestantism and Progress*),1912年;舒尔策-格文尼兹(Schulze-Gavernitz):《英帝国主义和英国自由贸易》(*Britischer Imperialismus und Englischer freihandel*),1906年;坎宁安:《基督教和经济科学》(*Christianity and Economic Science*),1914年,第5章。

韦伯的论文在德国引起了众多讨论。论文的主要论点是,加尔文教,特别是英国的清教,在为资本主义企业的成长提供一种创造性的道德和政治条件方面起了决定性作用——他所有的说明都是从此提出的——似乎为特勒尔奇所接受(特勒尔奇,前引书,第704页及以下)。布伦塔诺在

《现代资本主义的起源》(*Die Anfänge des modernen Kapitalismus*,1916年,第117-157页)中作了一种批评性的分析,他得出的许多结论和韦伯不同。韦伯的论文当然在已发表的论著中对宗教和资本主义的关系的最好的考察之一,我希望表明我对他的感谢,特别是他的著作对一些清教作家用"天职"一词表达的思想在经济上的运用进行了讨论。同时,韦伯在论证中提出的若干观点在我看来也具有片面性和强调过度,布伦塔诺对这些方面提出的批评在我看来是正确的。

这样,(1)一篇讨论经济和社会思想的论文必然不同于讨论经济和社会组织变革的论文,对我来说,韦伯通过提及道德和思想影响来解释发展,完全可以用于讨论其他领域。在15世纪的威尼斯、佛罗伦萨、或是在南德和佛兰德斯存在着丰富的"资本主义精神",其中的原因很简单,因为这些地区是各时代最大的商业和金融中心,尽管所有这些地区至少名义上信奉天主教。16和17世纪资本主义在英格兰和荷兰的发展,不是归因于新教的力量,而是归因于大规模的经济运动,特别是地理大发现及随之带来的结果。当然,物质和心理的变化相伴发生,后者当然是对前者的反应。但要说在宗教变革产生了资本主义精神之前,资本主义企业并没有出现,似乎有些牵强。说宗教变革纯粹是经济运动的结果既是正确的,同时也是片面的。

(2)韦伯忽视了或者至少说未深入了解思想运动,这一运动有利于商业企业的成长以及形成对经济关系的个人主义态度,而宗教对此作用甚微。如布伦塔诺指出的,文艺复兴时期的政治思想是一方面,至少可以说马基雅维里和加尔文一样对传统伦理束缚起了强有力的消解作用。投机者和经济学家对于货币、价格和外汇的思考是另一方面。二者对于韦伯理解资本主义精神时一心专注于金钱利益的倾向是一种补充。

(3)他对加尔文主义本身似乎过于简单化。首先,他显然认为17世纪英国清教徒归因于加尔文和他的直接追随者的社会伦理概念。第二方面,他把17世纪所有的英格兰清教徒说成对社会职责和权宜之策持有差不多相同的观点。这两种暗示都使人迷惑。一方面,16世纪的加尔文教徒(包括英国清教徒)都笃信严厉的宗规,而清教运动后期加进的个人主义会吓坏他们。真正有意思的问题是从一种立场到另一种立场转变的原因,对这个问题韦伯看来毫无所知。另一方面,在17世纪清教主义中有多重成分,他们对社会政策有完全不同的观点。如同克伦威尔发现的,没有一个公式可以把清教贵族、平等派、土地所有者、掘土派、商人和工匠、穿鹿皮制服的军人和他们的将军的思想纳入一套单一的社会理论。在清教运动内部,歧义的信条彼此在发生斗争,一些派别胜利了,一些派别失败了。

因此,无论是"资本主义精神"还是"新教伦理"看来都比韦伯的意涵要复杂得多。他的论文的真正价值在于他坚持在17世纪英格兰的商人阶层存在着一种特别的社会权宜观念,它明显不同于社会中那些非常保守的成分——农民、匠人和许多地主乡绅——以及在政治、社会和经济行为和政策上的表现。

33. 坎宁安:《基督教会对投资和财钱之用的道德证明》(*The Moral Witness of the Church on the investment of Money and the Use of Wealth*)1909年,第25页。

34. 诺克斯(Knox):《宗规书》(*The Buke of Discipline*),载《诺克斯著作集》,D. Laing编,第2卷,1848年,第183页以下;托马斯·卡特莱特:《教会管理指南》(*A Directory of Church Government*),转引自尼尔(D. Neale)编:《清教徒史》(*History of Puritans*),1822年,第5卷,附录4);特拉弗斯(W. Travers):《基督教会宗规全面而清楚的宣示》(*A Full and Plain Declaration of Ecclesiastical Discipline*),1574年;尤德尔(J. Udall):《基督用自己的语言描述教会管理之教规其正确性的证明》(*A Demonstration of the Trueth of that Discipline which Christe hath pescribed in his worde for the Government of his Church*),1589年;班克罗夫特(Bancroft):《不列颠岛在对长老会宗规借改革之名的言行中所显现的危险状况和行动》(*Dangerous Positions and Proceedings published and Practised within this Iland of Brytaine under Pretence of Reformation and for the Presbyteriall Discipline*,1593年)(部分重印于厄舍:《伊丽莎白女王统治时期的长老派运动,以戴德姆地区教务委员会记事簿为证》,1905年)。

35. 卡特莱特:前引书。

36. 厄舍:前引书,第1页。

37. 前引书，第 14－15 页，班克拉夫特对于程序的叙述。

38. 引自贝利(Baillie)的《书信集》，见肖(W. A. Shaw)：《内战和共和国时期的英国教会史》(*A History of the English Church during the Civil Wars and the Commonwealth*)，1900 年，第 1 卷，第 128 页。

39. 肖：前引书，第 2 卷，第 3 章，“长老会制度”(*The Presbyterian System*)。关于长老会实际的运作的教规，参见，切塔姆学会，第 20、22、25 卷，“曼彻斯特教务委员会记事簿”，和第 36，41 卷，“伯里教务委员会记事簿”。

40. 见第 3 章，英文版第 147 页。

41. 《清教徒宣言》(*Puritan Manifesto*)，第 120 页。引自伍德(H. G. Wood)：《宗教改革对于在财产的权力和责任中关于财富和财产观念的影响》(*The Influence of the Reformation on Ideas concerning Wealth and Property in Property, Its Rights and Duties*)，1913 年，第 142 页。沃德的论文包含了对于整个主题极好的讨论，我在这里愿意告知我的意见。在霍伊斯(Haweis)的《宗教改革概览》(*Sketches of the reformation*，1844 年)中收录了纽斯塔布、史密斯和巴罗的观点。应当指出，当巴罗谴责那些“无所事事地待在家中，用自己的钱制作一些商品，将它送给那些穷困的人……在赠与别人时，丝毫不考虑用它获利，而只是考虑他们自己的利益”之时，无论如何他赞成不应当总是谴责牟利的观点。也可参见托马斯·福勒(Thos. Fuller)：《剑桥大学史》(*History of the University of Cambridge*)，由 M. 普里克特和 T. 赖特编，1840 年，第 275－276、288－289 页；以及坎宁安(Cunningham)：《近代英国工商业的成长》(*Growth of English Industry and Commerce, Modern Times*)，1921 年，第 1 部分，第 157－158 页。

42. 新莎士比亚学会会刊，第 6 辑，1877－1879 年，菲利普·斯塔比斯(Philip Stubbes)：《英格兰弊病剖析》(*Anatomy of the Abuses in England*)，F. J. 弗尼瓦尔编，第 115－116 页。

43. 威廉·埃姆斯(W. Ames)：《论良心》(*De Conscientia et eius iure vel casibus libri quinque*)，第 5 册，第 63、64 章。埃姆斯在剑桥大学基督学院受教育，他试图定居在科尔切斯特，但伦敦主教禁止他布道，他大约在 1610 年去了莱顿，1622 年被任命为弗拉纳克的首席神学家。他在那里住了 10

年，卒于鹿特丹。

44. 例如，斯塔比斯：前引书；理查德·卡佩尔（Richard Capel）：《诱惑，其本质、危险和救治》（*Temptations, their Nature, Danger, Cure*），1633年；约翰·莫尔（John Moore）：《英格兰最严重的罪恶是不顾穷人圈地，即圈占无人居住的城镇和不毛之地，为圣言所责难、定罪和谴责》（*The Crying Sin of England of not caring for the Poor: wherein Inclosure, viz. such as doth unpeople Townes, and uncorn Fields, is arraigned, Convicted and condemned*），1653年。
45. 哈利韦尔（J. O. Halliwell）：《西蒙斯·迪尤斯的自传和通信》（*Autobiography and Correspondence of Sir Simonds D'Ewes*），1845年，第1卷，第206－210、322、354页。第2卷，第96、153－154页。
46. 厄舍（Usher）：前引书（参见上文注34），第32、53、70、99－100页。
47. 1645年9月26日。它作出决议："长老有权暂停犯教唆、伪证、欺诈和贿赂罪的人参加圣餐礼的资格。"（《下院日志》，第4卷，第290页）
48. 切塔姆学会（Chathames Society），《1647－1657年伯里长老会教务委员会记事簿》（*Minutes of the Bury Presbyterian Classis*, 1647－1657），第1部分，第32－33页。剑桥地区教务委员会在1657年决定，1648年8月29日的议会条令，应当作为教务委员会处理丑闻时的规则。
49. 皇家历史文稿编委会，《关于各种文稿的收藏报告》，第1卷，1901年，第132页。
50. 引自波维克（F. J. Powick）：《理查德·巴克斯特神父传》（*A Life of the Reveren Richard Baxter*），1924年，第92页。
51. 具有社会伦理学内容的《基督徒指南》相关部分刊于简妮特·托尼：《理查德·巴克斯特的基督徒指南选章》，1925年。本书所引绝大多数可以在其中找到。
52. 《巴克斯特遗文》（*Reliquiae Baxterianae*）（参见注释2），第1页。
53. 《恶人传》（*Life and Death of Mr. Badman*），剑桥英国文学经典丛书，1905年，第116－125页，班扬在书中详细讨论了价格的伦理问题。
54. 卡莱尔（Carlyle）编：《克伦威尔书信和演讲集》（*Cromwell's Letters and Speeches*），书信，ii。

55.关于这些要点,见韦伯:前引书(上文注 32),第 94 页,我对他的主要结论进行了阐释。

56.弥尔顿(Milton):《为英国人民声辩》(*A Defence of the People of England*),1692 年,第 xvii 页。

57.例如,参见托马斯·威尔逊:《论高利贷》,序言,1925 年,第 178 页:“有两种人,他们的眼光通常很狭隘,其中一种人是伪善的福音派传教士,另一种人是冥顽不灵的罗马天主教徒。第一种人打着宗教的旗号颠覆所有的宗教,把善良之辈玩弄于股掌,使用所有可能的幌子和诈术,为一己私利而坏了人类的公共福祉。说到你的高利贷罪,没有谁比你的纯宗教教士干得更肆无忌惮。”

58.芬顿(Fenton):《论高利贷》(*A Treatise of Usurie*),1612 年,第 60 - 61 页。

59.《英格兰高利贷发展概览》(*Brief Surgery of the Growth of Usury in England*),1673 年。

60.理查森(S. Richardson):《贫民抗辩的原因》(*The Cause of the Poor Pleaded*),1653 年,托马森小册子,E. 703(9),第 14 页。关于其他参考资料,见下文注 72。关于敲诈价格,见托马森小册子,E. 399(6),《一便士也是钱,或留意存钱》(*The Worth of a Penny, or a Caution to Keep Money*),1647 年。感谢 P. 詹姆斯小姐提醒我注意托马森小册子。

61.胡克(Hooker):《教会体制的法则》(*The Laws of Ecclesiascal Polity*)的序言,人人丛书版,1907 年,第 1 卷,第 128 页。

62.威尔逊:前引书,第 250 页。

63.《哈钦森少校生平回忆录》(*Memoirs of the Life of Colonel Hutchinson*),他的遗孀露西著,人人丛书版,1908 年,第 64 - 65 页。

64.见注 66 所提及的。

65.《斯特拉福伯爵的书信和急报》(*The Earl of Straforde's Letter and Despatches*),神学博士威廉·诺勒,1739 年,第 2 卷,第 138 页。

66.关于经济利益和商业和有产阶级的见解与君主政体的冲突这一点,本文不想过多涉及,这里只提及有关这方面信息的最明显的资料。关于专利制和垄断,包括对制皂垄断的憎恶,见昂温(Unwin):《伦敦的行会和公司》(*The Gilds and Companies of London*),1908 年,第 17 章;W.海德·普莱斯(W. Hyde Place):《英国特许权的垄断》(*The English Patents of Monopoly*),1906 年,第 16 章各处。关于对兑换业的控制,见《皇家汇兑委员会,或皇家交易所宣示并证明英王陛下的权利和便利》(*Cambimum Regis, or the Office of the Majesties Exchange Royall, declaring and justifying his Majesties Right and the Convenience thereof*),1628 年;和鲁丁(Ruding):《铸币年鉴》(*Annuals Coinage*),1819 年,第 4 卷,第 201–210 页。关于星室法庭对投机的惩罚和建立公共谷仓的计划,见卡姆登学会,新刊,第 39 卷,1886 年;S.R.伽狄纳主编:《星室法庭和高等法院的案件报告》(*Reports of Cases in the Strar Chamber and the High Commission*),第 43 页各处,第 82 页各处,以及格拉斯(N.S.R.Gras):《英国谷物市场的发展》(*The Evolution of the English Corn Market*),1915 年,第 246–250 页。关于对纺织业的控制及其反控制,见赫斯顿(H. Heston):《约克郡呢绒业和精纺绒线业》(*The Yorkshire Woollen and Worsted Industries*),1920 年,第 4、7 章;凯特·E.巴福德(Kate E. Barford):《英格兰西部制衣业:17 世纪国家控制的实验》,载《威尔特郡考古学和自然史杂志》(*Wiltshire Archaeological and Natural History Magazine*),1924 年 12 月号,第 521–542 页;里德(R. R. Reid):《国王的北方司法委员会》(*The King's North Council*),1921 年,第 4 部分,第 2 章;《维多利亚萨福克郡史》(*V.C.H. Suffork*),第 2 卷,第 263–268 页。关于枢密院提高纺织工人工资和保护技工的干预措施,见托尼:《治安法官对英格兰工资的评定》(*The Assessment of Wages in England by the Justices of the Peace*),载《社会和经济史季刊》(*Vierteljahrschrift fur Sozial-und Wirthschaft-geschichte*),Bd.11,1913 年,第 307–337、533–564 页;伦纳德:《英格兰早期济贫史》(*The Early History of English Poor Relief*),160–163 页;《维多利亚萨福克郡史》,第 2 卷,第 268–269 页;昂温:《16 和 17 世纪的工业组织》(1904 年),第 142–147 页。关于人口减少调查委员会,见托尼:《16 世纪的土地问题》,第 376、391 页。关于东印度公司榨取金钱和违反它的特许状,见沙法亚特·艾哈迈德·汗(Shafa'at Ahmad Khan):《17 世纪的东印度贸易》(*The East India trade in the XVIIth century*),1923

年,第 69 - 73 页。关于清教徒在殖民地的利益,见纽顿(A. P. Newton):《英国清教徒的殖民活动》(*The Colonizing Activities of the English Puritans*),1914 年;以及韦德(C. E. Wade):《约翰 · 皮姆》(*John Pym*),1912 年。

67. 拉斯佩尔(Laspeyres):《荷兰经济思想史及关于共和国时期的文献》(*Geschichte der volkswirtschaftlichen anschauungen derniederlander und ihrer Litteratur zur Zeit republik*),1863 年,第 256 - 270 页。对于有争议的问题的看法,见于萨尔马修斯(Salmasius)详尽(但颇不易读)的著作《高利贷新论》(*De modo usurarum*,1639)。

68. 约翰 · 奎克(John Quick):《高卢宗教改革期间的教务会议》(*Synodicon in Gallia Reformata*),1682 年,第 1 卷,第 99 页。

69. 关于美国人情操的变化,参见特勒尔奇:《新教和进步》(*Protestantism and Progress*),第 117 - 127 页;富兰克林(Franklin):《本杰明 · 富兰克林生平回忆和著作》(*Memoirs of the Life and Writings of Benjimin Franklin*)和桑巴特(Sombart)《资本主义的精髓》(*The Quintessence of Capitalism*),1915 年,第 116 - 121 页。

70. 罗伯特 · 伍德罗神父(引自桑巴特,前引书,第 149 页。)

71. 约翰 · 库克(John Cooke):《唯一必要的或穷人的案子》(*Unum Necessarium or the Poore man's Case*),1648 年。它包含了对加强物价管理和建立当铺的辩护。

72. 关于清教据说对贪婪表示宽恕所导致的丑闻,见沃森(T. Watson):《为施舍一辩》(*A Plea for Alms*),1658 年,托马森小册子,第 E. 2125 号,第33 - 34 页:"罗马教会污蔑我们,说我们反对善行……我很难过追求真诚的人要受到这样的不公……我想,任何信奉基督教的人都会被指控犯有贪和不仁慈的罪……我可以告诉你,这些虔诚的守财奴是基督教的耻辱……,我可以说说那些吝啬的信徒,他们有信教的翅膀,似乎可以飞向天堂,又有动物的脚,在地上行走,甚至舔土……哦,请注意,如果你的宗教信仰不会摧毁你的贪婪,最终你的贪婪也不会毁了你的宗教。"也可参见巴尔萨泽 · 格比尔爵士(Sir Balthazar Gerbier):《新的一年将有利于穷人的决定》(*A New Year's Result in Favour of the Poore*),1651 年,托马森小册子,E.651(14)号,第 4 页:“是教皇派像信仰福音的宗教改革派那样(按照我们英国的信条)依靠信仰,还是宗教改革派像教皇派那样去行善?”

73. 理查森(S. Richardson):前引书(参见上文注 60),第 7-8、10 页。

74. 强调将“天职”的观念视为经济美德来表述的第一人是韦伯(参见上文注 32),下一段落很大程度上归功于他的结论。

75. 班扬:《天路历程》。

76. 理查德・斯蒂尔(Richard Steele):《商人的天职,关于一般职守的性质、必要性和选择等等的讨论》(*The Tradesman's Calling, being a Discourse concerning the Nature, Necessity, Choice, etc., of a Calling in general*),1684 年,第 1、4 页。

77. 前引书,第 21-22 页。

78. 前引书,第 35 页。

79. 巴克斯特(Baxter):《基督徒指南》(*Christian Directory*),1678 年,第 1 卷,第 336b 页。

80. 托马斯・亚当斯(引自韦伯:前引书,第 96 页多处)。

81. 马修・亨利(Matthew Henry):《灵魂的价值》(*The Worth of the Soul*),引自,前引书,第 168 页多处。

82. 巴克斯特:前引书,第 1 卷,第 111a。

83. 斯蒂尔:前引书,第 20 页。

84. 巴克斯特:前引书,第 1 卷,第 378b、108b 页;第 4 卷,第 253a 页。

85.《灵性的航海:或海员的新罗盘,由下面 32 点组成:

其中包括:{有趣的观察
有益的应用
严肃的思考。

所有这些都以宗教诗作结。如今再加上:

i 关于酗酒的严肃对话。

ii 映在圣经之玻璃上娼妓的脸,等等。

这是一篇关于他们如何渴望矫正酗酒、诅咒、不洁、忘却仁慈、违背诺言、对死亡不敬等可怕而讨厌的行为的论文》,1682 年。

这部令人愉快的著作的作者是德文郡非国教派牧师约翰・弗拉韦

尔,他还写了《灵性的耕耘或尘世之物的天堂之用》(*Husbandry Spiritualized, or the Heavenly Use of Earthly Things*, 1669)他和斯蒂尔一样,认为恰德班德的伪善是很显然的。《虔诚的织工》看来是一个叫福西特的人所作,我还无法追述它的由来。

86. 斯蒂尔:前引书,见上文注 76。

87. 班扬:《天路历程》。

88. 戴维・琼斯(David Jones):《在圣玛丽伍尔诺思的告别布道》(*A Farewell Sermon at St Mary Woolnoth's*),1692 年。

89. 尼古拉斯・巴本(Nicolas Barbon):《论贸易》(*A Discourse of Trade*),1690 年,载约翰・H. 霍兰德教授编:《经济学小册子重刊》,第 2 辑,第 1 号。

90. 长期议会一名议员的话引自费尔斯(C. H. Firth):《奥列弗・克伦威尔》(*Oliever Cromwell*),1902 年,第 313 页。

91.《克拉伦登伯爵爱德华自传》,1827 年版,第 2 卷,第 235 页。"商人们很高兴在这场争执[即战争的好处]中扩充自己的势力,而不久以后他们便说:'这场对荷兰的战争会使英国人得到无限的好处,荷兰人很容易就屈服了,而生意就由英国人来做'。"按照轻视商人并憎恨他们全部事业的克拉伦登的看法,这几乎是一场商战的经典范例,全部细节都经过精心布局,从皇家非洲公司赋予约克公爵的指挥权到导致敌意的必然出现的"偶然事件"。

92. 前引书,第 3 卷,第 7－9 页。

93. 达德利・诺斯爵士(Sir Dudley North):《贸易论》(*Discourses upon Trade*),1691 年,序言。

94. 配第:《政治算术》,序言。

95. 张伯伦(Chamberlayne):《英吉利札记》(*Angliae Notitia*),引自达夫(P. E. Dove):《安德鲁・雅兰顿纪事》(*Account of Andrew Yarranton*),1854 年,第 82 页多处。

96. 罗杰・诺斯(Roger North):《诺斯家族人物传》(*The Lives of the Norths*),1926 年,第 3 卷,第 103 页。沃森(T. Watson):《为施舍一辩》(*A Plea for Alms*),托马森小册子,E.2125,第 33 页。德莱登《押沙龙和阿喀

托弗尔》,第 2 部,1682 年,第 9 页。在诗中,1679 - 1680 年的市长罗伯特·克莱顿、1679 - 1681 年以及 1689 年的市议会议员,都像"敲诈勒索的伊什班"。他是一个放债人,靠放高利贷赚钱。

97. 约翰·福克、威廉·汤普森、威廉·洛夫和约翰·琼斯。

98. 查尔斯·金(Charles King)[《英国商人》(*The British Merchant*),1721 年,第 1 卷,第 181 页]提出下列人士在分析 1674 年英法贸易时的签约人地位,他们是:佩兴斯·沃德、托马斯·帕皮隆、詹姆斯·霍布隆、威廉·贝拉米、米切尔·戈德弗雷、乔治·托里亚诺、约翰·霍布隆、约翰·默文、彼特·帕拉维辛、约翰·杜博伊斯、本杰明·戈德弗雷、亚当·哈里森、本杰明·德劳恩。其中有大量外国人名引人注目。

99. 关于在伦敦的荷兰资本,见《皇家历史文稿编委会,第 8 期报告》,1881 年,第 134 页(委员会关于贸易衰落问题的会议记录,1669 年);当论及外国资本在英国的投资时,报告陈述说:"副市长巴克内尔持有 10 万英镑,梅内尔先生有 3 万镑,范德普特先生一次有 6 万镑,德里考斯特一直拥有价值将近 20 万英镑的荷兰货币,以 7%、6%和 5% 的利率贷款给商人。"

100.《克拉伦登伯爵爱德华自传》,第 2 卷,第 289 - 293 页;第 3 卷,第 4 - 7 页;以及约翰·贝雷斯福德(John Beresford):《唐宁街的教父》(*Godfather of Downing Street*),1925 年。

101. 班尼斯特(S. Bannister):《商人政治家和英格兰银行创始人威廉·帕特森:他的生平和被审判》(*William Paterson, the Merchant-Statesman, and Founder of the bank of England: his Life and Trials*),1858 年。

102. 雅兰顿(A. Yarranton):《英格兰的改进》(*England's Improvement*),1677 年。

103.《英国商人全书》(*The Complete English Tradesman*),1726 年,属于和斯蒂尔的书(见前文,第 242 - 244 页)同样类型的著作,但把基督教精神压缩到无足轻重的分量:参见第 17 封信(关于诚信交易)。

104. 阿什顿(T. S. Ashton):《工业革命中的铁和钢》(*Iron and Steel in the Industrial Revoluion*),1924 年,第 211 - 216 页。沃兹沃思先生曾指出为首的兰开夏郡的布商常常是非国教徒(《洛奇戴尔毛纺织业史》[*History of the Rochdale Woollen Trade*],载《洛奇戴尔文学和科学学会会刊》

[*Trans. Rochdale Lit. and Sci. Soc.*],第 15 卷,1925 年)。

105. 引自波维克(F.J. Powicke):《巴克斯特传》(*Life of Baxter*),1924 年,第 158 页。

106. 戴西(Dicey):《英格兰的法律和公共舆论》(*Law and Public Opinion in England*),1905 年,第 400－401 页。

107.《千百万居住在伦敦城、威斯敏斯特、骚斯沃克城、哈姆莱兹和毗邻地区的受影响的居民谦恭的请愿书》(*The Humble Petition of thousands of well affected persons inhabiting the city of London, Westerminster, the Borough of Southwark, Hamlets, and places adjacent*)(博德利图书馆收藏的小册子,《平等派的请愿书》,c.5. 3 Linc.)。参见古奇(G. P. Gooch):《17 世纪英国的民主观念》(*English Democratic Ideas in the Seventeenth Century*),1898 年。

108. 卡姆登学会,克拉克文件,C. H. 费尔斯编,1891－1894 年,第 2 卷,第 217－221 页(温斯坦莱给费尔法克斯和战争委员会的信,1649 年 12 月8 日)。

109. 海伦斯托克编:《莱斯特城档案,1603－1688 年》(*Records of the Borough of Leicester, 1603－88*),1923 年,第 370、414、428－430 页。

110. 约翰·莫尔:前引书(见上文注 44),第 13 页。参见冈纳:《公地和圈地》,1912 年,第 53－55 页。

111. 卡姆登学会:《克拉克文件》,第 1 卷,第 299 页以下,lxii 页以下。

112.《托马斯·伯顿日记》(*The Diary of Thomas Burton*),J. T. 鲁特编,1928 年,第 1 卷,第 175－176 页。惠利的一封论及在沃里克郡、诺丁汉郡、林肯郡和莱斯特郡反对圈地的请愿信,见瑟罗编《国家文件》(*State Paper*),第 4 卷,第 686 页。

113. 约瑟夫·李(Joseph Lee):《为有序圈地一辩》(*A Vindication of a Regulated Enclosure*),1656 年,第 9 页。

114. 阿奎那:《神学大全》,2a,2ae,Q. xxxii,art. v。

115.《富人与穷人》(*Dives et Pauper*),1493 年,第 9 章;参见皮科克:《被镇压的倍受责备的教士》(*The Repressor of over-much blaming of the Clergy*),第 3 册,第 4 章,第 296－297 页。有关中世纪对贫民态度的出色描

述,见曼宁(B.L.Manning):《威克利夫时代人民的信仰》(*The People's Faithin in the Time of Wyclif*),1919 年,第 10 章。

116.《守灵歌》(*A Lyke-wake Dirge*),刊载于阿林厄姆(W.Allingham)编:《民谣读本》(*The Ballad Book*),1907 年版,第 31 号。

117.拉提默:《对上帝祷告者的第五次布道》(*The Fifth Sermon on the Lord's Prayer*),见《布道集》,人人丛书版,第 336 页。参见丁达尔:《关于不义之财的寓言》(*The Parable of the Wicked Mammon*),载《丁达尔神学论文集》(*Doctrinal treatises of William Dyndale*),帕克学会编,1848 年,第 97 页:"如果兄弟或邻人需要,你就得帮助他,然而,你不要表示怜悯,而是从他那里抽回你的手,从他那里强夺他自己的东西,你就是一个盗贼"。

118.克里斯托弗·哈维(Christopher Harvey):《济贫的教区低级职员》(*The Overseer of the Poor*),载吉尔菲兰(G.Gilfillan):《乔治·赫伯特诗集》(*The Poetical Works of George Herbert*),1853 年,第 241－243 页。

119.梅厄(J.E.B.Mayor):《费拉尔的两部传记》(*Two Lives of N.Ferrar*),他的兄弟约翰和杰布博士作,第 261 页,引自 B.柯克曼·格雷(B.Kirkman Gray):《英国慈善史》(*A Hiustory of English Philanthropy*),1905 年,第 54 页。

120.《伦敦城四家医院巨额成本和负担的真实报告》(*A True Report of the Great Cost and Charges of the four Hospitals in the City of London*),1644 年(引自前引书,第 66 页)。

121.例如,参见历史文稿编委会:《各处收藏文稿汇编》,第 1 卷,1901 年,第 109－124 页;伦纳德(Leonard):《英国早期济贫史》(*Early History of English Poor Relief*)。第 268－269 页。

122.马修·黑尔爵士(Sir Matthew Hale):《论为贫民提供物资》(*A Discourse touching Provision For the Poor*),1683 年。

123.《斯坦利的救治或改造迷途的乞丐、小偷、劫匪和扒手的方法》(*Stanley's Remedy, or the Way to reform wandering Beggars, Thieves, Highway Robbers, and Pick-pockets*),1646 年,托马森小册子,E.317(6),第 4 页。

124.《下院日志》(*Common's Journals*),1648/1649 年 3 月 19 日。第 6 卷,

第 167 页。

125. 前引书，第 6 卷，第 201、374、416、481 页；第 7 卷，第 127 页。

126. 萨缪尔·哈利布(Samuel Hartlib)：《伦敦慈善事业的扩大》(*London's Charity Inlarged*)，1650 年，第 i 页。

127. 萨缪尔·哈利布：前引书。

128. 费尔斯(Firth)和雷特(Rait)编：《王位中断时期的法令和法规》(*Acts and Ordinances of the Interregnum*)，1911 年。第 2 卷，第 104－110 页。1647 年 12 月 17 日通过了一项创立公司的法规(前引书，第 1 卷，第 1042－1045 页)。

129. 前引书，第 2 卷，第 1098－1099 页。

130. 斯托克伍德在保罗十字架前，1578 年(引自霍伊斯：《宗教改革概览》，第 277 页)。

131. 斯蒂尔：前引书(上文注 76)，第 22 页。

132. 扬(R. Younge)：《贫民的辩护》(*The Poores' Advocate*)，1654 年。托马森小册子，E. 1452(3)，第 6 页。

133. 关于复辟时期经济学家具有同样影响的文章的讨论，见 T. E. 格里高利引人注目的文章《1600－1713 年英格兰就业经济学》，载《经济学》(*Economica*)，1921 年 1 月，第 1 期，第 37 页以下，以及弗尼斯(E. S. Furniss)：《劳工在国家主义体制下的地位》(*The Position of the Labourer in a System of Nationalism*)，1920 年，第 5、6 章。

134. 《宣言共产党》，1918 年，第 27－28 页。

135. 笛福(Defoe)：《施舍并非慈善》(*Giving Alms no Charity*)，1704 年，第25－27 页。

136. 配第：《政治算术》，第 45 页。

137. 亨利·波莱克斯芬爵士(Sir Henry Pollexfen)：《论商业》(*Discourse of Trade*)，1697 年，第 49 页；沃尔特·哈里斯(Walter Harris)：《对英格兰和爱尔兰贸易实务的评论》(*Remarks on the Affairs and Trade of England and Ireland*)，1691 年，第 43－44 页；《问难》(*The Querist*)，1737 年，载弗雷泽编：《乔治·贝克莱著作集》(*The Works of George Berkeley, D. D.*)；托马斯·阿尔科克(Thomas Alcock)：《对济贫法之缺陷的

看法》(*Observations on the Defects of the Poor Law*),1752 年,第 45 页以下(引自弗尼斯:前引书,第 153 页。)

138. 阿瑟·扬(Arthur Young):《英格兰东部之行》(*Eastern Tour*),1771 年,第 4 卷,第 361 页。

139. 哈里森:《不列颠纪实》(*The Description of Britaine*),1587 年版,第 2 册,第 10 章,"关于救济穷人的物资"。

140. 亨特(H. Hunter):《贫穷问题:选自托马斯·查默斯著作》(*Problems of Poverty: Selections from the ...writings of Thomas Chalmers, D. D.*),1912 年,第 202 页。

141. 关于查默斯的观点对西尼尔的影响,以及通过他对 1834 年新济贫法的影响,见麦凯(T. Mackay):《英国济贫法史》(*History of the English Poor Law*),第 3 卷,1899 年,第 32-34 页。查默斯认为,任何济贫法本身都是要不得的。西尼尔在爱尔兰贫民状况委员会上描述了查默斯的证据,"恐怕是提交下院委员会的甚至是最具启发性的证据"。他起初似乎赞成他,但是后来采取了基于济贫院检查法的限制原则,作为次佳方案。1832-1834 年的委员会正确地认识到现有救济管理方法极不恰当;他们错误地猜测灾殃主要归因于管理松懈,而没有认识到事实是管理松懈源于他们试图跟上贫困人数的增长。因此,他们对于贫困原因的讨论是极肤浅的,它要求补充包含在当时各种报告中(举例说,关于手工织工的报告)处理产业方面问题的证据。

142. 布雷斯韦特(W. C. Braithwaite):《教友派的第二个时期》(*The Second Period of Quakerism*),1919 年,第 560-562 页。笛福在第十七封信(《论诚信交易》)和《英国商人全书》中,对教友派严格的商业标准作了评述。阿什顿先生在《工业革命中的铁和钢》中评论说:"18 世纪的公谊会在坚持价格公正的信条时与中世纪天主教徒相比毫不逊色。"(第 219 页)他还引用了教友派铁业主做法的例子。

索　引

本索引所标页码为英文版页码，参见中文版边码

图书在版编目(CIP)数据

宗教与资本主义的兴起/(英)理查德·H. 托尼著;沈汉等译. —北京:商务印书馆,2024
(汉译世界学术名著丛书:120年纪念版:珍藏本:增订本)
ISBN 978-7-100-23663-8

Ⅰ.①宗… Ⅱ.①理…②沈… Ⅲ.①宗教—影响—资本主义—研究 Ⅳ.①D091.5

中国国家版本馆CIP数据核字(2024)第076049号

汉译世界学术名著丛书
(120年纪念版·珍藏本·增订本)
宗教与资本主义的兴起
〔英〕理查德·H. 托尼 著
沈汉 等译

商务印书馆出版
(北京王府井大街36号 邮政编码100710)
商务印书馆发行
北京中科印刷有限公司印刷
ISBN 978-7-100-23663-8

2024年5月第1版　开本710×1000 1/16
2024年5月北京第1次印刷　印张21¾
定价:122.00元